Lektorinnen haben's nicht leicht. Ingeborg hat über Jahrzehnte eine Bestsellerreihe aufgebaut. Sie muss jedoch nicht nur Starautorinnen bei Laune halten und Möchtegerndichter abwehren, sondern auch mit Entführungen, Explosionen und Elfen fertig werden. Und sich nicht zuletzt mit ihren eigenen Wünschen und Hoffnungen auseinander setzen.

Unsere Adresse im Internet: www.fischer-tb.de

Ingeborgs Fälle

Fischer Taschenbuch Verlag

Originalausgabe
Veröffentlicht im Fischer Taschenbuch Verlag,
einem Unternehmen der S. Fischer Verlags GmbH,
Frankfurt am Main, Mai 2003

Satz: Pinkuin Satz und Datentechnik, Berlin
Druck und Bindung: Clausen & Bosse, Leck
Printed in Germany
ISBN 3-596-15810-9

Ingeborgs Fälle

Dorit Zinn
Der Fischverkäufer

»In der Kapelle lehnte zwischen Terrakottafiguren der tote Fischverkäufer …«

Ingeborg starrte auf die letzte Manuskriptseite. Mehr als 60 Seiten gab es nicht, jetzt, wo die Geschichte spannend wurde, ließ die Autorin sie im Stich. Hastig durchblätterte Ingeborg ihren Terminkalender. Es war schon Mai, in acht Wochen sollte das Buch in Druck gehen!

Sie griff zum Telefonhörer, wählte wie so oft in letzter Zeit die Nummer der Müllerin, vergebens, aus dem Anrufbeantworter tönte: »Für frohe Botschaften ist der Apparat aufnahmebereit.«

»Dieses exaltierte Weib«, knurrte Ingeborg. Es war bisher doch immer Verlass auf sie gewesen, im Gegensatz zu vielen anderen, die sich nicht an Abgabetermine hielten. Wütend biss sie in das Ende ihres Bleistifts. Und ich als Lektorin trage mal wieder die volle Verantwortung, ich mit meinem blinden Vertrauen bin einfach zu gutmütig.

Sie sprang auf, griff die Manuskriptseiten, Tasche und Blazer, rief im Hinausgehen ihrer jungen Mitarbeiterin zu: »Wie immer, beim Italiener!«

Wenige Straßen weiter betrat sie ihr Stammlokal, der Wirt begrüßte sie überschwänglich, umtänzelte sie mit der Speisekarte. »Signora, heute habe wir besonders frische Fisch!«

Sie nickte fahrig. »Fisch? Nein, nein, bloß keinen Fisch!« Noch im Stehen blickte sie in die Tageskarte. »Ich nehme heute nur die Gnocchi mit Tomatensoße.«

Ihr Stammplatz war wie jeden Tag reserviert. Sie strich sich die dunklen Haare hinters Ohr, ein knappes grüßendes Nicken zum Nachbartisch, an dem wichtige Journalisten vom Feuilleton saßen. Sie nahm das Manuskript zur Hand, blätterte, dann ein prüfender Blick durch das Lokal. Nein, auch hier war keine Müllerin zu sehen.

Dafür sah sie den Fischverkäufer inmitten der Terrakottafiguren der Franziskuskapelle, »weit aufgerissen die braunen Augen, aufgedunsen das weiße Gesicht, blassbläulich die Lippen«. Eine leichte Übelkeit befiel sie. Natürlich ermordet, das war klar, nur von wem? Was plante die Müllerin? Nora, die Hauptfigur, war noch nicht verdächtigt worden.

Ingeborg sah Nora vor sich. Eine zarte, rothaarige Lehrerin, die jeden Ferientag dazu nutzte, um am Ortasee im Piemont zu malen. Einmal in der Woche fuhr sie in die nahe Kleinstadt, um auf dem Markt Gemüse, Obst, Honig, Salami und Käse zu kaufen. Bei ihrem letzten Marktbummel hatte Nora den Fischverkäufer entdeckt: Wie aus einem alten Gemälde geschnitten stand er da, blickte sie aus melancholischen, braunen Augen an, legte den runden Schädel auf die linke Schulter, spitzte seine vollen, kirschroten Lippen. »Was wünschen Sie?«, fragte er und wies auf seine Theke, weiß, rosa, bläulich, grau schimmerten die Fische im Eis. Lange hatte sie ihn angestarrt, fühlte sich magisch von ihm angezogen, schließlich hatte sie, widerwillig, von seinem Fisch gekauft, obwohl sie Fisch nicht mochte.

Ingeborg stocherte in ihren Gnocchi, griff zum schwarzen Pfeffer und würzte viel zu scharf nach. Sie hatte es genau vor Augen, verdammt, die Müllerin konnte schon bildhaft schreiben. Sie spürte förmlich den Sog, in den Nora geraten war, nachdem sie eines Tages den Fischverkäufer heimlich verfolgt hatte.

Nora wollte ihn malen, unbedingt, wollte ihn bitten, ihr Porträt zu sitzen. Doch als der Fischverkäufer am Stadtrand aus seinem Lieferwagen stieg und in einem verfallenen Haus verschwand, verließ sie der Mut. Nur seinen Geruch behielt sie in der Nase, schwer stand er in der heißen Sommerluft, eine Mischung aus Fisch, Schweiß, süßlicher Pomade, ranzigem Fett.

Betäubt war Nora in ihr Auto gestiegen. Aber das Verlangen, den Mann kennen zu lernen, zu malen, wurde immer stärker. Als sie ihn das dritte Mal nach Marktschluss verfolgte, nahm er endlich Notiz von ihr. Kurz vor seiner Haustür drehte er sich um, die stinkenden, leeren Plastikkörbe an die befleckte Schürze gepresst, fragte er: »Signora, was wünschen Sie?«

Sie spürte, wie ihr das Blut in den Kopf stieg. »Ich möchte … Sie malen«, stotterte Nora.

»Malen … mich?« Er zuckte die Schultern. »Wenn Sie es möchten, warum nicht?«

Überrascht schaute sie ihn an. Eine so schnelle Zusage hatte sie nicht erwartet. »Grazie, mille grazie«, stieß sie atemlos hervor, »und wo darf ich Sie malen?«

»Kommen Sie morgen Abend zu mir, ich werde für Sie kochen … Fisch.« Mit breitem Lächeln verschwand er im Haus.

Am nächsten Abend erschien Nora pünktlich, bepackt mit Staffelei und Malutensilien. Beim zweiten Klingeln öffnete der Fischverkäufer die Tür. Seine kurzen Beine steckten in Jeans, aus dem geöffneten, blauweiß gestreiften Hemd quoll weißes Bauchfett, gekrönt von dunkler Brustbehaarung. Ein leicht verlegenes Lächeln um die kirschroten Lippen, seine fleischige Hand wies den Weg, Nora folgte ihm durch einen stickigen Gang in einen hellen, verandaähnlichen Raum. Die Luft war gesättigt von Fisch- und Öldämpfen.

Er reichte ihr ein Glas, goss, ohne sie zu fragen, Weißwein ein, »Ottavio«, sagte er und prostete ihr zu. Dann machte er sich am Herd zu schaffen.

Sie aßen im Garten, die Pfannen und Töpfe auf dem wackligen Holztisch, mit aufmunterndem Nicken überhäufte er ihren Teller. Skeptisch kostete sie, konnte nicht umhin, den frischen Fisch aus dem Ortasee, gedünstet in Salbeiblättern, hinreißend zu finden.

Er aß schnell, fuhr mit dem Handrücken über die fetttriefenden Lippen, lehnte sich zurück und betrachtete sie ungeniert. »Malen wollen Sie mich?« Er lächelte plötzlich unsicher. »Nur malen?«

»Ja«, sie lachte, »nur ...«

Nora blickte in den Garten. Im abnehmenden Licht leuchteten die Hortensienbüsche vom Himmelblau bis zum tiefen Violett. Die Üppigkeit der Farben bildete einen guten Kontrast, sie würde ihn bitten, gleich hier und sofort Modell zu sitzen, hier draußen an dem mit Geschirr, Töpfen, Speiseresten und Weinflaschen überladenen Tisch. Rasch baute sie ihre Staffelei auf. Ottavio fuhr mit den Fingern durch sein öliges Haar, mit neugierigen Blicken verfolgte er ihre Vorbereitungen.

»Un dolce, Signora?«

Ingeborg fuhr zusammen. »Si, si, bringen Sie mir bitte eine Karamellcreme.«

Sie blickte aus dem Fenster in die blühenden Kastanienbäume. Gegenüber in der Parkanlage entdeckte sie ein altes Ehepaar auf einer Bank, zwei Rehpinscher im Schoß. Sie glaubte sich zu erinnern. Hatte sie die Alten nicht schon einmal in Begleitung der Müllerin gesehen?

Schwungvoll wurde das Dolce serviert. Sie kostete und schloss genießerisch die Augen.

Dieser Ottavio. Ingeborg sah, wie er sich mit seinen dunklen Augen an der zarten Nora festsog, sie keine Sekunde unbeobachtet ließ. Und als Nora in der zunehmenden Dämmerung ihre Arbeit abbrach, machte er den Vorschlag, sie möge ihn doch am kommenden Sonntag zur Messe in der Klosterkirche auf der Isola San Giulio begleiten. Er würde am Hafen von Orta auf sie warten, die Schiffe führen alle zwanzig Minuten.

»Wozu?«, fragte Nora, »ich würde lieber hier weiterarbeiten.«

Er lachte übermütig auf. »Sie können mich doch auch auf der Insel malen, oder noch besser, in der Kirche ... die Nonnen singen wie die Engel.«

»Ich weiß noch nicht, ob ich Zeit haben werde.« Nora hatte sich hastig dankend verabschiedet und mehrere Tage darüber gegrübelt, ob sie das Treffen wahrnehmen sollte. Schließlich stand sie am Sonntag in der gleißenden Julisonne am Hafen. Nervös blickte sie auf die Armbanduhr, es war schon zehn Minuten nach zehn und weit und breit kein Ottavio zu entdecken. Sie wartete, durchsuchte mit den Augen die ankommenden und abfahrenden Boote. Der Fischverkäufer hatte sie versetzt, schien sich einen Scherz erlaubt zu haben.

Sie war verletzt, wollte gehen, es gelang ihr nicht. Wieder spürte sie diesen mystischen Sog, meinte, Ottavios Geruch über dem Wasser wahrzunehmen, dumpf riefen die Glocken zur Messe über den See. Sie bestieg das nächste Boot, wurde, auf der Insel angekommen, vom breiten Menschenstrom in die Kirche gedrängt. Weihrauchdämpfe waberten durch das Halbdunkel. Nora kämpfte sich zum Seitenschiff vor, fand einen Platz, wo sie sich mit dem Rücken an das kühle Mauerwerk lehnen konnte. Von hier aus hatte sie einen guten Blick auf die Gläubigen im Mittelschiff und auf den Altar. Wo war nur Ottavio?

Durch das Hauptportal traten leise trappelnd die Nonnen ein, zuerst die Äbtissin, klein und zierlich, alterslos, gefolgt von unzähligen schwarzen Schwestern. Nora versuchte sich die Gesichter einzuprägen, sah übergroße Nasen, versonnenes Lächeln um schmale Lippen, wächsernbleiche Haut, unförmige Hornbrillen, die junge Gesichter grotesk entstellten.

Ingeborg griff zu ihrer Brille und studierte die Rechnung. »Teuer wie immer«, murmelte sie, sie sollte sich nach einem anderen Mittagstisch umschauen. Sie legte ihre Lesehilfe zurück ins Etui und fand sie plötzlich zu groß und unförmig. Unwillig schüttelte sie die Haare, dann ein suchender Blick durch den immer noch vollen Raum, dahinten am Tresen – sah der nicht aus wie der Fischverkäufer?

Die Nonnen hatten mit dünnen Stimmen ihre liturgischen Gesänge dargeboten, die Äbtissin dirigierte mit knöchernen Händen die schwarze Schar. Und Nora hatte wie in Trance zugehört, erschöpft vom suchenden Blick ins schummrige Licht. Sie hatte Ottavio in den dichten Menschenreihen nicht entdecken können.

Nach der Messe war Nora einer Touristengruppe in die Krypta gefolgt, bestieg dann mit der Gruppe das Boot zurück nach Orta, folgte ihr durch die Gassen den Berg hinauf zu den zwanzig Kapellen des Sacro Monte, den Lebensstationen des heiligen Franziskus.

Ingeborg sprang auf. »Den steilen Weg zu den Kapellen mit diesen Terrakottafiguren gehe ich nicht mehr mit«, fauchte sie, »das kann die Müllerin allein durchleiden mit ihrem ermordeten Fischverkäufer. Soll sie doch bleiben, wo der Pfeffer wächst oder ihre Oliven- und Zitronenbäume – ohne mich.« Resolut griff sie das Manuskript mit Tasche und Jacke, verließ mit einem kühlen Lächeln das Lokal.

Gegenüber im Park saß immer noch das alte Ehepaar auf der Bank unter den Kastanienbäumen. Unschlüssig blieb Ingeborg stehen. Und wenn der Müllerin etwas passiert ist? Ich könnte ja mal rübergehen und fragen. Mit langen Schritten überquerte sie die Straße. Zu Füßen der Alten trippelten zitternd auf dünnen Nadelbeinchen die Rehpinscher. Die Lektorin glaubte ihren Augen nicht zu trauen: Die Hündchen steckten in bunt geringelten Häkelkleidchen, geschmückt mit dicken Pompons.

»Entschuldigung«, Ingeborg räusperte sich, spürte verärgert eine kleine Unsicherheit, »haben Sie ... Sie kennen doch eventuell Frau Müller, haben Sie sie in der letzten Zeit gesehen?«

Die alte Dame lachte auf. »Wie könnte ich, die ist in Italien.« Sie zog einen Taschenspiegel aus ihrem violetten Seidenmantel, zupfte ihre orangerot gefärbten Löckchen, dann hielt sie den Spiegel einem der Rehpinscher vor die Nase.

Ihr Ehemann schüttelte unwirsch den Kopf. Dann blickte er Ingeborg freundlich an. »Ja, ja, wir kennen sie, wir kennen sie sogar gut.«

Seine Frau grinste spöttisch und zwinkerte Ingeborg zu. »Er hat sich in sie verguckt, rennt zu jeder Lesung von ihr, und zu Hause auf dem Nachttisch thront ihr Foto, ein Zeitungsausschnitt.«

»Sie erzählt Märchen.« Das zarte Gesicht des Alten verschloss sich.

Die Frau legte beschwichtigend ihre runde Hand auf seinen Oberschenkel. »Er trifft sich jede Nacht mit ihr, fliegt einfach aus dem zehnten Stock hinab auf die Wiese, am liebsten bei Vollmond«, sie lachte schrill, »und dann machen sie Kunststücke, verstehen Sie? Sie balancieren auf dem Sattel ihres Fahrrads, und das auf einem Bein.« Sie bückte sich zu den Hunden und packte sie, lebhaft weiterschwatzend, in eine rote Tasche mit Plastikfenstern.

Ihr Mann war wortlos aufgestanden. Mit starrem Gesicht tappte er taumelnd zwischen den Kastanienbäumen den mit weißen Blüten übersäten Weg hinab.

Ingeborg spürte einen Schmerz. Sie starrte dem Alten hinterher, sah plötzlich, wie er seine Arme ausbreitete, wollte es nicht fassen, sah, wie er sich vom weichen Blütenboden abstieß, und er flog, er flog in den Park hinein.

Kreischende Bremsen und ein frisches Lachen holten sie aus ihrer Erstarrung. Verwirrt drehte sie sich um. Hinter ihr stand die Müllerin und löste ein Papierbündel vom Fahrradgepäckträger. »Hier … in der letzten Sekunde … ich bitte tausendmal um Entschuldigung, bitte.« Mit theatralischem Augenaufschlag übergab sie ihrer Lektorin das Manuskript.

»Und wer hat nun den Fischverkäufer umgebracht?«, fragte Ingeborg trocken.

Die Müllerin deutete strahlend in den Park, in den der Alte hinabgeschwebt war. »Er. Aus Eifersucht!«

Ingeborg stöhnte und kicherte zugleich. »Gleich verlier ich den Verstand.«

»Ach was!« Die Müllerin schwang sich aufs Rad. »Ich melde mich morgen im Verlag.« Der Wind bauschte ihre blonden Locken. Im Fahren drehte sie sich nochmals um und rief: »Sie haben es doch selbst gesagt: Die Phantasie ist eine Frau!«

Christine Vogeley
Elfennebel

»Jauchzend erhob sich die Elfe vom Moose, durchglüht von der Mittagssonne, beseelt von dem Gedanken: ›Du, ja du, ach du, du, ja du.‹«

Stöhnend legte Ingeborg das Blatt beiseite. Die Autorin Hildegard Sowade hatte wieder zugeschlagen. Mal schickte sie Gedichte: »Er presste mich mit Glut halb tot / fast kam mir hoch das Mittagsbrot«, mal Kurzgeschichten, »Elflein Ilsi will heiraten«, aber das Grauen war heute früh mit der Post gekommen. »Elfennebel – ein Gesang«. Vierhundertachtzig Seiten lagen jetzt hier im Lektorat. Allein der Anblick verursachte Magendrücken.

Nicht, dass Hildegard Sowade überhaupt nicht schreiben konnte, nein. Sie hatte niemals Probleme mit der Interpunktion, der Orthographie oder der Grammatik. Die Metrik ihrer Paarreime stimmte immer. Auch war ihr Sprachgebrauch nicht direkt falsch. Es war nur so, dass man nach drei Sätzen das Gefühl hatte, man habe soeben eine mehrstöckige Torte, bestehend aus rosa Fett, undefinierbarer esoterischer Füllmasse, reinem Zucker samt tirilierendem Dekorationsvogel heruntergewürgt. Und immer ging es um Elfen. Nach einer halben Seite Hildegard Sowade hatte man Sodbrennen.

Angefangen hatte es vor einem halben Jahr mit einem großen Umschlag aus meliertem Umweltpapier, darin Lyrik auf etwa fünfzig Seiten. Ingeborg überflog die ersten Gedichte und kam aus dem Kopfschütteln nicht mehr heraus. Erstaunlicherweise lag keine Vita der Autorin anbei. Ingeborgs Neugierde, wer so etwas schrieb, blieb unbefriedigt. Der Umschlag mit der Lyrik kam auf den Mit-nettem-Formbrief-zurück-Stapel.

Zwei Monate später lag ein melierter Umschlag mit Kurzgeschichten auf dem Tisch. Die erste Geschichte trug den drohenden Titel »Schwarzwaldelfe am Titisee«: »... Konrad blickte in ihre Blauaugen. Oh, Schwarzwaldelfe, heiteres Kind, sollst mein krankes Unternehmerherz heilen!« Auch dieser Umschlag voller Zauber landete auf dem Mit-vielem-Dank-zurück-Formbrief-Stapel. Heute nun war als vorläufiger Höhepunkt der Elfennebel ins Lektorat gewallt; mit derselben Post ein gesondertes Einschreiben, an Ingeborg persönlich.

»*Sehr verehrte Frau Lektorin,*

wohl wegen vieler Irrtümer Ihres Hauses landen meine Manuskripte immer wieder bei mir, da muss wohl ein Missverständnis zugrunde liegen. Es ist alles zur Veröffentlichung gedacht! Ich nehme einmal an, dass Sie selbst noch nie Einblick hatten in mein Werk, deshalb richte ich Ihr Augenmerk auf diesem Wege darauf. Im Kern der Sache geht es diesmal darum, die Öffentlichkeit auf eine drohende Katastrophe aufmerksam zu machen: die geplante Autobahnausfahrt an der A3 zwischen Offenbach-Süd und Obertshausen wird einen der größten Elfenpaläste Deutschlands zerstören, größer noch als der, an dessen Stelle die Kaiser-Wilhelm-Gedächtniskirche in Berlin gebaut wurde – und deren Schicksal ist ja hinlänglich bekannt.

Mein Werk bedarf keiner Überarbeitung, denn es entstand mit Hilfe von Kräften, die nicht von dieser Welt sind. Wegen des Vertragsabschlusses werde ich in den nächsten Tagen bei Ihnen vorbeischauen.«

Das wurde ernst. Ingeborg opferte ihre Mittagspause und verfasste ein Anschreiben an Frau Hildegard Sowade. Der Brief war vorsichtig. Wer von Kräften inspiriert war, die nicht von dieser Welt kamen, war in jedem Fall mit genau dem Respekt zu behandeln, den ein Sprengstoffpäckchen unbekannter Durchschlagskraft verlangte.

»Auch wenn, liebe Frau Sowade«, diktierte Ingeborg mit Feingefühl, *»Ihre Inspirationen überirdischer Provenienz sind, ist es doch so, dass der schnelllebige Markt – man möge es bedauern – an Ihrer sehr«*, sie zögerte *»… romantischen, gefühlsbetonten Literatur eher vorbeigeht. Esoterik und …«*, sie suchte nach taktvollen Worten, *»… auf starke emotionale Anteilnahme zielende Liebeslyrik im Verbund mit ökologisch-sozialen Aspekten sind für die aktuelle Marktlage sehr ungünstig. Sie können sich getrost auf meine Aussage verlassen, denn nach so langen Jahren Arbeit im Verlagswesen kennt man die Gesetze des Marktes, die wechselnden Vorlieben der Leser nun doch ein wenig. Da wir aber zum Wohle vieler Autoren und auch im Gedanken an den Fortbestand unseres traditionsreichen Hauses ans Geldverdienen denken müssen, sehe ich leider keine Möglichkeit, Ihr Werk in unserem Programm zu platzieren.«*

Die Lektorin wischte sich die Stirn. Die plötzliche Vision einer weiß gewandeten Dame mit außerirdischen Kontakten, hier, mitten in ihrem Büro, beunruhigte sie. Es war gut, den »Markt« verantwortlich machen zu können. Es enthob einen der Aufgabe, der Autorin die Wahrheit eröffnen zu müssen, denn es stand zu vermuten, dass sie damit nicht umgehen konnte. Würde man sagen: »Gute Frau Sowade, hören Sie doch auf, diese rosa Elfenscheiße zu produzieren, und züchten Sie Dahlien!«, wäre man wahrscheinlich eine Minute später tot. Oder es passierte einem Schreckliches, weil Hildegard Sowade zu Hause am Küchentisch saß und kleine Püppchen mit Stopfnadeln durchbohrte. *»Was den bedrohten Elfenpalast anbelangt«* – sie musste unwillkürlich den Kopf schütteln über so viel Unsinn – *»… würde ich doch an Ihrer Stelle den Weg über die Presse einschlagen, um darauf aufmerksam zu machen.«* Es hatte ja doch keinen Zweck, so einem Menschen die Realität klarzumachen und ihm mit freundlichen Worten ein gepflegtes Sanatorium zu empfehlen. Ingeborg hörte sich ihr fertiges Diktat noch einmal an, dann gab sie es ihrer Sekretärin, die gerade dem Praktikanten Stefan Zerlitt zu erklären versuchte, wie man die Druckerkartusche in fünf statt in fünfzig Minuten wechselte.

Stefan Zerlitt war der schusseligste Praktikant, den man im Hause Fischer jemals gesehen hatte. Er trug margarinegelb gefärbtes Kurzhaar, seine Hosenbeine schleiften in Besorgnis erregender Länge über den Fußboden, und auf seinem T-Shirt stand in Fettdruck: »Ich war schon als Kind Scheiße«. Aber wenn er grinste, leuchtete das ganze Gesicht in unwiderstehlichem Koboldcharme. Seine Beliebtheit gründete in seiner kindlichen Freundlichkeit. Arbeitsaufträge führte Stefan freudig und willig aus – das heißt, in dieser Gefühlslage *begann* er jedwede Arbeit. Aber nach fünf Minuten hatte er vergessen, was er tun sollte, denn es war ihm ein dringendes Telefonat eingefallen, das er im Flur auf seinem Handy führen musste. Wenn Stefan nicht telefonierte, saß er in irgendeinem versteckten Verlagswinkelchen, hatte die Füße hochgelegt und las in einem der vielen Bücher. Stefan war zwar außerordentlich arbeitscheu bei allem, was ihn langweilte, aber er war hoch engagiert bei Dingen, die ihn interessierten: Bücher, Musik und hübsche junge Männer.

Für heute hatte er die Weisung der Sekretärin, einen großen Stapel Manuskripte mit den üblichen, höflichen Formbriefen einzutüten und zurückzusenden. »Und, Stefan«, sagte die Sekretärin mit Nachdruck, als sie kurz nach Feierabend ihren Mantel anzog, »das alles muss heute noch raus! Sie hätten es schon gestern fertig machen sollen, Stefan!«

»Mein Gott, steht Ihnen diese Farbe toll!« Mit einem anerkennenden Blick auf ihren brombeerfarbenen Gabardinemantel griff Stefan nach einem Umschlag und begann, ihn ordentlich zu beschriften. Als die erfreut lächelnde Sekretärin endlich ganz verschwunden war, drehte sich Stefan erst einmal ein Tütchen und inhalierte den friedlichen Qualm. Mit besten Absichten beschriftete er dann immerhin drei weitere Umschläge und legte die literarische Retourware hinein, als er beim vierten Manuskript wie magisch angezogen auf den Titel starrte. Es waren drei Dinge, die ihn faszinierten. Der Titel »Elfennebel – Ein Gesang« und der Umstand, dass dieses Riesenskript ganz altmodisch auf einer Schreibmaschine geschrieben war. Und: Die Taste des kleinen »o« hatte auf vierhundertachtzig Seiten mit rührender Zuverlässigkeit kleine Löcher ins Papier gehauen. Er hielt ein paar Seiten ans Licht. Ulkiges Muster. Der Begriff »Chaostheorie« kam ihm in den Sinn. Er hielt Seite zwei ans Licht, kniff ein Auge zu und beobachtete die kleinen, unregelmäßigen Sprünge des lateinischen Buchstaben »o«. Stefan legte die Füße auf den Schreibtisch, inhalierte den Rauch und hielt ein Blatt nach dem anderen vor die Augen, gegen den leuchtenden Frankfurter Spätsommernachmittag, gegen sein melancholisches und zugleich verheißungsvolles Licht. Mehr zufällig begann er zu lesen. Mitten im Satz, Seite drei oben.

»... Tage her, dass sie dieses bescheidene Nudelgericht gegessen hatte? Aber was zählte das! Sie liebte! Ihn! Und er sie! Sie! Doch ach! Er war der Ingenieur, der dazu beitrug, dass der letzte große Elfenpalast zerstört wurde. Wie konnte sie ihn lieben? Oh, da brauste das Urlied der Menschheit in ihren Adern. Der Liebesschmerz! Schhhhhh ... schhhhhh ... konnte sie es hören, das Lied ihres Blutes. Denn auch sie, die Halbelfe Nuni, trug es in sich.«

Stefan legte das Blatt auf seine Knie und inhalierte den letzten Zug von seinem Joint. »Schhhhh, schhhhh, Urlied, Urlied, Urlililied«, summte er, legte den Kopf zurück und kicherte.

»Ihn! Sie! Urlililililililied. Nuni nuuuuu u-u-u schhhhhh!!! O-o-o-o-o- sie! Ihn! Urli-urli-oooo. O – o-o-o-«

Bei den »o« schlug er auf seinen Jeansknien, der Schreibtischkante und dem Metallrollwagen einen verzwickten Rhythmus. Dabei schaute er immer wieder auf die durchgeknipsten kleinen »o« von Seite vier, wie auf eine Partitur. Ohne mit dem Trommeln aufzuhören, setzte er sich auf einmal kerzengerade. Verdammt, das WAR eine Partitur! Stefan trommelte immer aufgeregter auf seine Knie, dann sprang er auf, griff einen Kaffeelöffel und ein Lineal und hieb auf allen erreichbaren Klangkörpern herum, der Heizung, dem metallenen Abfalleimer, den leeren Sprudelflaschen, dem Metallschirm der Schreibtischlampe, und, besonders schön dumpf, dem Kunststoffgehäuse des neuen Laserdruckers. Schließlich sank er erschöpft in den Sessel der Sekretärin zurück und schnappte nach Luft.

Nach ein paar Minuten wischte er sich den Schweiß von der Stirn, packte das Manuskript von Hildegard Sowade auf den Kopierer und ließ alle vierhundertachtzig Seiten durchlaufen. Mehrmals musste er Papier nachlegen. Draußen dämmerte es bereits. Die durchgehauenen »o« erschienen auf den Kopien als schwarzes Punktgehüpfe, nach geheimen Gesetzen über das Blatt verteilt. Stefan betrachtete liebevoll die Seiten, die der Kopierer eine nach der anderen hinausschob. Ta-kss, ta-kss, ta-kss, machte er. Stefan sang mit ihm. Alles war Rhythmus.

Schließlich tütete er das Originalmanuskript von Frau Hildegard Sowade wieder ein, legte den Formbrief dazu, klebte den braunen Umschlag zu und legte ihn zu seiner Tagesarbeit: den drei anderen beschrifteten Umschlägen. Dann zog er sein rotes Kapuzenshirt über, packte den kopierten Elfennebel unter den Arm und verschwand in den Frankfurter Feierabend.

Am nächsten Tag fehlte Stefan Zerlitt. Am übernächsten auch.

»Ich bin bei meiner Oma im Hunsrück«, erzählte er durch das Telefon. »Sie ist krank geworden.«

»Spielt Ihre Oma Schlagzeug?«, fragte die Sekretärin spitz. Im Hintergrund hörte sie wildes Getrommel.

»Nö, das ist Ngatn Tugu. Oma hat einen Untermieter aus dem Kongo.«

»Stefan, haben Sie irgendeine Ahnung, wie der Riss in das Kunststoffgehäuse des neuen Druckers gekommen ist?«

»Riss? Nein, tut mir Leid. Keine Ahnung. Ich habe ihn nie benutzt. Bis morgen also.«

Stefan legte auf und wandte sich seinem Freund zu, der am Küchenfenster mit Ausblick auf das Sachsenhäuser Mainufer hockte und halb in Trance seine Conga bearbeitete. Claude stammte tatsächlich aus dem Kongo, war aber nicht der Untermieter von Stefans Oma, sondern Stefans momentane Liebe und Mitglied der Wortkunstgruppe »Percussi Slang«.

Ingeborg fuhr ihren Computer herunter. Es war heute wieder spät geworden. Die ersten dreißig Probeseiten des viel versprechenden Romans einer jungen Autorin aus München hatte sie noch gelesen, danach die Autorin angerufen und den Rest des Manuskriptes angefordert. Jetzt gab es in München eine glückliche Dreiundzwanzigjährige und in Frankfurt eine hundemüde Lektorin. Ihre legendär erfolgreiche Reihe »Frau in der Gesellschaft«, ihr Kind und manchmal Sorgenkind, feierte noch in diesem Jahr einen runden Geburtstag. Unter dem Geburtstagsmotto »Feiern und Fördern« war der Roman der jungen Münchnerin möglicherweise ein willkommener Beitrag für das neue Herbstprogramm.

Auf dem Parkplatz stieg sie in ihr Auto, steckte den Schlüssel in das Zündschloss und wollte ihn eben herumdrehen, als sie von hinten wie mit Riesententakeln umklammert wurde. Man drückte ihr etwas Weiches mit einer stark riechenden

Flüssigkeit unter die Nase. Sie versuchte, die Arme hochzureißen, den Angreifer abzuwehren, aber jetzt drehten sich die Häuser, drehten sich immer schneller und flogen auf einmal fort, dann sackte sie über dem Lenkrad ihres Autos zusammen.

Der nächste Tag sollte in die Verlagsgeschichte eingehen. Tanja, Ingeborgs Mitarbeiterin, saß gerade mit gerunzelter Stirn über dem Erstling einer Unterhaltungsautorin. »Und immer kichert ein Pralinchen«. Unerträglicher Titel. Aber vielleicht verkaufsfördernd? Sie seufzte, als sie das Telefon aus ihren melancholischen Gedanken über die unheilige Allianz von Literatur und Marketing herausholte.

»Ich habe Ihre Lektorin in meiner Gewalt«, sagte die weibliche Stimme am anderen Ende der Leitung. »Und jetzt hören Sie mir gut zu: Wenn nicht innerhalb von zwei Wochen der Roman ›Elfennebel‹ erscheint, mit einer Erstauflage von hunderttausend, sehen Sie Ihre Lektorin nie wieder.«

»Wer spricht da?«, schrie Tanja.

»Mein Name ist Hildegard Sowade«, sagte die Frau am anderen Ende. »Hören Sie, ich habe nichts zu verlieren. Und ums Geld geht es mir auch nicht. Aber die Botschaft muss heraus, die in meinem Roman versteckt ist, die muss zu den Menschen. Und noch etwas: Ich werde nur noch einmal anrufen. Wenn Sie dieses Telefonat nicht ernst nehmen, ist Ihre ...« Es klickte in der Leitung, Frau Sowade hatte aufgelegt.

Tanja wusste nicht mehr, wie sie in das Zimmer der Verlagsleitung gekommen war. Als sie erzählte, was sich soeben zugetragen hatte, blickte die Verlagsleiterin sie an, als habe Tanja einen schweren Anfall einer nicht näher diagnostizierten Krankheit. Es dauerte, bis man Tanja endlich ernst nahm. Man rief Ingeborgs Sekretärin. Bei dem Namen Sowade konnte sie sich an das Manuskript erinnern, das vor drei Tagen zurückgegangen sei, aber heute Morgen wieder beim Posteingang aufgetaucht war. Tanja konnte sich schwach an den »Elfennebel« erinnern, an Bemerkungen, die Ingeborg gemacht hatte, an ihr Kopfschütteln. Nach weiteren zwanzig Minuten saß ein tüchtiger Hauptkommissar der Frankfurter Kriminalpolizei auf dem schwarzen Ledersofa, wendete nachdenklich Blatt um Blatt des Manuskriptes und ließ sich alles erzählen.

Mitten in seinen Ausflug in die Welt der Elfen platzte die zweite Bombe. Das Handy des Kommissars klingelte. Er hörte sich stumm an, was man ihm zu sagen hatte, ließ es schließlich sinken, blickte die Verlagsleiterin an und erklärte erschüttert: »Man hat den Bundesverkehrsminister entführt. Eine Frau Sowade. Sie fordert den sofortigen Stopp der Baupläne an der A3, dieser Ausfahrt, wo angeblich der Elfenbunker steht … Mein Gott. Sind die Menschen eigentlich nur bekloppt?«

Stefan Zerlitt hatte natürlich den ganzen Wirbel um den Elfennebel nicht mitbekommen, denn er las keine Zeitung und im Fernsehen sah er nur den Musiksender. Heute Vormittag war er mit dreistündiger Verspätung erschienen und wirkte erschöpft. Die Sekretärin war nicht an ihrem Platz. Also legte er seine Jacke auf einen Stuhl im Büro, zum Zeichen seiner Anwesenheit, nahm den Bestseller eines schwulen Berliner Autors, der ihn immer schon interessiert hatte, aus dem Regal und verzog sich in das Büro einer Lektorin, die im Urlaub war. Einige Stunden später machte er pünktlich Feierabend und wunderte sich, dass ihn niemand gesucht, niemand mit Aufträgen bedacht hatte. Die Sekretärin war schon wieder oder immer noch nicht in ihrem Büro. Dafür schien der Rest des Verlagshauses einen merkwürdigen Dauersummton von sich zu geben, wie ein aufgeregter Bienenstock. Stefan nahm heute nicht den Aufzug, denn man musste nicht noch in der letzten

Minute irgendjemandem begegnen, der etwas von einem wollte. Also rannte er das Treppenhaus hinunter, verdrückte sich durch den Nebeneingang und sah auch deshalb nicht die kleinen Grüppchen von Verlagsmitarbeitern, die alle noch im Foyer und auf der breiten Eingangstreppe standen und mit ernsten oder erschrockenen Gesichtern diskutierten.

Stefan hatte es ausnahmsweise einmal wirklich eilig. Er fuhr nicht, wie sonst, mit der Straßenbahn nach Hause, sondern steuerte ein Paar Hausecken weiter auf den Eingang eines Sachsenhäuser Kellerlokales zu. Am Eingang hing eine Tafel, auf der ein Plakat verkündete:

»Literatortur presents: PERCUSSI SLANG. Heute, 21.00 Uhr«.

Stefan begrüßte die finster geschminkte Kellnerin, dann begann er mit noch nie gesehenem Eifer, die Kleinkunstbühne umzuräumen, Stühle zu stellen und das Bühnenlicht einzurichten. Eine Stunde vor Beginn der Veranstaltung blieb ihm gerade noch Zeit, das verschwitzte Hemd gegen ein T-Shirt mit dem Aufdruck »Fuck you! I have enough friends« zu wechseln, zwei Glas Sekt zu trinken und mit zwei jungen Frauen, die in dramatische Tücher gewandet waren, den Auftritt noch einmal durchzugehen. Zehn vor neun erschien der zweite Sänger und Sprecher Tobi.

Noch war kein Publikum zu sehen, und Stefan wurde, entgegen seiner Natur, etwas nervös. Um drei Minuten vor neun tauchte schließlich eine kleine Gruppe treuer Freunde auf, zwei versprengte amerikanische Touristen und drei brav aussehende Schülerinnen aus einem ländlichen Vorort, die sich etwas ratlos auf der Suche nach dem wilden Frankfurter Nachtleben auf eine Bank in die hinterste Ecke drückten.

Stefan hatte feuchte Hände. »Percussi Slang« war eine neue Formation. Neu auch die Kombination von Rap, Kabarett und Dichtung. Und dieses schrille Elfenepos hatte Stefan vor ein paar Tagen als phantastische Fundgrube erkannt. Die vielen durchgehauenen »o«, die unzähligen Ausrufezeichen gaben ungeahnte Rhythmen vor, die zuckrigen Reime, die abstrusen Beschreibungen nächtlicher Elfenburgen im Großraum Frankfurt waren als Rap-Texte und Unterhaltungsquelle in ihrer Schrägheit nicht mehr zu überbieten.

Schließlich, gegen Viertel nach neun, saßen etwa fünfundzwanzig Leute in dem Kellerlokal, das für seine Flops ebenso berühmt war wie für seine sensationellen Entdeckungen. Stefan beschloss anzufangen. Claude legte auf seinem Schlagzeug ein solches Intro hin, dass die Leute schon nach drei Minuten im Bann seiner virtuosen Hände waren und anfingen, auf ihren Oberschenkeln leise mitzutrommeln. Dann kamen Tobi und Stefan, übernahmen die Percussion stimmlich, gingen schließlich über in einen gleichmäßigen Rap-Rhythmus.

»O-o-o Elfenbraut, jaja, ich weiß nicht, was ich tu,
wenn du nicht bei mir bist, hat die Seele keine Ruh,
o-o-o Elfenbraut, du bist rein und weiß,
ja, ich liebe dich so innig und du weißt, das ist kein Scheiß«,

rappten Stefan und Tobi, wobei Stefan mit großer dichterischer Freiheit den Urtext um die letzte Satzhälfte ergänzt hatte, damit sich etwas auf ›weiß‹ reimte. Überhaupt waren eine ganze Menge Textänderungen notwendig gewesen, aber jetzt kam eine Passage reinen O-Tons. Tobis Stimme war der Sprecherstimme der Comicfigur Barney Geröllheimer, dem Freund Fred Feuersteins, sehr ähnlich. Wenn er den Mund aufmachte, klang er komisch, und das machte Tobi in ernsten Lebenssituationen zur tragischen Figur. Zu Claudes Snare, die er jetzt nur sanft mit dem kleinen Metallbesen bearbeitete, und zu Stefans expressiver Querflöte rezitierte Tobi in altem Vortragsstil:

»Zur Nacht, zur Nacht, da bläst er!
Der Wind, vom Taunus, voll mit Duft!

Doch ach, es mischen sich Gerüche von Autobahn mit in die
Luft.
Es welken Rosen, welken Veilchen, der grüne Schwefel Tod
verpufft.
Der Elfenzorn ist ohnegleichen,
auch ohnegleichen ist ihr Leid,
denn Tuzi, ihrem Oberelf, ist fies verklebt das Elfenkleid.
Die Elfenburg ist viel zu dichte
Gebauet an der Autobahn.
Man sieht dem Steinpilz und der Fichte
Den Mantel schon aus Abgas an.
Und bald wird diese Elfenpracht
vom Menschen einfach platt gemacht!
Es bangt die Elfe, bangt der Troll,
wo Menschenwahn noch enden soll?«

Hinten im Saal saß ein dunkelhaariger Mann Mitte dreißig, schloss die Augen und lehnte sich zurück, von stummem Gelächter geschüttelt. Die drei ländlichen Schülerinnen saßen da mit offenem Mund. Was war das denn?

»Uuuaaahhh, uuuuaaaahhh!«, sangen die beiden grün geschminkten Aushilfsfreundinnen rechts und links vom Bühnenrand und schwenkten ihre wallenden Tücher.

»Wer seid ihr?«, unterbrach Stefan sie harsch. Die Mädchen schauten irritiert. »Wie, wer sind wir? Du hast doch gesagt, wir sollen den Elfennebel machen!«

»Gut. Weiter so«, sagte Stefan streng, und Claude hieb nur so auf sein Schlagzeug, dass der Saal wackelte.

»Da!«, schrie Stefan. »Frankfurt brennt! Ein Elf mit dem Kanister rennt! Hat angezündet Dom und Banken, ach, sieh die Menschentempel schwanken!«

»Waahhhh, waaahhh«, sangen die Mädchen und schwenkten rote Tücher. Tobi machte eine Feuerwehrsirene nach, und Claude trommelte dumpf.

»Da krachen Balken, heiß und rot, und schlagen Frankfurt ziemlich tot! Ach, dummer Mensch, wach auf, erwache! Doch Elfenrach' ist Elfensache!«

Der dunkelhaarige Mann lachte mittlerweile Tränen. »Das ist schwer kultig!«, sagte er zu seiner Begleiterin. »Das ist voll der Kult!«

Das Publikum konnte die Performance nicht so ganz einordnen, aber man amüsierte sich köstlich. »Meinen die das ernst?«, fragte jemand am Tresen. Die Kellnerin zuckte mit den Achseln. »Lassen wir's offen«, sagte sie.

Der Dunkelhaarige ging nach der einstündigen Show zu den erschöpften Künstlern, drückte Stefan eine Visitenkarte in die Hand und befahl ihm: »Ruft mich morgen an. Aber nicht vor neun und nicht nach zehn! Habt ihr diese abgefahrenen Texte selber gemacht?« Noch giggelnd drehte er sich herum und verließ das Lokal.

»David Kupfermann, Redaktion Randbemerkung TV III«, las Stefan. »TV III! Das ist doch dieser Kultursender!« Tobi riss ihm aufgeregt die Karte aus der Hand. »Wir sind entdeckt, Kinder! Wir sind entdeckt!«

»Nu übertreib nicht so!«, dämpfte die Kellnerin, die sowohl Kupfermann als auch die Übergabe seiner Visitenkarten kannte. Das endete nicht immer im Weltruhm. Aber immerhin.

Im Verlag war man jetzt, am vierten Tag nach der Entführung, der Verzweiflung nahe. Es war kein Anruf mehr gekommen. Die Ermittlungen liefen, aber es gab keine Spur, keine einzige. Eine Hildegard Sowade existierte nicht, das Manuskript war vom Praktikanten Stefan vor sechs Tagen postlagernd zurückgeschickt worden, dann war es am Tag nach der Entführung wieder aufgetaucht, ansonsten gab es keine Unterlagen, nichts. Ingeborg blieb verschwunden, der Bundesverkehrsminister blieb verschwunden, Tausende Polizisten tappten immer noch im Dunkeln.

Auf dem Schreibtisch lagen zwei Boulevardzeitschriften, deren erste die Schlagzeile verkündete: »Minister und Lektorin – Elfensekte schlägt zu!« Das war die Zeitung von vorgestern. Gestern stand in Fettdruck: »Verlag opfert Lektorin!« Irgendein vorlauter Verlagsmensch hatte wahrscheinlich zu einem Reporter gesagt: »Das Ding wird nie gedruckt. Wissen Sie, was so was kostet? Und wie es den Verlagen geht?« Heute lautete die Schlagzeile: »Lektorin und Minister – Elfenopfer?«

Allerlei Esoterikverbände begannen, sich in die öffentliche Diskussion einzuschalten. Die Verlagsleiterin beriet sich mit einigen Mitarbeitern.

»Ich habe mittlerweile das Manuskript angelesen«, sagte die Chefin. »Unsäglich. Küchenweisheiten, esoterischer Müll, Elfen und ökologisches Sendungsbewusstsein, zusammen mit achtzig Prozent Hedwig Courths-Mahler. Und bis auf ein paar erzählerische Passagen reimt sich das alles auch noch.«

»Aber was machen wir? Wie ernst muss man das Ganze nehmen?«, fragte Tanja. Die Verlagsleiterin schwieg ratlos. Tanja griff nebenbei nach dem Deckblatt des Manuskriptes und las »Elfennebel – ein Gesang«. Sie las auch das Motto, das die Verfasserin auf der zweiten, sonst leeren Seite rechts oben in die Ecke getippt hatte: »Willst du Freund der Elfen sein – lass in Ruh das Elfenbein!«

»Ach, du heiligs Blechle«, murmelte sie. Aber wider Willen musste sie grinsen. Das Handy der Chefin piepste die ersten beiden Takte von Beethovens Neunter. Auf dem Display stand: »Ingeborg-Handy«. Aber es war nicht Ingeborgs Stimme, die sprach. Es war Hildegard Sowade.

»Sie kennen meine Bedingungen. Stopp der Autobahnausfahrt durch die Regierung und Druck meiner Botschaft durch Ihren Verlag.«

Die Verlagsleiterin schrie: »Hören Sie? Wer sind Sie? Wo sind Sie? Wo ist unsere …?« Kurzes Schweigen, dann: »Hallo? Bitte helfen Sie mir!« Jetzt war tatsächlich Ingeborg am Apparat.

»Ingeborg!«, schrie die Verlagsleiterin. »Wo stecken Sie?«

»Ich weiß es nicht«, sagte die Lektorin. Sie klang hypnotisiert. »Ich fürchte, Sie müssen die Dame Sowade ernst nehmen. Sonst sehen Sie mich nicht mehr wieder. Auf Wiederhören, meine Liebe.«

»Was macht sie mit Ihnen? Sind Sie gefesselt?«, schrie die Chefin in den Hörer.

»Fesseln sind in meinem Haus nicht notwendig.« Jetzt war wieder die andere Stimme am Telefon. »Ich habe kleine Wächter. Der Minister und Ihre Mitarbeiterin bekommen zu essen und zu trinken, keine Sorge!«, sagte die Stimme in den Hörer. »Hören Sie gut zu: Das Wichtigste ist meine Botschaft an die Bevölkerung. *Sie* werden den Elfennebel veröffentlichen. Das ist *Ihr* Teil der Verantwortung. Der Stopp des Bauprojektes ist Sache der Landesregierung. Ihre Aufgabe ist es, das Bewusstsein der Bevölkerung für die Elfen zu schärfen. Aber wenn das Buch nicht in zwölf Tagen draußen ist, bin ich leider gezwungen …«

»Hören Sie, wir können unmöglich …«

»Unmöglich gibt es in meiner Sprache nicht!«, wurde sie unterbrochen. Dann herrschte Stille in der Leitung.

Arme Ingeborg. Was für furchtbare Ängste musste sie ausstehen. Wie hielt man sie in Schach? Wahrscheinlich mit Waffen. Und was waren das für kleine Wächter, von denen diese Furcht erregende Schriftstellerin gesprochen hatte? Über den Nacken der Verlagsleiterin krabbelte ein kleines Grauen. Sie atmete tief durch. Energisch nahm sie den Telefonhörer zur Hand. Wenn andere Verlage innerhalb von drei Wochen auf weltbewegende Ereignisse mit schnell gestrickten Produkten reagieren konnten, dann sollte es doch möglich sein, dass ihr Haus mit dem schnellsten Druck seit Bestehen des Verlages ein Leben rettete. Um finanzielle Verluste ging es nicht mehr, das war allen Beteiligten mittlerweile klar. Schließlich war die Öffentlichkeit bereits informiert, die Boulevardpresse machte die beste Gratiswerbung, die sich denken ließ. Mit diesem Vorlauf ließen sich sogar Kuchenrezepte in Keilschrift verkaufen. Es ging natürlich um etwas anderes. Durfte ein seriöser Verlag sich erpressen lassen, ein Manuskript zu veröffentlichen, das eigentlich gelocht und an einer Kordel aufgefädelt in einem Plumpsklo hängen sollte? Wie konnte man – abgesehen von der Notlage – so ein Produkt rechtfertigen? Wo sollte das enden? War das ein Fanal für andere Autoren, Verlage zu erpressen? Ach, Unsinn. Was hatte ein Autor davon, seinen Ruhm im Gefängnis zu genießen. Nein, das hier war schon ein Spezialfall. Hier war mal wieder ein fanatischer Menschheitsaufrüttler am Werk.

Die Chefin schickte ihre Mitarbeiter hinaus, telefonierte und hatte nach etwa zweieinhalb Stunden die wichtigsten Weichen gestellt. Zwar wusste sie, es war fast unmöglich, die Frist der Entführerin einzuhalten, aber das Wort »unmöglich« buchstabierte sie genauso ungern wie Frau Sowade. Die Verlagsleiterin seufzte und genehmigte sich eine kurze Pause.

Sie schaltete den kleinen Fernseher ein, um sich für einige Minuten abzulenken. Die Kultursendung im Dritten war manchmal ganz interessant. Sie legte sich für ein paar Minuten auf das Ledersofa. Der Vorspann der wöchentlichen Sendung »Randbemerkung«. Ganz witzig. Eine Mona Lisa aus der Cyberwerkstatt lief durch die Straßen einer virtuellen Weltstatt und hinterließ Farbspuren, die schließlich zum bunten Logo der Sendung zusammenschmolzen. Dann erschien der Moderator, der die verschiedenen Beiträge ankündigte. Die müde

Chefin achtete nicht besonders auf seine Rede, aber als das Wort »Frankfurt« fiel, wurde sie aufmerksam. Zunächst zeigte man den Eingang der Kleinkunstkneipe »Literatortur«. Sie kannte den Laden, schließlich war er nur fünfzig Meter vom Verlag entfernt. Schnitt, dann ein hübscher, dunkelhäutiger Mann, der einen wilden Rhythmus trommelte, dann ein stoppelköpfiger Rap-Sänger, der der Leiterin irgendwie bekannt vorkam. Plötzlich setzte sie sich wie elektrisiert auf.

»O-o-o-o Elfenbraut, deine Haut ist wie Schnee / ach ich bin total verloren, wenn ich eine Elfe seh / deine grünen Zauberaugen sind für mich wie süßes Gift / nur ein kurzer kleiner Blick und ich bin total bekifft.«

Sie traute ihren Ohren nicht. Bis auf den letzten Reim kannte sie den Text. Sie stellte lauter. Ein zweiter junger Mann mit einer Stimme wie ein zerquetschtes Spieltier rappte weiter.

»An der Autobahn, ganz präzise der A3 / steht ein großer Palast / doch die Menschen fahr'n vorbei / ja sie können ihn nicht sehn / er ist nicht für sie gemacht / er ist unsichtbar, denn er ist für die Elfen nur gedacht ...«

Die Verlagsleiterin griff nach dem Hörer und ließ sich mit dem Kriminalhauptkommissar verbinden.

Stefan Zerlitt war zu Tode erschrocken, als er endlich erfuhr, was es mit dem Elfennebel auf sich hatte. Er gestand sofort und alles, war zerknirscht, obwohl, wie Tanja ihn in einer stillen Minute beruhigte, er ja nicht an Frau Ingeborgs schlimmer Situation schuld sei. Aber urheberrechtliche Verletzungen hatte er begangen. Mit Erfolg, wie es schien, denn ein paar Minuten nach Ausstrahlung des Beitrages auf TV III waren die Drähte heißgelaufen. Musikjournalisten, Fans, Redakteure und mehrere Produzenten angesagter Labels besetzten sämtliche Leitungen. David Kupfermann konnte sich wieder einmal als Entdecker feiern lassen. Aber wenig später mussten die begeisterten Interessenten erfahren, dass es vorläufig Probleme gab.

»Hör zu, mein Junge«, sprach Kupfermann in Stefans Telefon. »Sieh zu, dass du schnell bist. Diese Sache mit dem Copyright musst du in ein paar Stunden gecheckt haben, denn eins weiß ich von der Branche: Sie wartet nicht gern. Und das wär schade, du bist nämlich saugut, mein Junge. Und du bist der größte Idiot, der mich je zugetextet hat.« Dann legte er auf.

Stefan Zerlitt ließ sich gerade von Freund Claude den gramgebeugten Rücken massieren, als das Telefon schon wieder klingelte. Eine helle, etwas brüchige Frauenstimme fragte ihn: »Glauben Sie an Elfen?«

»Logo«, antwortete Stefan, plötzlich hellwach. »Klar doch. Sie auch?«

»Ich lebe für sie«, sagte die Stimme und sang diese Worte fast. »Mein Junge, Sie arbeiten im Verlag. Ich habe mich erkundigt. Sie haben meine Texte gestohlen, ich habe Sie im Fernsehen gesehen. Also, Sie sind sich ganz sicher, dass Sie an Elfen glauben? Und daran, dass sich zwischen Offenbach-Süd und Heusenstamm, an der A3, ein Elfenpalast befindet?«

»Ja, klar glaube ich das!« Stefan bemühte sich, die Ruhe zu bewahren.

»Sie wissen, dass Sie meine Texte nicht einfach stehlen dürfen, nicht?«

Stefan konzentrierte sich so sehr, dass er glaubte, das Ankoppeln seiner Synapsen zu hören.

»Ja. Ich entschuldige mich dafür. Wenn es aber doch für die Sache ist, Frau … äh …«

»Sowade!«, sagte die Stimme entzückt. »Hildegard Sowade. Sie würden mir also helfen, meine Botschaft weiterhin mit Ihrer hübschen Musik öffentlich zu machen, weiterhin das Bewusstsein der Menschen für die Elfen zu schärfen?«

»Logilein«, entgegnete Stefan und zitterte vor Aufregung. »Sollen wir uns mal treffen, Frau Sowade? Tut mir Leid, das mit dem Texteklau, aber ich sah ja keine andere Möglichkeit, Ihre Botschaft an den Mann zu bringen. Wir Elfenfreunde müssen zusammenhalten.«

»Junger Mann, etwas sagt mir, dass ich Ihnen vertrauen kann. Wenn nicht, werden die Elfen Sie töten, das wissen Sie. Sie werden mit niemandem darüber reden, Stefan!«

Plötzlich begriff er, dass ihre Drohung absolut ernst zu nehmen war. »Ja. Jjja. Darf ich meinen Freund mitbringen? Er stammt aus dem Kongo, und sein Vater ist Medizinmann.«

»Das ist sehr gut. Aber für ihn gilt das Gleiche. Also ...«

Es folgte eine nicht ganz unkomplizierte Beschreibung, die ihn in eine dünn besiedelte Gegend des nördlichen Spessart lotste.

Nach fast neunzigminütiger Fahrt stiegen Stefan und Claude mitten im tiefen Wald aus. Stefan hatte Claude, der nur Französisch verstand, ins Bild gesetzt. Claude nickte bei der Erwähnung der Elfen bloß und meinte: »Ben oui, les sylphides. J'connais bien. En Afrique, on en a en foule«, was so viel bedeutete wie: ›Elfen? Klar kenn ich die. Bei uns in Afrika gibt's die haufenweise.‹

»Und?«, fragte Stefan. »Glaubst du daran?«

Claude blickte ihn an, als hätte er gefragt: »Atmest du auch nachts?«

»Ben oui.«

Fast erleichtert stellte Stefan fest, dass er selbst bereit war, an Elfen zu glauben. An irgendetwas musste der Mensch glauben, an Gott, egal welchen Namen er trug, an Kickers Offenbach oder an die Liebe. Warum also nicht auch an Trolle und Elfen.

Die hohen Bäume wölbten sich über ihren Köpfen zu einem grünen Dom. Es war still, es duftete nach feuchtem Laub, nur ab und zu hörte man einen Specht. »Da müssen wir lang!« Stefan studierte seine Notizen und wies auf einen farngesäumten Bachlauf, der neben der schmalen Landstraße, an der sie ihr Auto abgestellt hatten, entlanglief und schließlich in einem scharfen, geologisch nicht zu erklärenden Knick nach rechts in den dichten Wald abbog. Sie folgten ihm.

Die Sonne brach durch die Baumkronen. Nach einer Viertelstunde fasste Claude seinen Freund jäh am Arm und hielt ihn fest. »Attends!«, flüsterte er. Ein paar Meter vor ihnen stand, direkt auf einem schimmernden Moospolster, eine zierliche alte Dame mit graublonder Kurzhaarfrisur. Ein Sonnenstrahl traf direkt auf ihren Scheitel. Sie trug ein weites, hellblaues Kleid, Gesundheitssandalen, und ihre großen, grauen Augen schauten freundlich durch ein preiswertes Kassengestell. Sie faltete die Hände, legte sie einmal links und einmal rechts an ihre Wangen und nickte dabei mit leichter Verneigung.

»Willkommen, willkommen!«

Die grauen Augen schienen immer größer zu werden. Stefan fühlte sich durchleuchtet. Er lächelte schüchtern und kam sich plötzlich vor wie ein sechsjähriges Kind, allein im Haulewald, in dem es durchaus nicht nur liebe Feen gab.

»Ja!«, sagte die alte Dame. »Ihr seid ehrlichen Herzens. Stefan, hier sind einige Papiere für den Verlag, vertragliche Angelegenheiten, die Sie gut studieren sollten, denn ich räume Ihnen ein paar Rechte ein. Dafür werden Sie zwanzig Prozent von allem, was Sie in Zukunft mit Ihrer hübschen Musik verdienen, auf die angegebene Kontonummer überweisen. Das gilt natürlich nur für die Kompositionen, die meine Texte zur Grundlage haben. Und, bitte, mein lieber Junge, reimen Sie nicht mehr ›Scheiß‹ auf ›weiß‹. Das gefällt meinen Freunden nicht. ›Bekifft‹ auf ›Gift‹ fanden sie in Ordnung, mit Drogen und Halluzinationen geht man hier großzügig um, aber nicht mit roher Fäkalsprache. Unser Alltag ist von der Lieblichkeit der Natur bestimmt, nicht von ihren Abfällen.«

Stefan nickte stumm. Dann blickte er auf und fragte vorsichtig: »Aber könnten Sie denn nicht die Lektorin freilassen? Das wär total nett, Frau Sowade. Vielleicht auch den Minister?«

Die Dame im blauen Kleid lächelte nur. »Wenn Sie gleich in Ihr Auto steigen, dann fahren Sie bitte oben auf der Kuppe des Hügels nicht nach links, wie Sie gekommen sind, sondern schließen für eine Zehntelsekunde die Augen und fahren weiter geradeaus. Also nicht vergessen, genau auf der Kuppe die Augen schließen. Das gilt auch für Sie, mein Freund.« Claude nickte, obwohl sie Deutsch gesprochen hatte.

»Ach, sehen Sie mal, eine Kundschafterin!« Frau Sowade zeigte nach hinten, die beiden jungen Männer drehten sich um und sahen eine violett schimmernde Libelle von großer Schönheit. »Adieu, meine Herren, und der Elfen Segen!«, sagte Frau Sowades Stimme, zu der jetzt aber kein Körper mehr gehörte. Stefan und Claude wandten sich wieder um, suchten überall mit Blicken nach ihr – nichts. Sie war einfach fort.

Stefan gruselte, aber Claude war ganz ruhig und fröhlich. Stefan griff nach der warmen Hand seines Freundes, und beide liefen stumm zurück zu ihrem alten Auto. Sie stiegen ein, Stefan wollte Claude erklären, was er oben auf der Hügelkuppe zu tun habe, aber Claude winkte ab. »Mais je l'ai compris, dis-donc!« – aber ich habe sie doch verstanden!

Kurz bevor das Auto den höchsten Punkt erreicht hatte, konzentrierte sich Stefan, zählte leise, und genau bei »drei« schlossen sie kurz die Augen. Als sie sie wieder öffneten, musste Stefan den Schock verwinden, dass sie sich plötzlich auf dem Frankfurter Stadtzubringer kurz vor dem Henninger Turm befanden. »Claude! Bin ich verrückt?«

Claude sah ihn verwundert an. »Pourquoi? So ist das eben mit Elfen!«

»Ich sag Ihnen doch, das lag in meinem Briefkasten!« Stefan Zerlitt schwenkte die Schriftsätze der Frau Sowade hin und her. »Mehr weiß ich einfach nicht!« Die Unterschrift war echt, kein Zweifel. Man verglich sie mit der auf Frau Sowades Anschreiben. Frau Sowade trat alle möglichen Rechte an Stefan ab, die angegebene Kontonummer gehörte zu einer isländischen Bank. Aus dem Zeugen Zerlitt war nicht mehr herauszuholen, und schließlich versicherte ein beiliegendes Schreiben, dass der junge Mann der Autorin vollkommen unbekannt sei, dass sie durch die Fernsehsendung auf ihn gestoßen sei und dass sie ihm verbunden sei durch die Publizität, die er ihren Texten verschafft hätte. Auf einem gesonderten Blatt noch einmal die ernste Aufforderung, sich zum Wohle der verdienten Lektorin an die Abmachungen zu halten. Von Ingeborg kein Lebenszeichen, nichts.

Vorläufig galt es, mit der Elfenlawine fertig zu werden, die sowohl die Presse um die Entführungsfälle als auch die Gruppe »Elfennebel Percussi Slang« losgetreten hatte. Die Vorbestellungen vom Buchhandel erreichten Traumwerte, und auf das Buch »Elfennebel« sollte ein Extrasticker: »Das Buch zur Kultgruppe« – denn längst hatte der schlaue Stefan das Wort »Elfennebel« zum ersten Bandnamen gemacht, die Gruppe war seit der Erstsendung in fast jeder Show, auf jedem Talksofa, eine ersehnte CD war in der Mache, die Republik war seit ein paar Tagen im allerschrillsten Percussi-Elfenfieber, Polizei und Regierung hatten mittlerweile esoterische Berater und Kontaktpersonen herangezogen – ohne Erfolg.

Jetzt waren es noch drei Tage, die Frau Sowade dem Verlag als Frist gesetzt hatte. Das Projekt Elfennebel hatte überall höchste Priorität, denn die Sorge um Ingeborg war groß – die Freude über die zu erwartenden Gewinne auch. Pünktlich, an einem sonnendurchglänzten Donnerstag, kam eine Lieferung »Elfennebel«. Das Paket mit den Ansichtsexemplaren wurde hochgetragen wie die Kronjuwelen des Zaren. Heute Morgen hatte die Regierung auch einen einstweiligen Planungsstopp des Autobahnprojektes veranlasst, aber der Minister war noch nicht wieder aufgetaucht.

Tanja öffnete das Paket. Stefan schaute ihr über die Schulter. Der »Elfennebel« hatte ein hellblaues Cover, ein zartes Gesicht schaute schemenhaft verwischt durch eine Nebelbank, und ein goldenes Band umschlang die Buchstaben des Titels. »Uhh, bisschen kitschig, aber da gibt es viel Schlimmeres!«, murmelte Stefan und schaffte in einem unübersichtlichen Moment gleich vier Musterexemplare beiseite.

Stefan vergewisserte sich, dass ihm niemand folgte, dann machte er sich auf in den Spessart, um an der Stelle, an der er seine Gönnerin getroffen hatte, ein wasserdicht verpacktes Exemplar niederzulegen, denn das gehörte sich so, fand er.

Wo blieb Ingeborg? Wo der Minister? Die Bedingungen waren erfüllt, die Medien taten ihre Arbeit und ließen die Entführerin wissen, dass sie nunmehr unverzüglich ihre Geisel freilassen sollte. Aber der Donnerstag, der stolze Erscheinungstag des »Elfennebel«, verstrich ohne ein Lebenszeichen der beiden Entführten.

Am späten Donnerstagabend kam ein erschöpfter und missmutiger Stefan zurück. Sein Auto hatte alle, alle Spessartstraßen abgefahren, nirgendwo hatte er den abknickenden Bachlauf wiedergefunden, geschweige denn den Hügel mit der Kuppe und dem direkten Anschluss nach Frankfurt. Unfassbar. Stefan schlief schlecht in dieser Nacht.

Am nächsten Morgen kam Tanja in das Zimmer von Ingeborg und wollte noch einige Manuskripte auf dem langsam explodierenden Schreibtisch unterbringen, als sie plötzlich zurückprallte. Auf ihrem Bürostuhl, über ihrem Schreibtisch zusammengesunken, lag die vermisste Lektorin, den Kopf auf den Armen, in friedlichem Tiefschlaf. Sie widerstand jedem Versuch, sie zu wecken. Erst nach über einer Stunde, als man die Polizei, einen Arzt, die Verlagsleitung und die engsten Mitarbeiter zusammengetrommelt hatte, als man einen extrem gut duftenden Kaffee neben sie stellte und als Tanja noch einmal verzweifelt flehte: »Nun wachen Sie doch auf!«, öffnete sie plötzlich ihre Augen, gähnte, erschrak, blickte sich perplex um und fragte schließlich beim Anblick der vielköpfigen Menschenansammlung in ihrem kleinen Büro: »Was treiben *Sie* denn hier alle?«

»Wie sind Sie hierher gekommen?«, fragte der Kommissar.

»Wie bitte? Ich arbeite hier, junger Mann. Stimmt irgendetwas nicht?«

»Amnesie«, murmelte der Arzt und näherte sich der Lektorin mit dem Stethoskop.

»Scheren Sie sich zum Teufel mit Ihrem Besteck, Herr Doktor, ich habe zu tun!« Aber der Arzt ließ sich nicht abwimmeln, und als man der erbosten Lektorin nach vielen Erklärungen schließlich die Presse der letzten zwei Wochen auf den Tisch legte, wurde sie blass.

Am späteren Abend saß Ingeborg noch mit Tanja zusammen und musste sich bei einem Wein erholen. »Ich weiß absolut nichts mehr!«, gestand sie. »Weg. Leer und weiß. Hat man eigentlich mal nachgeforscht, was das für eine Kontonummer ist, auf die wir das Honorar und die Tantiemen überweisen sollen?«

Tanja nickte. Die Kontoinhaberin war eine erstaunte, über jeden kriminellen Verdacht erhabene Mitarbeiterin der isländischen Regierung. Allerdings – und zunächst wollte Ingeborg nicht glauben, dass es stimmte –, diese Mitarbeiterin war als fest installierte Regierungsbeamtin zuständig für Elfen- und Trollfragen. Tanja hatte sich bei der isländischen Botschaft erkundigt, diesen Posten gab es wirklich und tatsächlich, die Dame gab es auch. Wirklich und wahrhaftig. Und sie hatte von unbekannt Weisung erhalten, die künftigen Gelder für elfenorientierte Projekte zu verwenden, zum Beispiel für Brückenbauten über Elfenschluchten oder Umgehungsstraßen um von Elfen bewohnte Stätten.

Ingeborg nahm das hellblaue Buch in die Hand und schlug es eher zufällig auf. »Guten Abend, sehr geehrte Frau Ingeborg«, las sie und spürte, wie ihr ein kühler Hauch über das Gesicht strich. »Unser Ziel ist erreicht, ich danke Ihnen. Aber meine Freunde und ich werden Deutschland verlassen. Wir ziehen woanders hin. Denn unser neuer Freund hat uns verraten, dass als Nächstes eine nochmalige Erweiterung des Frankfurter Flughafens droht, die eine kleinere Elfensiedlung in der Nähe von Kelkheim beeinträchtigen würde. Das ermüdet uns langsam. Wir können nicht die ganze Regierung entführen. Übrigens kommt der Minister nicht mehr zurück. Er hat sich in eine Halbelfe verliebt, die im Innendienst arbeitet, und bleibt bei uns. Berlin war ihm sowieso immer zu hektisch. Eine diesbezügliche Verlautbarung wird der Presse morgen früh zugehen. Dass die Gelder nach Island gehen sollen, hängt übrigens damit zusammen, dass dieses Volk an uns glaubt, dass wir dort berücksichtigt werden und zum Alltag gehören. Ihnen noch viel Erfolg mit Ihrer schönen Reihe! Mit freundlichem Gruß, Hildegard Sowade.« Ingeborgs Hand zitterte. »Lesen Sie das, Tanja!«

Tanja griff nach dem Buch, las die aufgeschlagene Seite: »Willst du Freund der Elfen sein, lass in Ruh das …«

»Nein«, unterbrach sie Ingeborg, »… nicht das. Den Brief an mich!«

»Hier ist kein Brief!«, sagte Tanja verwundert und gab das Buch zurück.

Und tatsächlich: Mehr als der Spruch und der Titel standen nicht auf der Seite.

Kerstin Bauer
Das Psychofenster zum Hof

Der Motelbesitzer hatte in etwa die Statur von Danny DeVito, und wie so viele kleine Männer hegte er eine ausgesprochene Vorliebe für große Frauen. Ingeborg war gerade dabei, ihre Personalien in das ledergebundene schwarze Buch einzutragen, und bemerkte deshalb nicht, mit welch sehnsüchtig verschwommenem Blick der Motelbesitzer zu ihr aufsah.

»Erlauben Sie mir eine Frage«, sagte er, »wie groß sind Sie?«

Ingeborg blickte ihn erstaunt an.

»Ein Meter sechsundsiebzig«, antwortete sie, »wieso fragen Sie? Sind die Betten hier alle so kurz oder was?«

Er brach in ein beifälliges Gelächter aus.

»Die Betten so kurz, ha, ha, ein köstlicher Witz, ich lache mich tot! Ach, ich liebe Frauen mit Humor!«

»Ja, du verdorbener Junge«, erklang von draußen eine wutkeifende Stimme, »was du an Frauen liebst, darüber weiß ich Bescheid ...«

Die Tür wurde aufgestoßen und herein kam eine ältliche Frau mit graubraunem Haardutt.

»Ich habe dich lachen gehört, Norbert«, schimpfte sie, »flirtest du wieder mit irgend so einem Flittchen, das dir schöne Augen macht oder ...«

Dann erblickte sie Ingeborg. Sie musterte sie gründlich von oben bis unten und murmelte schließlich: »Verzeihung. Ich konnte ja nicht ahnen ... Muss nämlich ein Auge haben auf den Jungen. Der versteht nichts von Frauen und lässt sich von jedem jungen Ding um den Finger wickeln. Als Mutter hat man schließlich Pflichten. Aber Sie sind eine Dame, das hab ich gleich gesehen. Norbert«, wandte sie sich an ihren Sohn, »die kann von mir aus bleiben!«

»Na, da bin ich aber erleichtert«, erwiderte Ingeborg trocken.

Die alte Frau warf einen Blick auf das Schlüsselbrett.

»Norbert«, sagte sie gebieterisch, »wenn noch so viele Zimmer frei sind, dann musst du der Dame ja nicht unbedingt Zimmer eins geben. Von dort aus kann man genau in unser Haus sehen. Ich hasse es, beobachtet zu werden!«

Ohne ein weiteres Wort schlurfte sie wieder hinaus.

»Bei einem so herzlichen Empfang wird es einem ganz warm ums Herz«, stellte Ingeborg lakonisch fest.

Norbert wand sich vor Verlegenheit.

»Sie müssen meine Mutter entschuldigen«, sagte er, »sie ist ... na ja, nicht mehr so ganz beieinander!«

Sein Blick fiel auf Ingeborgs Eintragung.

»Mein Gott«, rief er aus, »sind Sie etwa ... Sie sind doch wohl nicht die Lektorin?«, schnaufte Norbert.

Ingeborg nickte.

»Ich habe alle Bücher aus Ihrer Reihe gelesen!«, trompetete Norbert.

»Ach, wie nett«, sagte Ingeborg, »und wie ungewöhnlich für einen Mann. Dürfte ich jetzt bitte meinen Zimmerschlüssel haben?«

»Ich schreibe auch«, gestand Norbert. »Ich habe in meiner Freizeit ein Manuskript verfasst. Wenn Sie es vielleicht mal überfliegen könnten ...«

»Meine Reihe heißt ›Moderne Frau‹«, seufzte Ingeborg. »Ich denke, dass Sie als Mann ...«

»Aber es geht um eine Frau!«, protestierte Norbert. »Ehrlich, mein Buch würde perfekt in diese Reihe passen. Ich weiß es!«

»Na schön«, seufzte Ingeborg gottergeben, »wenn Sie so sicher sind, dann schicken Sie es mir zu. Und jetzt würde ich gerne auf mein Zimmer gehen!«

»Kein Problem«, sagte Norbert hocherfreut. Er zwinkerte Ingeborg verschwörerisch zu:

»Ich gebe Ihnen Zimmer eins!«

Ingeborg war froh, endlich allein zu sein. Sie hatte einen anstrengenden Tag hinter sich. Diese drückende Schwüle. Dieser todlangweilige Geschäftstermin. Eigentlich hatte sie vorgehabt, ohne Pause durchzufahren, um zu Hause in aller Ruhe das Wochenende zu genießen. Aber ein plötzlich hereinbrechendes Gewitter mit einem geradezu sintflutartigen Regenfall hatte ihr einen Strich durch die Rechnung gemacht.

Nachdem die Scheibenwischer angesichts der gewaltigen Wassermassen klaglos kapituliert hatten und Ingeborg in ihrer Panik eine falsche Abzweigung genommen hatte, tauchte vor ihr ein Leuchtreklameschild mit der Aufschrift »Bentz Motel« auf. Ingeborg, keineswegs lebensmüde, wertete dies als einen Wink des Schicksals und gab die Heimfahrt für heute auf.

Und nun war sie also hier. Zimmer eins war einfach, aber nett eingerichtet, die Aussicht war in der Tat viel versprechend: Das Fenster ging auf einen kleinen Hof zu, der direkt zu einem alten, etwas baufälligen Haus führte, dessen Bewohner Ingeborg ja bereits kennen gelernt hatte. Aber Ingeborg interessierte sich nicht für die Aussicht und schon gar nicht für das Privatleben des schriftstellernden Norbert und seiner verrückten Mutter. Alles, wonach sie sich sehnte, war eine erfrischende Dusche und ein gemütliches Bett.

Das Badezimmerambiente war nicht gerade berauschend – graugrüne Kacheln und ein pinkfarbener Duschvorhang –, doch die Dusche war es dafür umso mehr. Ingeborg ließ das Wasser über ihren verschwitzten Körper brausen und reckte ihr Gesicht genüsslich dem Strahl entgegen. Sie träumte von ihrem letzten Sommerurlaub in Frankreich. Lange Abende bei Rotwein und Kerzenlicht, weite Spaziergänge durch die Felder, der Duft von Lavendel, ach, und die merkwürdige kleine Vogelscheuche, über die sie sich so amüsiert hatte! Ja, die hatte wirklich witzig ausgesehen, so ähnlich wie die Gestalt, die sich gerade hinter dem Duschvorhang abzeichnete …

»Aaaaaaah!«, kreischte Ingeborg.

Es war kein Traum. *Da stand tatsächlich jemand hinter dem Duschvorhang!*

»Wer ist da?«, keuchte Ingeborg.

Die Gestalt hatte den rechten Arm erhoben und hielt irgendeinen nicht zu definierenden Gegenstand in die Höhe. Ingeborg raffte hektisch den Vorhang um ihre Blöße.

»Wer ist da?«, brüllte sie. Aber es war schon zu spät. Alles, was Ingeborg noch vernehmen konnte, war ein hastig gemurmeltes »Verzeihung!« und eine hektisch zugeworfene Tür.

»Sitten sind das hier«, schnaubte Ingeborg. »Möchte mal wissen, wer das war!«

Eine Minute später sollte sie es erfahren: Auf ihrem Bett lag nämlich eine kleine Überraschung für sie.

»Was ist das denn?«, murmelte sie und nahm den Stapel beschriebener Blätter von ihrem Kopfkissen weg. Auf dem vordersten Blatt stand in dicken Filzstiftlettern: *»In der Falle« – ein Roman von Norbert Bentz.*

»Danke, das wäre doch nicht nötig gewesen«, sagte Ingeborg sarkastisch. Sie kuschelte sich unter die Decke und schlug das Manuskript in der Hoffnung auf eine kleine Einschlafhilfe auf. Der Roman begann wie folgt: *»Wir sind wie wilde Tiere in einer Falle. Wir beißen und kratzen, aber wir kommen dabei der Freiheit nicht ein Stück näher. Ich bin in meiner Falle geboren worden. Ich habe mich damit abgefunden.«*

»Ich liebe meinen Job«, murmelte Ingeborg und blätterte zu Seite dreißig vor. Da stand: *»Sie hieß Elke. Sie war siebzehn,* *genauso alt wie ich. Ich hatte sie heimlich in mein Zimmer geschmuggelt. Nachdem wir eine Weile geknutscht hatten, fasste ich ihr an die Brust. Sie erlaubte es mir. Ich hatte gerade ihren Pullover hochgeschoben, als plötzlich meine Mutter im Zimmer stand. Sie war furchtbar zornig und schrie: ›Du missratenes Früchtchen, wie kannst du es wagen, dieses Flittchen in mein Haus zu bringen!‹«*

Seufzend blätterte Ingeborg weiter. Seite fünfzig begann: *»Ich hatte gerade das Kondom ausgepackt, als meine Mutter ins Zimmer kam. Sie erblickte Susanne und brüllte: ›Du verdorbener Junge, wer hat dir erlaubt, diese Nutte in mein Haus zu bringen!‹«*

Und auf Seite dreiundneunzig stand: *»Tina hatte gerade mit ihrer Strumpfhose meine Hände ans Bettgestell gefesselt, als meine Mutter hereinstürmte. Sie war ganz aufgebracht und rief: ›Du undankbarer Junge, habe ich mich all die Jahre für dich aufgeopfert, damit du mir jetzt so eine Hure in mein Haus bringst!‹«*

»Armer Kerl«, dachte Ingeborg laut, »kommt nicht zu Potte und ist außerdem noch ein miserabler Schriftsteller!« Sie schlug die zweitletzte Seite auf und las:

»Ich hatte mich mit Irene in Zimmer zwölf eingeschlossen. Alles war wunderbar. Wir lagen nackt beisammen und streichelten uns gegenseitig. Gerade als ich zu ihr kommen wollte, hämmerte es von draußen an die Tür und die kreischende Stimme meiner Mutter war zu hören: ›Mach sofort die Tür auf, du sexbesessener Lümmel! Ich weiß, dass du da drin bist. Gib es zu, du hast irgend so eine Schlampe in mein Motel gebracht!‹«

»Sieht nicht so aus, als gäbe es ein Happy End«, murmelte Ingeborg. Sie nahm sich den letzten Absatz des Manuskripts vor. Da stand: *»Ich weiß, meine Mutter kann nichts dafür. Sie ist eine kranke alte Frau. Sie hat es sehr schwer gehabt in ihrem Leben. Aber manchmal denke ich, dass ich irgendetwas tun* *muss, um aus dieser Falle zu entfliehen. Ich weiß nur nicht, was.«*

»Bei keiner Frau ist er zum Zug gekommen«, stellte Ingeborg fest. »Aber man kann ihm nicht vorwerfen, dass er es nicht versucht hätte!«

Sie löschte das Licht und rollte sich auf die Seite. Norberts nicht vorhandenes Liebesleben hatte sie schläfrig gemacht.

Etwa eine Stunde später wurde sie recht unsanft aus dem Schlaf gerissen: Im Bentz-Haus war ganz offensichtlich ein heftiger Streit zugange. Die Tatsache, dass bei diesem schwülen Wetter offene Fenster zu einer dringenden Notwendigkeit wurden, machte die Brüllerei zu einer Pflichtveranstaltung in gehobener Zimmerlautstärke.

»O nein«, stöhnte Ingeborg, »muss das sein?« Sie schaltete das Licht an und warf einen Blick auf ihre Armbanduhr: Es war drei viertel zwölf. Eine unchristliche Zeit für eine Kreischerei am offenen Fenster.

»Du dummer Junge«, schrie Frau Bentz, »kannst du denn gar nichts richtig machen? Dein Vater war so ein tüchtiger Mann, der konnte alles. Aber du hast ja überhaupt nichts von ihm!«

»Lass mich in Ruhe, Mutter, lass mich endlich in Ruhe!«, brüllte Norbert. »Du raubst mir den letzten Nerv! Sei doch endlich einmal still!«

Schlaftrunken taumelte Ingeborg aus dem Bett und schlurfte müde ins Badezimmer, um dort einen Schluck Wasser zu trinken. Als sie wieder zurückkam, war es still. Vollkommen still.

»Gott sei Dank«, seufzte sie, »jetzt sind sie so böse aufeinander, dass sie gar nicht mehr miteinander sprechen. Ich hoffe, dieser Zustand hält an.«

Sie wollte sich gerade wieder ins Bett begeben, als von drüben her die zornbebende Stimme von Norbert ertönte:

»Du denkst, du wärst ein Hindernis für mich, ja? Du denkst, du kriegst mich klein? Ha, es ist genau umgekehrt!«

Ingeborg schaltete hastig die Nachttischlampe aus und warf einen vorsichtigen Blick durch das Fenster. Im Bentz-Haus brannte in mehreren Räumen Licht, und an einem Fenster konnte sie deutlich die Umrisse von Norberts Gestalt erkennen.

»Ich werde es dir zeigen, du widerliches Ding!«, schrie Norbert.

Was Ingeborg jetzt sah, ließ ihr beinahe das Blut in den Adern gefrieren: Norbert hob mit beiden Händen etwas in die Höhe. So weit, so gut. Aber dass dieses Etwas ganz ohne Zweifel als Axt zu identifizieren war, das war bereits weniger gut!

»Mistvieh«, brüllte Norbert und ließ die Axt auf etwas – oder jemanden? – niedersausen. Wieder und wieder.

Ingeborg sank am ganzen Körper zitternd auf das Bett.

»Du Idiot«, flüsterte sie. »Ich verstehe ja, dass du aus deiner Falle entfliehen willst – aber hättest du nicht einfach von zu Hause ausziehen können?« Sie versuchte sich zu beruhigen. »Aber das ist ja Unsinn«, redete sie sich ein. »Bestimmt gibt es eine völlig harmlose Erklärung. Wahrscheinlich ist dieser Norbert nur gerade beim Holzhacken!«

Sie versuchte sich verzweifelt an irgendeinen Film zu erinnern, in dem mitten im Hochsommer im Haus Holz gehackt worden war. Wie nicht anders zu erwarten, fiel ihr keiner ein. Sie schlich im Dunkeln zum Fenster zurück und starrte angestrengt zum Bentz-Haus hinüber, aber außer den erleuchteten Fenstern war nichts Besonderes zu sehen.

»Ich habe nur geträumt«, beschloss Ingeborg für sich, »ich habe Gespenster gesehen – ist ja auch kein Wunder, wenn man aus der ersten Tiefschlafphase herausgerissen wird! Aber jetzt bin ich hellwach und kann absolut nichts Verdächtiges erkennen. Folglich ist alles in bester Ordnung! Ich gehe zurück ins

Bett. Genau, das mache ich jetzt. Ich will nur noch einen Moment lang Luft schnappen, das ist alles. Ich warte überhaupt nicht darauf, dass eine unversehrte Frau Bentz ans Fenster kommt. Natürlich geht es der Frau gut. Ich habe nie etwas anderes angenommen.«

Nachdem Ingeborg trotz aller guten Vorsätze zwanzig Minuten lang zum Haus hinübergestarrt hatte, kam sie sich albern vor. Gerade wollte sie sich endgültig für diese Nacht davon abwenden, als Norbert ans Fenster trat. Ingeborg schnappte nach Luft und griff sich mit zitternder Hand an die Kehle, denn was sie jetzt sah, konnte unmöglich ein Traum sein: Norbert hielt eine leblose Gestalt in seinen Armen. Er wiegte sie sanft hin und her, fuhr ihr mit der Hand durch das aufgelöste Haar, beugte sich über sie und küsste sie.

»Sie scheint noch an einem Stück zu sein«, stellte Ingeborg erschüttert fest. Sie schlug sich mit der Hand vor den Mund: »Gott, war das pietätlos von mir!«

Dann kam plötzlich Leben in sie. Sie musste dringend etwas unternehmen. Aber was? Die Polizei musste her. Und ein Krankenwagen. Vielleicht war die arme Frau ja gar nicht tot, vielleicht war sie nur schwer verletzt und konnte noch gerettet werden! Na ja, an diese Möglichkeit glaubte Ingeborg selber nicht so recht. Sie kramte in ihrer Handtasche nach dem Handy. Welch ein Glück, dass diese Dinger erfunden worden waren! Das handliche Mobiltelefon, mit dem man immer und überall erreichbar war, mit dem man jederzeit Hilfe holen konnte! Die revolutionäre Erfindung, die Telefonzellen überflüssig machte, das Wunderwerk der modernen Kommunikationstechnik …

»Verdammter Mist, der blöde Akku ist leer«, fluchte Ingeborg und warf das Handy wütend auf das Bett. Jetzt war guter Rat teuer. Ingeborg dachte fieberhaft nach. Sollte sie sich ins Auto setzen und nach einer Polizeistation suchen? Hier, in einer Gegend, in der sie sich überhaupt nicht auskannte? Und selbst wenn sie fündig wurde, was würde dann passieren? Wie glaubwürdig war eine Frau, die lange nach Mitternacht völlig aufgelöst ein Polizeirevier stürmte und aufgeregt heraussprudelte: »Sie müssen mir helfen, ich wollte in einem Motel übernachten und habe zufällig einen Mord beobachtet. Ja, ich bin aufgewacht, weil die beiden Motelbesitzer sich so furchtbar gestritten haben, und dann habe ich ihr Haus observiert und gesehen, wie der Mann seine Mutter mit einer Axt zerhackt hat. Das heißt, er hat sie nicht in Stücke gehackt, sie war noch an *einem* Stück, als er sie zum Fenster getragen und geküsst hat. Nein, ich habe das Corpus Delicti nicht wirklich gesehen, sondern nur den Schatten davon. Aber ich bin ziemlich sicher, dass er es getan hat, denn er hat in seinem Manuskript geschrieben, dass er unbedingt aus seiner Falle entfliehen will, und ein Mann, der in seinem Alter noch nie bei einer Frau zum Zuge gekommen ist, *muss* ja irgendwann durchdrehen …«

Ingeborg schüttelte nachdenklich den Kopf. Das klang nicht gut. Das klang sogar ausgesprochen bescheuert. Wahrscheinlich würde man sie einem Alkoholtest unterziehen und dann wieder wegschicken. Vielleicht war Norbert hier in der Gegend ja bekannt und beliebt? Sie hingegen war eine Fremde, vermutlich würde ihr kein Mensch glauben!

Ingeborg straffte die Schultern. Sie war auf sich allein gestellt. Sie musste herausfinden, was in dem Haus passiert war und was Norbert jetzt dort anstellte. Irgendetwas musste er schließlich unternehmen, er konnte die Leiche unmöglich einfach so herumliegen lassen, noch dazu im Hochsommer! Wie genau Ingeborg bei ihrer Detektivarbeit vorgehen wollte, wusste sie zu diesem Zeitpunkt selber noch nicht so recht. Vorerst blieb ihr gar nichts anderes übrig, als das Haus im Auge zu behalten.

Eine lange, endlos lange Zeit passierte überhaupt nichts. Norbert hatte sich längst vom Fenster zurückgezogen und war auch nicht mehr dort aufgetaucht.

Ingeborg begann zu gähnen.

»Zimmerservice, bitte«, sagte sie in einem Anflug von Galgenhumor, »ich könnte dringend einen Kaffee gebrauchen!«

Was in aller Welt trieb dieser Norbert jetzt gerade? Ingeborg dachte angestrengt nach.

»Er muss die Spuren beseitigen und die Leiche aus dem Haus schaffen«, überlegte sie. »Vermutlich ist er gerade beim Putzen! In diesem Haus muss es wüst aussehen – so wie der mit der Axt gewütet hat. Und da er sich unter diesen Umständen wohl kaum eine Putzkolonne ins Haus bestellen kann, muss er es selber tun. Wenn die Krimis und Psychothriller, die ich kenne, auch nur annähernd realistisch sind, dann wird dieser Norbert keinen einzigen Blutspritzer übersehen. Das ist das Kuriose an diesen wahnsinnigen Killern: Sie verstehen eindeutig etwas vom Saubermachen. Ist aber auch ihre einzige gute Eigenschaft.«

Noch immer war nichts Besonderes zu erkennen. Ingeborg war am Verzweifeln. Gerade freundete sie sich mit der Idee an, einfach zu flüchten und die Klärung der Angelegenheit einer höheren Macht zu überlassen, als ihre Mühe endlich belohnt wurde: Die Haustür öffnete sich und heraus spazierte ein seelenruhiger Norbert, fröhlich pfeifend, die Hände in den Hosentaschen vergraben.

»Die Nerven von dem Kerl möchte ich haben«, ächzte Ingeborg.

Norbert ging um das Haus herum, verschwand im Dunkeln und ward nicht mehr gesehen. Jetzt war Ingeborg nicht mehr zu halten. Auf solch eine Gelegenheit hatte sie schließlich gewartet. Endlich tat sich mal etwas! Ohne lange zu zögern, stürmte sie aus dem Motel und eilte zielstrebig über den Hof auf das Haus zu. Erst als sie die offen stehende Eingangstür des Bentz-Hauses erreicht hatte, kam sie zur Besinnung. War es wirklich klug, dort hineinzugehen? Was, wenn dieser Norbert gleich wieder zurückkam? War es nicht besser, erst einmal herauszufinden, was dieser Typ hinter dem Haus eigentlich vorhatte? Klar, sie musste ihn verfolgen und beobachten – und das, ohne von ihm entdeckt zu werden.

Einsam sind die Tapferen, dachte Ingeborg bitter, während sie sich mit dem Rücken an der Wand um das Haus herumschlich. Auf diese Weise konnte Norbert ihr zumindest nicht von hinten eins über den Schädel ziehen. Die Hauswand war eine prima Rückendeckung. Jeder geschickte Kommissar achtete auf eine gute Rückendeckung, das wusste jedes Kind.

Natürlich kann er mich genauso gut von vorne erledigen, dachte Ingeborg, und diese Alternative gefällt mir, ehrlich gesagt, fast noch weniger!

Meter für Meter arbeitete sie sich vorwärts. Ihr Herz war fast am Zerspringen. Dennoch versuchte sie sich zu beruhigen: Vielleicht kam dieser Norbert gar nicht so bald zurück. Und wenn, dann konnte er ebenso gut auf der anderen Seite zurückgehen. Und selbst wenn nicht, er musste ja damit rechnen, dass sie in tiefstem Schlaf lag und von seiner Gräueltat keine Ahnung hatte. Und sollte er wirklich auf dieser Seite zurücklaufen, dann würde er es bestimmt in einem großen Bogen tun. Es war mitten in der Nacht, es war stockdunkel, niemand achtete um diese Uhrzeit auf herumschleichende, an die Wand gepresste Lektorinnen!

Sie hatte nun beinahe die hintere Hauswand erreicht. Vorsichtig lugte sie um die Ecke. Hinter dem Bentz-Haus lag ein verwildertes Grundstück, voll von ungepflegten Büschen und Bäumen. Etwa zwanzig Meter entfernt stand ein alter Geräteschuppen. Aber wo steckte Norbert? War er etwa in diesem Schuppen?

»Ach, da ist sie ja!«, vernahm Ingeborg plötzlich die zufriedene Stimme Norberts.

Sie zuckte zusammen und hielt den Atem an. Hat der etwa mich gemeint?, dachte sie entsetzt.

Offensichtlich nicht: Norbert verließ den Schuppen, in der einen Hand eine Schaufel, in der anderen eine Lampe.

Er will ein Grab ausheben, schoss es Ingeborg durch den Kopf. So scheußlich diese Vorstellung auch war, für den Augenblick jedenfalls war Ingeborg beinahe beruhigt. Der Boden hinter dem Haus musste von Wurzeln nur so durchzogen sein, der unsportlich wirkende Norbert würde eine Ewigkeit brauchen, um ein Loch zu graben, welches die richtige Breite und Tiefe hatte. Er würde nicht so schnell ins Haus zurückkehren. Auf Zehenspitzen schlich Ingeborg zur Eingangstür zurück. Dort angekommen, sank ihr Mut. Sollte sie sich das wirklich antun? In ein Haus gehen, in dem eine Leiche lag?

»Okay«, instruierte sie sich flüsternd, »ich werde mich nur kurz vergewissern, dass tatsächlich ... Und dann rufe ich die Polizei und gehe schnell in mein Zimmer zurück. Dieser Norbert weiß ja nicht, dass ich weiß ...«

Ingeborg betrat einen langen Flur. Links von diesem Flur lagen zwei Räume, in denen das Licht brannte. In einem dieser beiden Räume musste es passiert sein. Der erste entpuppte sich als eine große gemütliche Küche. Ingeborg ließ hastig ihre Blicke umherschweifen. Die Küche war sauber und aufgeräumt, es lagen keine schmutzigen Teller und keine Leiche herum. Also musste es der andere Raum sein – das Badezimmer, wie Ingeborg gleich darauf feststellte. Schon beim Eintreten stieg ihr ein widerlich fauliger Gestank in die Nase.

So schnell geht das, dachte sie erschüttert. Es musste wohl am Klima liegen. Nachdem es aufgehört hatte zu regnen, war die Luft nur noch schwüler geworden.

Ingeborg wagte kaum zu atmen. Ob vor Angst oder Ekel, das

wusste sie selber nicht zu sagen. Sie untersuchte die Badewanne. Die war blitzblank poliert, ebenso die Armaturen und die Kacheln. Sogar der Fußboden war so sauber, dass man von ihm hätte essen können. Das einzig Irritierende hier war dieser abscheuliche Geruch, aber wo kam der her? Ingeborg trat ein paar Schritte zurück, um sich einen besseren Überblick zu verschaffen. In der nächsten Sekunde unterdrückte sie einen Aufschrei: Sie war mit dem Fuß an etwas Weiches gestoßen. Entsetzt fuhr sie herum, und da sah sie es: Hinter der Tür schaute etwas hervor. Braun und unförmig. Mit zitternder Hand fasste Ingeborg nach der Türklinke. Sie musste nachschauen, was da hinter der Tür war, sie musste einfach ... Es waren zwei Müllsäcke. *Zwei!*

»Du lieber Himmel«, flüsterte Ingeborg, »und ich hätte schwören können, dass die Frau noch intakt war - soweit man das sein kann, wenn man tot ist!«

Aber es gab keinen Zweifel: Der grässliche Gestank kam eindeutig aus diesen beiden Säcken. Ingeborg war froh, dass die Müllsäcke so fest verschnürt waren. Die beste Detektivarbeit hatte schließlich ihre Grenzen, und sooo genau wollte sie es ja nun auch nicht wissen. Die Beweise waren auch so eindeutig genug.

Was war als Nächstes zu tun? Ein Telefon. Ingeborg brauchte dringend ein Telefon. Aber wo stand es? Vielleicht im Flur? War das nicht der übliche Platz für einen Festnetzapparat? Leider nicht, wie Ingeborg enttäuscht feststellte. Verdammte Pleite. Das Wohnzimmer? Aber wo zum Henker war das? Vielleicht das Zimmer, das auf der rechten Seite, gegenüber der Küche lag? Ingeborg, die langsam in Panik geriet, schaltete das Licht an und blickte sich suchend um. Sie entdeckte tatsächlich ein Telefon. Aber sie entdeckte auch noch etwas anderes, nämlich die Hinterfront eines breiten Drehsessels. Das wäre nicht weiter beunruhigend gewesen - wenn dort nicht eine Frau gesessen hätte. Ihr Kopf war auf die Seite gesunken, ihr langes, aufgelöstes Haar fiel ausgebreitet über die Sessellehne. Ingeborg rang nach Atem. Wenn dort die tote Frau Bentz saß – was befand sich dann in den beiden Müllsäcken? War es möglich, dass ... Konnte es sein, dass ... Kannte sich dieser teuflische Norbert etwa mit der Kunst des Präparierens aus?? Wie hypnotisiert näherte sich Ingeborg dem Sessel. Jetzt war sowieso schon alles egal. So oder so, sie würde auf jeden Fall bis an ihr Lebensende Albträume haben. Sie legte ihre Hand auf die Rückenlehne, atmete tief ein und drehte den Sessel mit einem entschlossenen Ruck zu sich herum. Dann schrie sie auf.

Das dümmliche Gesicht, das sie aus blöden Augen und mit weit geöffnetem Mund anglotzte, gehörte einer Gummipuppe Marke Beate Uhse. Ingeborg musste sich am Türrahmen festhalten, um nicht umzusinken. Sie dachte nicht einmal daran, dass das erleuchtete Fenster des Wohnzimmers von der Hinterseite des Hauses zu sehen sein musste. Sie spürte nur, dass ihr Magen allmählich rebellierte. Dieser Norbert war ja ein noch viel schlimmeres Scheusal, als sie es bisher angenommen hatte. Erst zerhackte er seine Mutter und anschließend vergnügte er sich in aller Ruhe mit dieser Sexpuppe! Doch damit noch nicht genug: Zwei Sekunden später ereilte die arme Ingeborg ein noch viel größerer Schock.

»Hallo! Ist da jemand?«, tönte Norberts Stimme durch das Haus.

So, jetzt bin ich geliefert, dachte Ingeborg. Das war's dann wohl!

Und da stand er auch schon in der Tür.

»Hallo«, sagte er mit erstaunter, aber seltsamerweise völlig ruhiger Stimme.

»Sie hier? Ich habe das Licht im Wohnzimmer gesehen. Und einen Schrei gehört.«

Ingeborg starrte ihn entgeistert an. Sie brachte keinen Ton heraus.

»Oh«, lächelte Norbert verlegen und deutete auf die Gummipuppe. »Ich verstehe. Sie haben mich gesucht und dabei die hier entdeckt. Also, die gehört wirklich nicht mir. Ich bewahre sie nur für einen Freund auf.«

»Ja«, krächzte Ingeborg, die so langsam ihre Sprache wiederfand, »das dachte ich mir schon.«

»Konnten Sie nicht schlafen?«, erkundigte sich Norbert. »Ist mit dem Zimmer etwas nicht in Ordnung?«

Ruhe bewahren, beschwor sich Ingeborg, ganz ruhig bleiben und irgendeine Ausrede erfinden …

»Ihr Manuskript«, fiel ihr plötzlich ein, »ich habe die ganze Zeit in Ihrem Manuskript gelesen!«

»Wirklich?«, rief Norbert erfreut. »Hat es Ihnen gefallen?«

»Ich finde es toll«, sprudelte es aus Ingeborg heraus. »Ehrlich, das Beste, was ich seit langer Zeit gelesen habe. Sie sind ein Naturtalent. Deswegen bin ich hier – um Ihnen das zu sagen! Ehrenwort, ich bin aus keinem anderen Grund hier. Ihr Werk hat mich so sehr gefesselt, dass ich alles um mich herum vergessen habe. Ich schwöre es Ihnen: Wenn in Ihrem Haus eine Bombe explodiert wäre, hätte ich es gar nicht mitgekriegt. So spannend finde ich Ihr Buch, ja, ganz im Ernst …«

Hoffentlich kauft er mir das ab, dachte sie.

Norbert war geradezu entzückt. »Es gefällt Ihnen«, rief er enthusiastisch, »welch eine unerhörte Ehre für mich. Ich bin überglücklich … Sie werden es also in Ihrer Reihe veröffentlichen?«

»Na, aber keine Frage«, brabbelte Ingeborg hektisch weiter. »Sobald ich einen Programmplatz dafür habe … Nein, was rede ich, ich verschaffe Ihnen selbstverständlich einen! Kein Problem! Notfalls werfe ich einen anderen Autor aus dem Programm. Ihr Buch wird ein Bestseller. Sie werden reich und berühmt. Ich nehme das Baby höchstpersönlich unter meine Fittiche. Sie haben mein Wort darauf!«

Läuft gar nicht mal so schlecht, lobte sich Ingeborg insgeheim. Solange dieser Typ glaubt, dass ich in seinem Interesse handle, wird er es nicht wagen, mir etwas anzutun!

»Ich bin noch niemals im Leben so glücklich gewesen«, sagte Norbert feierlich. »Oh, ich könnte mit Ihnen stundenlang über mein Buch reden ...«

Soll das eine Drohung sein?, fragte sich Ingeborg im Stillen.

»... aber leider«, fuhr Norbert seufzend fort, »gibt es da noch eine Kleinigkeit, die ich erledigen muss.«

»Kein Problem«, erwiderte Ingeborg hastig, »verschieben wir's doch auf morgen!«

Mit einem nervös verzerrten Lächeln wollte sie an ihm vorbeihuschen, aber Norbert fasste nach ihrem Arm und grinste vertraulich zu ihr hoch: »Ich war gerade dabei, etwas im Garten zu vergraben«, erzählte er. »Das muss ich unbedingt noch zu Ende bringen. Bei dieser Hitze setzt die Fäulnis so schnell ein!«

»Ja, das ist wohl so«, antwortete Ingeborg mit einer ganz ungewohnten, piepsigen Stimme.

»Sie fragen ja gar nicht, was ich denn vergraben will«, war Norbert enttäuscht.

»Aber ich bitte Sie«, rief Ingeborg mit einem kurzen hysterischen Auflachen, »wir leben doch in einem freien Land! Sie können in Ihrem Garten verbuddeln, was immer Sie wollen, das geht mich ja nun überhaupt nichts an! Außerdem soll man nicht in der Privatsphäre anderer Leute herumschnüffeln. *Ich* würde so etwas nie tun!«

Norbert blickte sie treuherzig an.

»Sie sind eine wahnsinnig nette Frau«, fand er.

Ingeborg lächelte unbestimmt, doch insgeheim dachte sie: Sobald ich hier rauskomme, hetze ich dir die Bullen auf den Hals, du perverser Irrer.

»Ich muss Sie ganz einfach umarmen!«, rief Norbert.

»Nein!«, schrie Ingeborg entsetzt, aber es war schon zu spät. Mit einem wahren Affengriff hielt Norbert ihre Taille umklammert und presste sein Gesicht gegen ihre Schulter. Höher kam er nicht.

Wenn das hier alles vorbei ist, brauche ich bestimmt eine Therapie, dachte Ingeborg resigniert. Während sie noch verzweifelt versuchte, sich aus Norberts Armen zu befreien – vorsichtig natürlich, man durfte Verrückte nicht unnötig reizen –, erklang von irgendwoher eine zornbebende Stimme: »Was machen Sie in meinem Haus?«

Erschrocken schubste Norbert Ingeborg von sich weg.

»Mutter!«, rief er.

»Frau Bentz!«, schrie Ingeborg.

Sie konnte es nicht fassen. Da stand sie: quicklebendig und stinksauer. Sie war es. Es war keine Erscheinung. Es war nicht ihr Geist. Das war Frau Bentz, wie sie leibte und lebte.

»Frau Bentz«, wiederholte Ingeborg, »Sie sind es ... Sie sind hier ...«

»Ja, das kann ich mir denken, dass Ihnen das nicht in den Kram passt«, erwiderte Frau Bentz mit grimmiger Miene. »Kaum bin ich kurz aus dem Haus, schon schmeißen Sie sich an meinen armen, unerfahrenen Sohn heran. Und Sie habe ich noch für eine Dame gehalten!«

»Aber Mutter«, jammerte Norbert, »so ist das doch gar nicht! Es war meine Schuld! Ich habe sie umarmt – aus Bewunderung! Sie ist eine erfolgreiche Lektorin. Ich habe alle Bücher aus ihrer Reihe gelesen!«

»Nun ja«, brummte Frau Bentz, »dann will ich das mal ausnahmsweise glauben.« Sie musterte Ingeborg eingehend und entschied dann: »Ja, ich glaube es. Hätte mich auch schwer gewundert. Sie sind nämlich überhaupt nicht Norberts Typ!«

Ingeborg verschlug es die Sprache. Mit strenger Stimme wandte sich Frau Bentz an ihren Sohn: »Hast du wenigstens die Sauerei im Badezimmer weggemacht?«

»Natürlich, Mutter«, versicherte Norbert.

»Ich schaue mal lieber nach«, verkündete sie.

Den kurzen Moment ihrer Abwesenheit nutzte Norbert, um der fassungslosen Ingeborg zuzuflüstern: »Sagen Sie ihr bloß nichts von meinem Buch. Ich glaube, das veröffentlichen wir besser unter einem Pseudonym, was meinen Sie?«

Ingeborg nickte mechanisch. In ihrem Kopf drehte sich alles. Sie kapierte rein gar nichts mehr.

Frau Bentz kehrte zurück. »Da stehen immer noch zwei stinkende Säcke im Bad herum«, meckerte sie. »Was hast du eigentlich die ganze Zeit gemacht? Seit einer Ewigkeit hocke ich in Zimmer zwei herum und warte darauf, dass du mich rufst!«

Ingeborg glaubte nicht richtig gehört zu haben. Frau Bentz hatte sich die ganze Zeit direkt im Zimmer neben ihr aufgehalten! Wie war das möglich? Ingeborg hatte doch unentwegt das Haus beobachtet!

Ich war kurz im Bad, um einen Schluck Wasser zu trinken, erinnerte sie sich.

Aber das war vor dem Axt-Mord gewesen. Frau Bentz war nicht umgebracht worden, *sie* nicht ... Aber wer dann? Was zum Teufel war hier eigentlich los??

»Wie kann man nur so blöd sein und bei einer Fleischtombola mitmachen«, höhnte Frau Bentz. »Und dann auch noch ausgerechnet eine Rinderhälfte gewinnen, die in keine normale Tiefkühltruhe passt!«

»Deswegen habe ich sie ja mit der Axt zerkleinert«, verteidigte sich Norbert.

»Ja, zum Glück habe ich mir diesen Anblick verkniffen«, schimpfte Frau Bentz. »Mein schönes Badezimmer ... Wehe dir, wenn ich zurückgekommen wäre und immer noch diesen Saustall vorgefunden hätte! Außerdem hättest du dir die Mühe sparen können. Ich habe dir gleich gesagt, das Fleisch fängt schon zu stinken an. Und, hatte ich Recht? Natürlich hatte ich Recht. Ich habe ja überhaupt immer Recht. Sieh zu, dass das Zeug aus dem Haus kommt. Hier riecht es wie bei einer Graböffnung!«

»Ja, Mutter«, sagte Norbert gehorsam.

»Nie kannst du etwas richtig machen«, zeterte Frau Bentz. »Wenn du nur ein bisschen mehr nach deinem seligen Vater kommen würdest! Das war so ein kluger und praktisch veranlagter Mann! Ach, wenn er bloß nicht so früh gestorben wäre, es ist wirklich ein Jammer ...«

Keiner bemerkte, dass Ingeborg auf leisen Sohlen das Haus verließ. Sie huschte zum Motel hinüber, packte ihre Sachen zusammen und eilte zu ihrem Auto. Das Gewitter war schon lange vorüber und Ingeborg wollte nur noch nach Hause. Sie saß bereits im Wagen, hatte gerade das Seitenfenster heruntergekurbelt, da hörte sie, wie Frau Bentz' zornige Stimme durch die stille Nachtlandschaft hallte: »Was ist das denn? Habe ich mich all die Jahre für dich krummgeschuftet, damit du mir so eine ekelhafte Gummipuppe in mein Haus schleppst? Wofür brauchst du die eigentlich?«

Ingeborg startete den Motor und brauste davon. Für heute hatte sie die Nase gestrichen voll.

Doch die Sache war noch nicht ganz ausgestanden.

Es war der Dienstag nach dem mörderischen Wochenende. Ingeborg saß an ihrem Schreibtisch und blickte, nichts Böses ahnend, die Post durch. Und da hielt sie es plötzlich in ihren Händen: *»In der Falle« – ein Roman von Norbert Bentz.*

Ein Brief war auch dabei:

Meine liebe, hochverehrte Lektorin!!

Leider sind Sie so schnell abgereist, dass ich mich gar nicht von Ihnen verabschieden konnte. Bestimmt waren Sie furchtbar erschrocken, als Sie feststellen mussten, dass Sie in der Eile vergessen haben, mein Manuskript einzupacken. Aber keine Sorge: Hier haben Sie es! Ich habe mir auch bereits Gedanken über ein originelles Pseudonym gemacht. Mein Vorschlag dazu lautet: Jack Ripper! Hoffentlich gefällt Ihnen der Name.

Ich möchte Ihnen noch einmal ganz herzlich für Ihr Interesse an meinem Werk danken. Es ist eine große Ehre für mich, dass Sie an mein schriftstellerisches Talent glauben und mir eine Chance geben.

Hoffen wir, dass mein Buch ein großer Erfolg wird! Ich freue mich darauf, bald von Ihnen zu hören. Alles Liebe und Gute für Sie!

Ihr dankbarer Norbert Bentz

Ingeborg starrte trübsinnig auf den Brief.

»Hey, was ist«, fragte ihre Kollegin besorgt, »geht's dir nicht gut?«

»Ich habe Bauchschmerzen«, antwortete Ingeborg, denn die hatte sie jetzt in der Tat. Kurz entschlossen drückte sie ihrer Kollegin das Manuskript in die Hand.

»Hör mal«, sagte sie, »ich bin in diesem Fall etwas befangen. Ich hätte gerne, dass du dich darum kümmerst. Bitte prüfe es ganz genau, und wenn es dir nicht gefällt, schreibst du dem Autor einen Absagebrief. Aber einen möglichst detaillierten, damit er auch den Grund für die Absage begreift. Du brauchst mich deswegen nicht mehr zu Rate zu ziehen. Ich lege das Manuskript vertrauensvoll in deine Hände, nur belästige mich bitte nicht mehr damit.«

Verblüfft wollte ihre Kollegin Einwände erheben, aber Ingeborg lächelte nur und sagte mit fester Stimme:

»Du machst das schon!«

Mit einem Seufzer der Erleichterung lehnte Ingeborg sich zurück. Sie war zufrieden mit sich und dachte: Als Chefin muss man auch mal delegieren können – und außerdem muss ich hier wirklich nicht die Einzige sein, die unter diesem Norbert zu leiden hat.

Ulla Lessmann

Ingeborgs Modernisierung

Als Herr Dr. Rheydter noch lebte, war er durchaus kein unsympathischer Mann.

»Wir«, sagte Herr Dr. Rheydter und meinte damit ausschließlich sich, »müssen gezielt zeitgemäßer werden.«

Ich müsste zeitgemäßer werden, verstand Ingeborg ihn richtig und versuchte, nicht zu grinsen. Wäre sie zeitgemäß, wäre sie ungefähr zwischen 18 und 26, was auch er nicht ist. Dabei hält er sich gewiss für jung und vor allem für sensibel und offen.

Von allen Seiten offen und empfänglich, sodass nichts hängen bleibt. Womöglich im Kopf, viel unwahrscheinlicher im Herzen. Aber Herzen sind auch nicht mehr zeitgemäß. Dachte Ingeborg vage, während sie gleichzeitig ihr Becken nach vorne kippte, um gerade und gleichzeitig gelassen aussehend zu sitzen. Allenfalls betrachten wir Herzen als Transplantationsorgane, keinesfalls als den Sitz von Gefühl. Gefühl sitzt seit mehreren Jahren zeitgemäß im Bauch, mit fleischigem Fett gut abgepolstert. Sie sinnierte darüber, warum ausgerechnet Männer mit Entscheidungsmacht sich so oft damit schmücken, irgendetwas im Bauch zu spüren, was sie für Gefühl – sie sagen »Emotion« – halten.

Ingeborg wartete trotz des Sinnierens fein lächelnd darauf, dass nun auch Dr. Rheydter ihr erläutern würde, dass er seine Entscheidung aus dem Bauch heraus getroffen hätte.

Bevor sie sich in ziemlich ekelhaften Phantasien über seine Verdauungsorgane und -geräusche verlor und merkte, wie ihre Mundwinkel unter der Anstrengung des feinen Lächelns leicht zu zittern begannen, legte Dr. Rheydter, die Ellenbogen aufgestützt und die Hände an den Fingerspitzen zusammengelegt, den Kopf leicht zur Seite und sagte: »Deshalb, verstehen Sie, müssen wir zeitgemäßer werden. Das ist eine Entscheidung, die man nicht nur mit dem Kopf fällt, sondern die auch spontan aus dem Bauch heraus emotional erspürt sein will.«

»Ja, in der Tat«, antwortete sie und lächelte wieder etwas unangestrengter mit geschlossenen Lippen. Tja, dachte sie, will ich denn das, erspürt sein, dort unten in deinem Bauch? Unter oder über dem Nabel?

Ingeborg wechselte diskret die übereinander geschlagenen Beine und hätte gerne mit dem Fuß gewippt. Aber Frauen in ihrem Alter wippten nicht mit den Füßen während eines Gesprächs mit neuen promovierten Entscheidungsträgern und Arbeitgebern. Gleich kommt der Zeitgeist, dachte sie, unterdrückte erfolgreich ein Gähnen und versuchte, um ihre Mundwinkel zu entspannen, ein etwas breiteres Lächeln. Immerhin schimmerten ihre Augen durch das unterdrückte Gähnen gewiss interessiert.

»Wir müssen uns dem Zeitgeist öffnen«, sagte Dr. Rheydter erwartungsgemäß und hob quasi resignierend die kräftigen Schultern. »Wie Sie wissen«, fügte er hinzu.

Ingeborg fragte sich, weiterhin schweigend und ohne ihren aufmerksamen Gesichtsausdruck zu verlieren, ob die das merken. Dass sie immer »wie Sie wissen« sagen und dann nicht einfach aufhören zu reden, wenn alle doch sowieso alles schon wissen.

»Wie wir ja alle wissen, ist es an der Zeit«, fuhr Dr. Rheydter, ohne eine Antwort zu erwarten, fort und nahm einen Füller zur Hand.

Sie unterdrückte erneut ein unpassendes Gähnen und produzierte damit eine durchaus kleidsame Röte in ihre Wangen. Der Zeitgeist, das wusste sie, war jung und keinesfalls frauenbewegt. Frauen, wussten Dr. Rheydter und seine Zeitgenossen, waren längst bewegt und wollten keinesfalls mehr wissen, wie sie sich und wohin bewegen sollten. Sie wollten sich amüsieren, ohne dass man, beziehungsweise sie als Lektorin, ihnen Bücher verkaufen musste, die sich mit unzeitgemäßen Themen wie Macht für Frauen oder Gleichberechtigung, du lieber Gott, beschäftigten. Junge Frauen wollen davon nichts wissen, die sind einfach jung. Und nicht so verbiestert. Dachte Ingeborg und fand sich selber kein bisschen verbiestert, aber äußerst gelangweilt. Trotz seiner feinen Bräune und schlanken Gestalt war allerdings nicht daran zu zweifeln, dass auch Dr. Rheydter seinen akademischen Grad vor reichlich zwanzig Jahren erworben haben musste. Wenn sie endlich Entscheidungen über zeitgemäße Produkte fällen dürfen, sind sie meist selber schon nicht mehr zeitgemäß. Das macht sie so nervös.

Ingeborg neigt nicht zu Gewalttätigkeiten, ganz im Gegenteil. Sie gilt als beharrlich, genau, auch durchsetzungsfähig, dabei sanft, behutsam. Aber jetzt sah sie tausend winzige Teilchen von Dr. Rheydter durch das Büro fliegen, einzelne graue Haare an der Gardine hängen bleiben, ein Bruchstück energischen Kinns in den Papierkorb segeln, ein Fetzchen trainierten Bauchmuskels auf dem Monitor seines PCs kleben bleiben. Es wurde hohe Zeit, diesen Phantasien Einhalt zu gebieten.

»Ja, ich denke auch«, sagte sie aufs Geratewohl, obwohl sie nicht wusste, wo Dr. Rheydter gerade bei seinem Monolog angelangt war. »Ich denke« pflegte man seit einiger Zeit zu sagen, wenn einem nichts mehr einfiel. Insofern war Ingeborg durchaus einer zeitgemäßen Formulierung fähig. Dr. Rheydter fand sich gewiss nicht nur sensibel und bäuchlings offen, sondern auch kommunikativ und mitarbeiterorientiert. Er ging sicherlich davon aus, dass seine Gesprächspartnerin nicht nur dachte, sondern mitdachte. Was auch immer.

Ingeborgs Bemerkung konnte nicht völlig deplatziert gewesen sein, denn Dr. Rheydter sagte, während er sich kommunikationsorientiert über seinen Schreibtisch zu ihr hinüberbeugte: »Fein, dann wären wir also klar.«

Wieso »wären«?, dachte sie. Wenn wir es sind, sind wir es. Oder wären wir es lieber nicht? Was für einen unglaublichen Schwachsinn diese bedeutenden Männer reden. Ich könnte ihn ja einfach mal fragen: »Wieso eigentlich ›wären‹? Sind wir es oder wären wir es gerne und was ist daran fein? Sind Sie, Herr Dr. Rheydter, des unzeitgemäßen Konjunktivs überhaupt mächtig?«

Sie fragte das selbstverständlich nicht. Sie ist nicht nur nicht gewalttätig, sondern will auch keine Gewalttätigkeiten provozieren. Klar freilich war ihr gar nichts. Du bist so was von unklar, mein Lieber, dass es schon unfein ist, sagte sie stumm zu ihrem Gegenüber.

Die Audienz schien beendet. Sie konnte aufstehen, ohne das Gespräch von sich aus zu beenden, und reichte der schon ausgestreckten Hand die ihre entgegen.

»Schönen Tag noch und eine gute Zeit«, sagte Dr. Rheydter, während er gerade eben seinen Hintern vom Stuhl lüpfte, ein zweifellos unbewusster Reflex aus archaischen Zeiten und ganz und gar unzeitgemäß. Zumal dabei auch der Stuhl unschön über das Parkett kratzte.

»Gleichfalls«, erwiderte Ingeborg gelassen und nahm den schwachen Duft nach gebügeltem Oberhemd mit zur Tür. Von morgens bis abends wünschen einem die Menschen einen schönen Tag und eine gute Zeit. An der Tankstelle, beim Bäcker, im Büro, sogar die Sprechstundenhilfe beim Zahnarzt sagte es neuerdings und meinte es nicht mal zynisch. Wenn es danach ginge, gäbe es für alle Menschen allüberall nur noch schöne Tage und gute Zeiten, und niemand müsste wie sie über die Gefühle im verschlungenen Darm von Dr. Rheydter phantasieren.

Sie ging mit einem beiläufigen Nicken an der Vorzimmerdame vorbei und gar nicht unglücklich in den lauen Frühlingstag hinaus. Gebügelte Oberhemden riechen trotzdem immer noch wie früher, dachte sie, während sie beschloss, ein wenig spazieren zu gehen, bevor sie ins Büro zurückmusste, um Manuskripte zu lesen, die Herr Dr. Rheydter nicht mehr verlegen wollte. Dr. Rheydter hatte ihr, die bei allen eigenen Überlegungen sehr wohl genau zugehört hatte, eindringlich nahe gelegt, ihr Programm zeitgemäßer zu gestalten. Was hieß: moderner, jünger. Das Publikum sollte die unter dem neuen Verlagsleiter Dr. Rheydter entwickelten Buchreihen wie verrückt kaufen. Man musste die Alten ignorieren und die Jungen ansprechen. Mit der zweifellos verdienten, aber leider, leider nicht mehr ganz zeitgemäßen Lektorin Ingeborg. Oder auch nicht? Dr. Rheydter verlangte Jugendlichkeit und Modernität. Alles, was nicht jung ist, fällt aus der Zeit heraus und ist ihr nicht gemäß, dachte Ingeborg voller Groll.

Sie hatte nicht die geringste Lust, sich zeitgemäßer zu geben, als sie sich fand. Dummerweise bestritt sie ihren Lebensunterhalt unter der Ägide von Menschen wie Dr. Rheydter. Und der hatte ihr trotz aller Konjunktive klargemacht, dass er ihre Manuskripte und Ideen zunehmend altbacken, muffig und unmodern fand.

Ingeborg spürte im Nachhinein, wie Dr. Rheydter sich offensichtlich beherrschen musste, um nicht nach dem Geruch von Mottenkugeln an ihr zu schnuppern. Sie duftete selbstverständlich nicht nach Mottenkugeln und hatte auch keine Ahnung, wie Mottenkugeln riechen, aber je länger sie lief, desto sicherer wurde sie, dass Dr. Rheydter bei ihr etwas schwach Vermoderndes wahrgenommen hatte.

»Spüren Sie Trends nach, bevor sie in aller Munde sind«, hatte Dr. Rheydter sehr bestimmt gesagt.

Wo soll ich Trends – wahrscheinlich aus meinem trotz meines hohen Alters keineswegs faltigen Bauch heraus – erspüren?, dachte sie. Aus dem Bauch heraus in aller Munde. Wenn das nicht Kannibalismus ist. Was will er? Nicht meine muffigen Romane und Sachbücher aus dem Leben Unzeitgemäßer. Ihre eigene Nase war berühmt gewesen, früher, viel, viel Geld hatte das dem Verlag gebracht, der sich unter anderem damit jetzt einen außerordentlich teuren Leiter namens Rheydter leistete. »Frauen um die fünfzig, schön wie nie!« Das war auch mal ein Trend. Geliftet und gefastet strahlten Schauspielerinnen von den Titelblättern und behaupteten, mit 30 fett und hässlich gewesen zu sein, und was taten sie nun für ihre Schönheit? Sie waren gelassen, innerlich ausgewogen, in ihrer Mitte angekommen und brauchten nur ein wenig Feuchtigkeitscreme.

Ich denke fahrig und altmodisch, dachte Ingeborg und steuerte jetzt zielstrebig ein Straßencafé an. Es ist sehr altmodisches Betondenken, den Trend, dass Frauen im Kommen sind, zu bezweifeln. Es ist vor allem unzeitgemäß, bei schwülem Wetter dicke Knie zu bekommen. Sie betrachtete ungeniert ihre nur für ihre Augen dennoch eindeutig angeschwollenen Knie und bestellte sich einen Prosecco. Sehr chic, dachte sie und zündete sich eine Zigarette an, was wiederum ziemlich unmodern war. Also, Trends aufspüren. Eigentlich müsste sie nur in das Verlagsarchiv gehen und die Trends der letzten zehn Jahre nachlesen. Um sie dann in bunt gemischter Reihenfolge aufzuspüren und an Dr. Rheydter zu verkaufen. Selber geschrieben. Sie wollte gar kein Buch schreiben, obwohl das nun wieder durchaus zeitgemäß gewesen wäre. Denn wer schließlich schrieb eigentlich gerade kein Buch? »Wenn ich endlich mal Zeit hätte«, seufzten neuerdings alle Leute in ihrem Bekanntenkreis, »könnte ich Romane schreiben …« Sie sagten das mit drei Ausrufungszeichen und drohendem Unterton. Erfreulicherweise nahmen sie sich keine Zeit dafür. Sonst wäre sie erstickt in Manuskripten von lieben Freundinnen und Freunden, die, von allem anderen abgesehen, keineswegs zeitgemäß im Sinne des Verlagsleiters waren.

Sie hatte Zeit. Sie bestellte sich einen zweiten Prosecco. Dr. Rheydter wünschte bis Ende der Woche einen Bericht über neue Trends in den vorliegenden Manuskripten oder eine Liste der Autorinnen, von denen Trendgemäßes zu erwarten war. Bis Ende der Woche waren es vier Tage, und in vier Tagen müssten in unserer schnelllebigen Zeit mindestens zehn neue Trends zu finden sein, vor allem im Ausland, denn das hatte Dr. Rheydter auch betont, schauen Sie über den Tellerrand, als ob sie das nie getan hätte.

Und was ist nun der Trend, außer jung und modern und nicht frauenbewegt, dachte Ingeborg und hielt das halb gefüllte Glas an ihr geschwollenes Knie, jung formulieren, das verstehe ich einfach nicht.

Das Knie war dankbar für die Kühlung und schmerzte nicht mehr. Ich könnte vielleicht meinem Alter gemäß Medizinbücher lektorieren, überlegte sie und drückte das Glas an das andere Knie. »Ein kleines Glas Prosecco von Zeit zu Zeit gegen Ihre geschwollenen Knie gedrückt, wirkt, wie uns begeisterte Leserinnen immer wieder schreiben, mitunter Wunder.« Dann lass ich mich von der Prosecco-Branche als PR-Tante anwerben.

Sie hatte sich entschlossen, ihre Zeitgeistsuche in der Popliteratur zu beginnen. Im Wortsinne war es kein Entschluss gewesen, sondern eine ihrer Ideenlosigkeit entgegengekommene Einladung zu einer Lesung mit »junger experimenteller Lyrik«. Jung war auf jeden Fall gut, vermutlich war auch nicht die Lyrik als solche jung, sondern die Dichterinnen und Dichter. Außerdem hieß »experimentell« ja wohl, dass es sich um Versuche im Stadium der Forschung handelte, und da war sicherlich der eine oder andere offene Trend zu erwarten. Experimente können schließlich gut oder schlecht ausgehen. Also war eine solche Veranstaltung für Ingeborgs Zwecke, Herrn Dr. Rheydter Junges, Zeitgemäßes und Trendiges zu servieren, geradezu ideal. Szene ist Szene und Szenen haben Trends, hatte sie gedacht und das Programmheftchen studiert, aus dem umwölkte Dichterstirnen ihr entgegensahen. Dichterinnenstirnen waren nicht dabei. Was schon mal gut war, da konnte ihr nichts unzeitgemäß Feministisches über den Weg laufen. Sie saß etwas unbequem auf einem Klappstühlchen in der Buchhandlung, war falsch, nämlich viel zu elegant angezogen, wartete auf die jungen Dichter. Punkt, Punkt, Komma, Strich. Sie malte auf ihrem Notizblock herum und träumte wehleidig von Fontane. Während vorn am Lesepult ein offensichtlich mit seinen 25 Jahren schon zutiefst verzweifelter Jungautor Kryptisches über Straßenlaternen herauswürgte, fühlte Ingeborg sich fehl am Platz. Was tue ich hier, Lyrik verlegt doch sowieso niemand mehr. Ich habe mich von dem Wort »jung« verführen lassen. Wenn sie nicht bis Ende der Woche wirklich etwas fand, was Dr. Rheydter gefiel, würde sie entweder mit einer Abfindung des Hauses verwiesen oder in die Abteilung für Kochbücher versetzt werden. Beide Aussichten hoben ihre Laune nicht, obwohl sie gerne kochte. Sie wurde plötzlich wütend. Richtig bebend wütend. Was bildete sich dieser gebräunte Lackaffe eigentlich ein? Sagte man noch Lackaffe? Egal, er war einer. Kam daher, wollte ihre berühmten Frauenreihen nicht mehr, wollte Trends und Schwachsinn. Ingeborg, ermahnte sie sich stumm und streng, während sie Entschuldigungen murmelnd durch die Sitzreihe nach draußen ging, sei vernünftig, es wird dir etwas einfallen. Im Hinausgehen hörte sie »... und schweigend ... und schweigend ... unter den Straßenlaternen ... starb er den alkoholisierten rattarattaratta ... Transmissionsriemen erkaltet ...«

Zu Hause setzte sie sich in ihren Lieblingssessel, goss sich ein Glas Rotwein ein und las zweifellos sentimental in den von ihr verlegten Büchern herum. Und blieb, natürlich, bei den Krimis hängen. Ach, wie wunderbar diese mordenden Frauen waren, wie erfolgreich, zumindest in der Literatur, sie wurden nicht erwischt, sie waren klug und witzig und wehrten sich. Alles out, hatte Dr. Rheydter gesagt, heutzutage wollen die jungen Frauen den Richtigen finden, nicht ihn ermorden, und es muss irrsinnig komisch sein, wie sie ihn dann finden, und sie müssen Werbetexterin oder Medienfrau irgendwas sein, damit können sich unsere Leserinnen identifzieren, und sie müssen Gewichtsprobleme haben, aber wahnsinnig hübsch sein, ohne es zu wissen, und wahnsinnig gute Freundinnen und irrsinnig lustige Cliquen haben und am Ende schwanger sein, gewollt und gewünscht. Mörderisch witzig. Ich, dachte Ingeborg, und trank ein weiteres Glas Rotwein, ich bin und war und werde sein eine gute Lektorin und ich lasse mich nicht von diesem … Sanft entschlummerte sie, es glitt ihr das Rotweinglas aus der Hand und ergoss sich über ihren weißen Hirtenteppich.

Schnell streute sie etwas Salz auf den Rotweinfleck.

»Ach«, sagte Ingeborg lächelnd, »das macht doch gar nichts, dafür habe ich hier immer Salz stehen und heutzutage geht ja alles wieder raus …«

»Mhm«, machte Dr. Rheydter, während er die Backen aufblies, die Nase hochzog, noch einmal den Rotweinschluck im Mund herumrollen ließ, wie aus Gummi wirkte sein Gesicht, mit Rotwein gefüllte kleine Ballons bildeten sich auf seinen Wangen, sie konnte nicht hinsehen. Sie hatte einen wirklich sehr guten, enorm teuren Rotwein gekauft, nachdem Dr. Rheydter ihre Einladung, wenn auch etwas erstaunt, aber durchaus interessiert, angenommen hatte. »Ein kleines Abendessen bei mir, um über die neuen Trends zu sprechen, in entspannter Atmosphäre.«

Endlich schluckte er den Wein hinunter und lächelte. »Ausgezeichnet, hervorragend, ein großer Wein, nicht zu alkoholbetont, eine Ahnung von Pferdeäpfeln, ein kräftiger, nicht zu langer Abgang, sehr schön, meine Liebe.«

Meine Liebe. Das fing ja gut an. Er hätte ihr Sohn sein können, sie war froh, dass er es nicht war.

Er strahlte, sie strahlte zurück, nahm jetzt selber einen Schluck. »Köstliches Tröpfchen«, sagte er und schenkte sich nach.

Sie hatte vier Flaschen gekauft, wollte aber selber nur ein Glas trinken, um die Kontrolle zu behalten.

»Der 89er hatte mehr Reife«, sagte er zwischen zwei Bissen, »aber Experten meinen, der 90er, den Sie klugerweise ausgewählt haben, sei dafür eine Nuance eleganter. Sie sollten ihn das nächste Mal ein Viertelstündchen früher öffnen und ihn dekantieren, obwohl ich glaube, er hat noch kein Depot.«

Er nahm die Flasche, hielt sie schräg und starrte mit zusammengekniffenen Augen in die Flasche.

»Man sollte …«, murmelte er und hielt die Flasche noch ein wenig schiefer, fast waagerecht, dann den Flaschenhals etwas tiefer als den Flaschenboden, gegen das Licht der Tischlampe.

»Ich glaube …«, begann sie, aber da war schon ein Schwall Wein aus der Flasche geflossen, auf die Tischdecke, um seinen und ihren Teller herum.

»Oh«, machte er und stellte die Flasche vorsichtig hin, »das tut mir Leid, aber es war schlecht zu erkennen, ob er Depot hat.«

Dr. Rheydter breitete sorgfältig und lächelnd seine weiße Stoffserviette unter seinen Teller über den großen Fleck, die Serviette sog sich voll.

»Na«, er lächelte, »das nützt wohl nichts.«

Ihr fiel nichts mehr ein, sie konnte ja nicht pfundweise Salz auf den Tisch schütten, die Tischdecke war hin, die Serviette war hin, in der Flasche war höchstens noch ein Glas, aber es blieben ja noch die dritte und vierte Flasche und sie hatte auch noch Champagner, wenn er zum Dessert noch nicht genug hatte.

»Lassen Sie doch mal hören«, sagte er und schenkte sich das letzte Glas ein. »Er hat keinerlei Depot, schauen Sie, ein erstaunliches Tröpfchen, erstaunlich geradezu, wie er die Säure eingebunden hat.«

Er steckte die Nase erneut tief ins Glas, schwenkte es in einem großen Bogen herum und zog den Duft geräuschvoll ein.

»Es ist ein bisschen ungemütlich«, sagte sie, räumte die Teller ab und legte schnell eine frische Decke über die rotweingetränkte, die auch sofort durchnässte, holte eine dritte, mit der es einigermaßen ging, gab ihm eine frische Serviette und brachte die warm gehaltene Entenbrust.

»Sehr ungewöhnlich, durchaus mutig und erfrischend unkonventionell«, sagte Dr. Rheydter jetzt, als sie ihm die Entenbrust servierte und die nächste Flasche Rotwein dazustellte. »So unkonventionell müssten Sie Ihre neue Reihe machen, wissen Sie, ausgetretene Pfade verlassen, Trends erspüren, erschnuppern wie diesen Wein, Sie haben doch die Nase dafür, wissen Sie, wir stehen ja auch unter Zugzwang, die Kreditgeber drängen, die Verkaufsleitung macht Druck, ich bin doch der Letzte, der Sie hinausdrängen will.«

Aha, dachte sie, jetzt hat er es mal schön gesagt, hat schon mal zugegeben, dass er der Erste ist, der mich hinausdrängen will.

»Machen Sie die neue Flasche doch auf«, sagte sie freundlich.

Er nahm das Sommelierbesteck, das sie ihm reichte, schnitt die Kapsel sorgfältig ab, drehte den Korkenzieher in den Korken, zog ihn vorsichtig heraus, schnüffelte an ihm, schraubte ihn vom Korkenzieher, schnüffelte noch einmal, legte den Korken auf die frische Tischdecke, goss mit ausholendem Schwung den ersten Schluck zur Hälfte neben das Glas, schlürfte unbeeindruckt das, was ins Glas geflossen war, sog den Wein geräuschvoll durch die Zähne, spülte ihn um und um, schmatzte und spuckte den Wein dann in hohem Bogen ins Glas zurück, reichte ihr das Glas mit dem ausgespuckten Wein und strahlte: »Wunderbar, ganz wunderbar, meine Liebe, wenn Sie mir nur ein frisches Glas bringen würden«, griff zu seinem Besteck, während sie rasch das Glas in die Küche stellte, ein frisches aus dem Schrank nahm, eine frische Serviette holte, sie über die neuen Flecke breitete, sich hinsetzte und begann, ihre kalte Entenbrust zu probieren. Widerlich.

»Ausgesprochen gelungen«, sagte er und lächelte. »Sie sind offenbar eine ausgezeichnete Köchin und hervorragende Weinkennerin. Sehr feines Tannin. Es ist ein Jammer, dass wir Sie nicht mehr beschäftigen können.«

Er legte das Besteck hin, prüfte das volle Glas gegen das Licht und stürzte es dann in einem Zug hinunter, wobei ihm zwei feine Rotweinrinnsale aus den Mundwinkeln liefen, den Hals hinunter bis zum Kragen seines zart hellgrünen Hemdes und sich dort in den feinen Verästelungen des Seide-Baumwollgemischs verliefen.

Sie musste ihm gar nicht mehr erzählen, was sie sich ausgedacht hatte, eine neue Reihe »Neue Mädels für neue Männer«, das war so blöde, dass sie überzeugt gewesen war, er würde begeistert sein nach dem sechsten Glas, und dann hätte sie irgendwie schauen können, dass ihr etwas Vernünftiges einfiele, aber er hatte sich schon verraten, er hatte schon zugegeben, dass sie keine Chance mehr hatte und sie unterschätzt, natürlich, älter werdende Frauen werden grundsätzlich unterschätzt. Dr. Rheydter, teuer, kompetent und alles im Griff habend, hält natürlich eine alternde und nicht zeitgemäße Lektorin für halb schwachsinnig, dachte sie, die nicht merkt, dass ihre Zeit vorbei ist, aber wenn sie was von Wein versteht, warum nicht bei ihr essen gehen und ihr schonend beibringen, dass leider, leider und so weiter. Leider aber hatte Herr Dr. Rheydter sich selber überschätzt und seine Kunst, sich angesichts dieses wirklich exzellenten Rotweins etwas zurückzuhalten und nicht alles auszuplaudern.

Sie sah gelassen zu, wie er sich das nächste Glas einschenkte, so, dass der Wein über den Rand floss, sich am Stiel entlangwand und ganz langsam auf dem Fuß des Glases sammelte, um dann einen feinen dunkelroten Ring um den Glasfuß herum auf jener Serviette zu bilden, die auf der dritten Tischdecke und seiner ersten Serviette lag. Er hatte inzwischen seinen Teller leer gegessen und goss sich den Rest aus der Flasche ins Glas, ohne einen einzigen Tropfen zu verschütten.

Rasch räumte sie die Teller von dem feuchten Tisch. Durch die Küchentür blickte sie zurück, er sah grotesk aus, die Rotweinrinnsale auf Kinn und Hals hatte er nicht weggewischt, wohl nicht bemerkt, der Hemdkragen mit seinen rötlichen Weinadern wirkte wie von Blut durchtränkt. Den Champagner würde sie keinesfalls mehr opfern, obwohl der natürlich keine Rotweinflecken machen würde.

»Gibt's denn noch ein Fläschchen von dem guten Tröpfchen?«, rief er hinter ihr her, die Silben verschwammen ihm, er wedelte mit dem leeren Glas.

»Sicher, sicher«, sagte sie freundlich, stellte den Käseteller auf den größten Fleck, gab ihm die Flasche, die er erstaunlicherweise mit derselben bedachtsamen Sorgfalt öffnete wie die vorherige. Den Probeschluck goss er langsam neben das Glas auf den Käseteller, lachte, sagte »na, so was«, versuchte es erneut, traf das Glas, prüfte, schmeckte, schmatzte, spuckte in hohem Bogen den Wein auf ihr Kleid, kicherte, sagte: »Na, so was, 'tschuldigung, ein Jahrhundertwein, viel zu schade zum Trinken.«

Sie saß stumm in ihrem feuchten Kleid, starrte auf den in Rotwein schwimmenden Käse, auf seine nun rotweinbekleckerte Hemdbrust, sah, dass er sich konzentriert und zielsicher das Glas voll goss, kein Tropfen ging daneben, er trank das Glas in langen Zügen aus, schenkte nach, trank wieder, leerte die Flasche zum letzten Mal, verfehlte seinen Mund und goss sich den Wein über das Gesicht, den Hals, die Schultern, der Wein floss an ihm herunter, tropfte träge auf den weißen Hirtenteppich.

Sie stand auf. Sagte »Entschuldigung«, nahm die leere Flasche und zerschmetterte sie mit voller Kraft auf seinem Kopf.

Er sah genauso aus wie vorher, voller roter Flecken.

Natürlich halfen sie alle. Die Frauen aus den wunderbaren Frauen-Büchern, die sie so liebevoll lektoriert hatte: Kommissarinnen, Privatdetektivinnen, betrogene Ehefrauen, verlassene Geliebte. Alle halfen ihr, die Leiche ins Auto zu transportieren, ohne dass jemand vorbeikam, alle halfen ihr, Dr. Rheydter in den Main zu werfen, ohne dass jemand es sah, man schrubbte mit ihr den Hirtenteppich, sammelte die winzigsten Glasscherben auf, warf die Servietten und Tischtücher in die Waschmaschine, saugte alle Spuren aus dem Kofferraum. Wie erfolgreich ich bin, dachte sie, als sie gegen Morgen mit dem Champagnerglas im sauberen, zart nach Teppichschaum duftenden Esszimmer saß, es hat immer alles gestimmt, was in meinen Büchern stand. Du hättest sie lesen sollen, anstatt sie runterzumachen, lieber Dr. Rheydter, dachte sie. Dann hättest du gewusst, dass Männer zu ermorden zu den leichtesten Dingen gehört. Und dass diese Morde, von klugen Frauen begangen, nie entdeckt werden.

»Wir«, sagte Herr Dr. Milrauch-Schwurbeisen und meinte damit ausschließlich sich, »müssen gezielt zeitgemäßer werden.«

Ich müsste zeitgemäßer werden, verstand Ingeborg ihn richtig und versuchte, nicht zu grinsen. Sie wartete fein lächelnd darauf, dass nun auch Dr. Milrauch-Schwurbeisen ihr alsbald erläutern würde, dass er seine Entscheidung, ihre Reihen einzustellen und sie selber loszuwerden, aus dem Bauch heraus getroffen hätte.

»Herr Dr. Milrauch-Schwurbeisen«, sagte sie herzlich, »bevor Sie weitersprechen: Es gibt eine alte Tradition in diesem Haus, von der Sie noch nicht wissen können. Ich lade immer die neuen leitenden Herren zu einem ungezwungenen kleinen Abendessen in mein Haus. Bei einem guten Glas Wein lassen sich viele Dinge einfach offener ansprechen und leichter in einen Konsens bringen.«

»Eine wunderbare Tradition, verehrte Ingeborg«, sagte Herr Dr. Milrauch-Schwurbeisen, »wann passt es Ihnen?«

Barbara Dobrick
Sommerausflug

Ingeborg war keine Frau, die leicht in eine solche Situation geriet. Sie hasste es, etwas zu tun, was sie nicht tun wollte, jedenfalls hasste sie es dann, wenn sie sich nicht bewusst dazu entschlossen hatte. In diesem Fall musste sie zugeben, dass sie sich hatte überrumpeln lassen und nicht wirklich verstand, warum sie an diesem schwülen Augusttag mit einer Bordkarte in der Jackentasche darauf wartete, ein Flugzeug nach Hamburg zu besteigen. Ein fieser Kopfschmerz stieg ihr den Nacken hoch.

Karen Bertram hatte am Telefon geweint. Sie hänge fest mit ihrem Manuskript, hatte sie gejammert. Nein, hatte sie auf Ingeborgs Angebot, sich den Text, so wie er jetzt war, anzusehen, geantwortet. Sie ertrüge es einfach nicht, sich zu blamieren. Alles sei grottenschlecht, völlig verfahren. Ingeborg könne ihr nicht helfen. Niemand könne das. Und dann hatte Karen Bertram geschluchzt.

Ziemlich hysterisch, hatte Ingeborg gefunden und gespürt, wie ihr der letzte Rest Respekt flöten ging. Ich habe sie nie leiden können, dachte Ingeborg. Genau genommen ärgerte es sie, dass ausgerechnet Karen Bertrams Bücher Bestseller waren, diese oberflächlichen Schmonzetten. Alle nach dem gleichen Strickmuster: Tapfere, schöne Frau schlägt sich durch, bis sie Erfolg hat, und dann begegnet ihr ein Märchenprinz. Schreiben konnte die Bertram überhaupt nicht. Satz für Satz hatte Ingeborg die Manuskripte beackern müssen, und da ihre Erfolgsautorin es einfach nicht schaffte, sich mit den grundlegenden Fähigkeiten eines Computers vertraut zu machen, hatte Karen nicht mal die Fehler eliminiert, die jedes Rechtschreibprüfprogramm findet.

Karen Bertram schrieb drinne statt drinnen, verwechselte als und wie, hatte nie wissen wollen, was Ingeborg beim Redigieren alles geändert hatte. »Du machst das schon«, hatte sie nur lässig gesagt. »Aus den Augen, aus dem Sinn. Ich hab keinen Nerv für diesen Kleinkram.« Kleinkram! Als ob ich ihre Putze wäre, dachte Ingeborg.

Der Aufruf zum Boarding: »... bereit zum Einsteigen ...« Ich bin bereit zum Aussteigen, dachte Ingeborg. Zum ersten Mal kam es ihr verlockend vor, ab nächsten Sommer völlig frei zu sein. Gedanken an ihre bevorstehende Pensionierung waren sonst keineswegs nur erbaulich. Genau genommen hatte sie sich bislang vor diesem Einschnitt gefürchtet.

Im Flieger war es angenehm kühl, und die Plätze waren nur zu einem Drittel besetzt. Karen Bertrams neues Buch würde erst nach Ingeborgs Verabschiedung in den Ruhestand erscheinen. Ein weiterer Grund dafür, dass Ingeborg der Kurztrip nach Hamburg unangemessen vorkam.

»Was ist denn so verfahren?«, hatte sie die heulende Erfolgsautorin gefragt.

»Alles!« Und dann hatte Karen geschnieft, geschluckt, gestöhnt und ergänzt: »Ich kann die Geschichte einfach nicht weiterschreiben. Sie ist so traurig und wird immer trauriger.«

»Das muss ja nicht schlecht sein.«

»Das ist nicht nur schlecht, das ist katastrophal. Conny ist ausgezogen.« Karen hatte diese Information rücksichtslos in Ingeborgs Ohr gebrüllt und sich dann völlig ihren Tränen überlassen.

Auf Ingeborgs Frage, ob sie später wieder anrufen solle, hatte Karen wie ein kleines Mädchen geantwortet: »Kannst du nicht kommen?«, wobei sie nach jedem Wort eine Pause für einen Schluchzer eingelegt hatte.

»… hoffen wir, Sie bald wieder an Bord begrüßen zu können«, sagte der Kapitän. Begrüßen, dachte Ingeborg ärgerlich. Karen hatte sie am Morgen angerufen, um ihr mitzuteilen, dass sie sich außerstande fühle, ihre Besucherin vom Flughafen abzuholen.

Der Taxifahrer freute sich. Die Tour von Fuhlsbüttel nach Rissen war die lukrativste seit Tagen. Ingeborg schloss die Augen und hoffte, durch eine Entspannungsübung ihre Kopfschmerzen loszuwerden. Am Ende der Fahrt fühlte sie sich tatsächlich etwas besser. Dankbar für seine Schweigsamkeit gab sie dem Mann am Steuer ein ungewöhnlich hohes Trinkgeld.

Karen Bertram wohnte in einer neuen Villa, die gut zu ihr passte. Teuer, aber nicht eben stilvoll, dachte Ingeborg, und wunderte sich über die waldartige Vegetation, Birken, hohe Buchen und Eichen, die sie nicht erwartet hätte. Das riesige Tor vor der teuer gepflasterten Auffahrt stand offen.

»Das werde ich dir nie vergessen«, sagte Karen theatralisch und fiel ihr um den Hals. »Du bist eine echte Freundin!«

Weit gefehlt, dachte Ingeborg. Ich mache nur meine Arbeit und zu der gehört es auch, meinem Verlag eine Bestsellerautorin zu erhalten.

Karen sah schrecklich aus: Die blonden Haare hingen ihr strähnig ins Gesicht. Wangen, Stirn, Kinn und Hals waren mit roten Flecken übersät, als hätte sie eine Kinderkrankheit. Barfuß ging sie voraus, kreuzte einen protzig und unpersönlich möblierten Wohnraum, trat durch die Terrassentür unter einen riesigen Sonnenschirm und ließ sich seufzend auf eine Holzliege mit gelben Kissen plumpsen. Daneben stand ein Servierwagen mit einem silbernen Sektkübel, einem halb vollen und einem leeren Glas, einer Box mit Kleenextüchern, Zigaretten, Feuerzeug, Aschenbecher. Karen zündete sich eine Zigarette an, griff nach ihrem Glas und sagte: »Bitte schenk dir auch was ein. Ich bin so schlapp, dass ich nicht noch mal aufstehen kann.«

»Schon gut«, antwortete Ingeborg, machte aber keine Anstalten, Karens Aufforderung zu folgen. ›Karen Bertrams Beauty-Tipps‹, dachte Ingeborg. So hieß das Buch, das vor einem Jahr erschienen war, ein Bertram-Buch mit ebenfalls traumhafter Auflage. Auf dem Cover war eine strahlende Karen im Fitnessdress abgebildet, die mit der angetrunkenen Frau vis-à-vis nicht die geringste Ähnlichkeit hatte. Täglich einmal richtig außer Atem kommen durch sportliche Betätigung, viel Wasser trinken, maximal ein Glas Rotwein, keine Süßigkeiten, vor allem aber kein Nikotin, für ganz viel Lebensfreude sorgen, für positive Energie, die durch eine geschärfte Wahrnehmung für die kleinen Freuden des Alltags – eine Blume, ein Kindergesicht, eine kleine Aufmerksamkeit – nahezu von selbst entstehen sollte, wenn man sich nur fest genug dazu entschlossen hatte: Das waren die bahnbrechenden Erkenntnisse, die Karen zum Besten gegeben hatte, unterstützt von ihrem neuen Lebensgefährten Conny, Dr. Konrad Müller.

Karens Liebe zu dem etliche Jahre jüngeren Sportmediziner hatte ihre Produktivität enorm beflügelt und den jungen Doktor zu einem Prominenten gemacht, der zusammen mit Karen auf den Titelbildern einschlägiger Illustrierter zu bewundern war. Bei der Hochzeit, die in diesen Blättern natürlich nur als Traumhochzeit bezeichnet wurde, hatte Ingeborg sich ziemlich deplatziert gefühlt. Zum Glück hatte die Feier in einem Hotel stattgefunden, sodass sie sich früh in ihr Zimmer zurückziehen konnte. Nun ist der Traummann abgehauen, dachte Ingeborg, denn sie konnte sich angesichts der völlig verschwiemelten Karen nicht vorstellen, dass *sie* ihm den Laufpass gegeben hatte.

Karen Bertram steckte sich erneut eine Zigarette an und trank ihren Sekt, als handele es sich um Wasser.

»Wasser«, sagte Ingeborg. »Ich hätte gern ein Glas Wasser.«

»In der Küche«, antwortete Karen. »Sei so lieb. Hol dir was aus dem Kühlschrank.«

Dort fand Ingeborg tatsächlich Mineralwasser zwischen reichlich Sekt und Weißwein. Außer zwei verschrumpelten Äpfeln im Gemüsefach und einem Stück Käse, das rissig geworden war und Schimmel angesetzt hatte, gab es nichts Essbares. Ingeborg dachte an die Elogen, die Karen in ihrem Fitnessbuch auf vitaminreiche Kost angestimmt hatte.

Karen kauerte auf ihrer Liege, knabberte am Fingernagel ihres rechten Daumens.

»Wie kann ich dir helfen?«, fragte Ingeborg so sachlich wie möglich.

Karen biss entschlossen ein Stück von ihrem Fingernagel ab und antwortete: »Keine Ahnung.«

Ingeborg spürte, wie ihre Kopfschmerzen stärker wurden, und sagte: »Du hast dir doch sicherlich nicht gewünscht, dass ich komme, nur damit ich ein bisschen mit dir auf deiner Terrasse sitze.«

»Ich hab mich so schrecklich allein gefühlt«, sagte Karen und fing an zu weinen.

»Das ist jeder gelegentlich.« Ingeborg hatte das mehr zu sich selbst gesagt, denn Karen schnäuzte sich so laut in ein Kleenex, dass sie ohnehin nichts gehört haben konnte. Ingeborg kam nicht dazu, über ihre eigenen schmerzlichen Erfahrungen mit Einsamkeit nachzudenken, denn Karen war abrupt aufgestanden, hatte das zerknüllte Kleenextuch auf den Boden fallen lassen, schenkte sich erneut Sekt ein und stieß hervor: »Dabei verdient er es überhaupt nicht, dass ich ihm auch nur eine Träne nachweine. Er hat mich ausgenutzt. Ohne mich wäre er immer noch ein Nobody. Und kein Mensch würde die Dienste dieses Stümpers in Anspruch nehmen.« Karen trank ihr Glas erneut in einem Zug aus.

»Warum ist er denn ausgezogen?«, fragte Ingeborg und schaute Karen dabei zu, wie sie den Rest des Sekts in ihr Glas füllte.

»Weil er ein Schwächling ist. Weil er es einfach nicht ausgehalten hat, dass ich so erfolgreich bin.«

»Das Fitnessbuch war doch für euch beide ein Erfolg.«

»Kein Schwein hätte es gekauft, wenn ich nicht auf dem Cover wäre. Ich war doch das Zugpferd.«

Ingeborg erinnerte sich gut an Karen Bertrams schwärmerischen Äußerungen über das absolute Glück, das sie im Zusammenleben und in der Zusammenarbeit mit Dr. Konrad Müller gefunden hatte.

»Damals hast du gesagt, dass er dir ganz neue Perspektiven eröffnet habe, dass du nie auf die Idee gekommen wärst, über Fitness zu schreiben.«

»Du weißt doch, was man für'n Mist erzählt, wenn man frisch verliebt ist«, sagte Karen.

Es ist sinnlos, dachte Ingeborg. Vernünftige Gespräche sind schon mit einer nüchternen Karen schwer zu führen. Und jetzt ist sie ziemlich betrunken.

Karen schien selbst zu diesem Schluss gelangt zu sein. Jedenfalls stand sie auf, starrte kurz auf ihre Zehennägel, von denen der Nagellack abgeplatzt war. Leicht schwankend sagte sie: »Sorry, ich muss mich einen Augenblick hinlegen.«

Ingeborg folgte Karen ins Haus. Im Wohnzimmer blieb Karen stehen, stützte sich auf einen der ausladenden Sessel. »Du sollst dich nicht langweilen hier«, sagte sie mit einem unverschämten Unterton. »Kannst ja mal einen Blick auf das Manuskript werfen. Mein Notebook liegt da hinten«, sie schluckte heftig, »auf dem Sekretär.«

Karen machte ein paar schlingernde Schritte in Richtung Flur.

»Soll ich dich nach oben bringen?«, fragte Ingeborg.

»Geht schon, geht schon«, antwortete Karen jedes Wort betonend, hielt sich einen Moment lang am Türrahmen fest und verschwand.

Es gab nur eine einzige Datei in dem Notebook. Ingeborg wusste, dass Karen Bertrams Romane stark autobiographisch waren, aber dass ihr neues Buch den Arbeitstitel »Traummann ohne Nebenwirkungen« trug und gleich darunter stand: »Für Conny, meinen Traummann«, verblüffte sie dann doch.

Ingeborg stellte erleichtert fest, dass das Manuskript erst einhundert Seiten hatte, und begann zu lesen. Was sie las, war nicht geeignet, ihre Kopfschmerzen zu mildern. Elend, dachte Ingeborg nach den ersten zwanzig Seiten, und dieser Kommentar passte sowohl zu dem Text als zu ihrer eigenen Befindlichkeit.

Die Geschichte kam ihr verdammt bekannt vor. Die Heldin, eine Frau mit einem bürgerlichen, aber lieblosen Elternhaus, die ernormen Erfolg mit zwei Romanen gehabt, aber deren Ehe an dem unerfüllten Wunsch nach einem Kind gescheitert war, lernt einen jungen Arzt kennen. Er verliebt sich in die etablierte Schriftstellerin, die will aber nichts von ihm wissen, weil er erstens zu jung, zweitens außerdem noch verheiratet ist und drittens, weil sie ein Auge auf einen anderen geworfen hat, den Rechtsanwalt, der ihre Scheidung durchgezogen hat.

Der Arzt schlägt der Romanheldin ein gemeinsames Buchprojekt vor, schwärmt davon, was für ein tolles Duo die Bestsellerautorin und der Sportmediziner wären, dass sie zusammen *das* Fitnessbuch der Premiumklasse schreiben würden.

Bei dem Wort ›Premiumklasse‹ spürte Ingeborg Übelkeit in sich aufsteigen. Sie stand auf, ging in die Küche und machte sich auf die Suche nach etwas Essbarem. Auf Anhieb entdeckte sie nur Getränke und einen leeren Pizzakarton. Einen Moment zögerte sie, dann öffnete sie Küchenschranktüren, bis sie eine Packung Cracker fand. Besser als nichts.

Mit den Crackern und einem Glas Wasser las sie lustlos weiter. Natürlich kamen sich die Romanautorin und der Sportarzt näher, natürlich stürmte ihr gemeinsames Werk die Bestsellerlisten. Der Traummann ohne Nebenwirkungen überraschte die Heldin mit der Mitteilung, er sei nun endlich auch geschieden, und verband diese Information mit einem schmalzigen Heiratsantrag. Seite achtzig. Karen hat ihr Pulver verschossen, dachte Ingeborg. Was soll nach der Hochzeit geschehen? Hatte sie vorgehabt, die intrigante Schwiegermutter für Turbulenzen sorgen zu lassen oder die eine oder andere Verehrerin des Arztes, der in seiner neuen Schickimicki-Praxis in Pöseldorf von lauter liebestollen Weibern umgeben zu sein schien? Oder wendet sich die Heldin selbst einem anderen zu, dem Rechtsanwalt womöglich? Oder bemüht sich das Paar nun um die Adoption eines Kindes?

Ist schon fatal, so rasch zum Happy End zu kommen, wenn man darauf angewiesen ist, vom Leben abzuschreiben, dachte Ingeborg. Karen hatte sich geradezu gezwungen, eine Krise zu inszenieren, damit ihre Story weiterginge. Die letzten zwanzig Seiten waren nicht nur wie üblich sprachlich schlimm, sondern auch dramaturgisch. Die Geschichte dümpelte vor sich hin. Der flapsig-optimistische Ton – das Markenzeichen von Karen Bertram – war verloren gegangen.

Und ich sitze hier wie bestellt und nicht abgeholt, dachte Ingeborg, ging hinaus auf die Terrasse und setzte sich unter den ausladenden Sonnenschirm. Der war inzwischen überflüssig geworden, denn am Himmel waren dunkle Gewitterwolken aufgezogen.

Wahrscheinlich hingen über der Beziehung zwischen Karen Bertram und Conny Müller bereits düstere Wolken, als sie mit dem Roman über den vermeintlichen Traummann angefangen hat, dachte Ingeborg. Denn die Figur, die im wirklichen Leben offenkundig Dr. Müller hieß, war bei aller beschworenen Liebe nicht gut weggekommen. Die Person wirkte blass, ziemlich oberflächlich und völlig humorlos. Der Kerl schien in der Heldin vor allem jemanden zu sehen, der seinem beruflichen und gesellschaftlichen Vorankommen dienen konnte.

Im Westen grollte es dumpf. Wind kam auf. Eine Bö fegte durch die Wipfel der hohen Bäume. Ingeborg streckte die Beine weit von sich und blickte in die alte Buche, deren Blätter im Gegensatz zu denen des benachbarten Ahorns noch ohne jedes Anzeichen von Herbstfärbung waren.

Nicht möglich, dachte Ingeborg, und sah gebannt auf den Waldkauz, der sich in der untersten Astgabel der Buche an den dicken Stamm schmiegte. »Du willst mich wohl mit meinem Ausflug nach Hamburg versöhnen«, sagte sie leise. Der Kauz öffnete und schloss die Augen, so als wollte er diese Mutmaßung bestätigen. Ingeborg liebte Eulen und besaß eine stattliche Sammlung von Eulenfiguren. Der Kauz gab ein zartes, tremolierendes Geräusch von sich, das an Taubengurren erinnerte, dann schloss er die Augen.

Dicke Regentropfen klatschen auf den Terrassenboden, und ein Donner krachte. Ingeborg nahm die Kissen von Liege und Stühlen und trug sie nach drinnen. Gläser und Sektkübel ließ sie stehen. Der Regen prasselte auf den Sonnenschirm und spritzte gegen Ingeborgs Beine. Sie lief ins Haus. Als sie sich noch einmal umwandte, war der Kauz fort.

Ingeborg freute sich, dass sie ihn wenigstens kurz gesehen hatte, und sie war traurig über sein lautloses Verschwinden. Traurig bin ich sowieso, dachte sie. So vieles, so viele verschwinden, wenn man älter wird. Manchmal geschieht das lautlos, manchmal nicht. Sie hatte die Erfahrung gemacht, dass stille Abschiede meist die schmerzlichsten waren.

Von Stille konnte hier allerdings keine Rede sein: Auf grelle Blitze folgten dramatische Donnerschläge, und Wagen mit Martinshorn kamen näher. Kurz darauf klingelte es, und gleichzeitig wurde bedrohlich laut an die Hautür geklopft. Im ersten Stock rührte sich nichts. Karen Bertram verschlief die Kakophonie oder ignorierte sie einfach.

Ingeborg öffnete die Tür zum Windfang und erschrak über den Aufmarsch vor der Hautür mit Butzenscheiben: zwei Sanitäter und eine Notärztin. »Frau Bertram!«, rief die Ärztin.

»Nein«, sagte Ingeborg, nachdem sie die Tür geöffnet hatte. »Frau Bertram schläft.«

»Hoffentlich noch nicht zu tief«, sagte einer der Sanitäter, ein beachtlich langer Mann mit sehr kurz geschnittenem Haar und einem kleinen Brillanten im Ohr.

»Wo?«, fragte die Ärztin, während sie schnurstracks an Ingeborg vorbeiging.

»Moment!«, rief Ingeborg. »Sie können hier doch nicht einfach reinmarschieren.«

»Doch«, antwortete die junge Frau, die schwer an ihrem Notfallkoffer trug. »Wir haben den Auftrag, nach Frau Bertram zu sehen.«

»Und wer hat Ihnen den Auftrag gegeben?«

Die Ärztin sah sich fragend nach ihren beiden Begleitern um, die noch in der Tür standen.

»Ein Dr. Müller«, sagte der Lulatsch. Dann ergänzte er: »Suizidversuch.«

Ingeborg trat zur Seite und sagte: »Frau Bertram ist im ersten Stock, aber ich weiß nicht, in welchem Zimmer.«

Die zierliche Notärztin nahm die Treppe trotz ihres Gepäcks erstaunlich schnell. Der Mann mit dem Ohrschmuck blieb im Flur stehen, während sein Kollege, ein braun gebrannter Mann in mittleren Jahren, der Ärztin folgte.

Ingeborg war einen Moment unschlüssig, dann lief auch sie

die Treppe hinauf. Die Rettungsleute waren schon im zweiten Zimmer fündig geworden. Ingeborg hörte, wie die Ärztin sehr laut sagte: »Frau Bertram? Frau Bertram!« Leiser und vollkommen sachlich sagte sie zu ihrem Begleiter: »Adumbran und Alkohol.«

Der Sanitäter lief an Ingeborg vorbei die Treppe wieder hinunter, und Ingeborg beobachtete, wie die Ärztin Karen eine Blutdruckmanschette anlegte. Karen trug immer noch die hellbraune Caprihose und das goldfarbene Hemd mit Spaghettiträgern. Sie sah aus, als schliefe sie. Die Kissen des pompösen Doppelbetts waren zerwühlt. Die Bettdecke lag auf dem Fußboden.

Die Ärztin warf Ingeborg nur einen flüchtigen Blick zu, konzentrierte sich ganz auf ihre Patientin. Ein paar Sekunden war es vollkommen still, kein Donner war mehr zu hören. Mit einem langen Zischen entwich die Luft aus der Druckmanschette an Karens Oberarm. Ingeborg wunderte sich über das Tempo, mit dem die Ärztin ihre Utensilien einpackte.

Inzwischen waren die Sanitäter mit einer Trage hinaufgekommen. Ingeborg trat ganz ins Zimmer, um ihnen Platz zu machen.

»Zugang lege ich im Wagen«, sagte die Ärztin zu den Sanitätern.

»Wie geht es ihr?«, fragte Ingeborg.

»Noch ganz gut«, sagte die Ärztin. »Sie wird's überleben.« Ingeborg hatte den Eindruck, als läge Geringschätzung in dem Blick der Medizinerin, sagte aber nichts. Dafür war auch gar keine Zeit, denn die Sanitäter hatten Karen in Windeseile auf die Trage gelegt, zugedeckt und festgegurtet. Im Treppenhaus murmelten sie zwei oder drei einsilbige Kommandos. Und schon waren sie unten und aus dem Haus.

Ingeborg folgte der Ärztin, fragte: »Wohin bringen Sie sie?«

»AK Rissen.« Sie drehte sich kurz zu Ingeborg um, nickte ihr mit einem kleinen Lächeln zu. Sie umrundete eine große

Pfütze. Zum Glück war das Gewitter abgezogen, und es regnete nicht mehr.

Auf halbem Weg zum Krankenwagen sagte sie leise, aber prononciert: »Ach, du Scheiße. Die Aasgeier!« und beschleunigte ihre Schritte.

Ein Fotograf umtänzelte mit hoch erhobener Kamera die Sanitäter, die ihre Fracht nun in den Wagen schoben. Wenige Sekunden später setzte sich der Notarztwagen in Bewegung, Blaulicht streuend, aber ohne Sirene.

Der Fotograf ließ die Kamera einen Moment sinken. Ingeborg ahnte, dass er seine Arbeit noch nicht für beendet hielt. Rasch schloss sie die Haustür, dann auch die Tür vom Windfang zum Flur. Auf das stürmische Klingeln reagierte sie nicht.

Im Wohnzimmer ließ sich Ingeborg in einen Sessel fallen. Erst jetzt spürte sie, wie zittrig ihre Knie waren, wie heftig ihr Herz pochte. Sie schloss die Augen. Irgendwo läutete ein Telefon. Was sollte sie tun? Was müsste sie tun? Als sie die Augen wieder öffnete, empfand sie die Helligkeit beinah als schmerzend. Die Sonne schien wieder.

Ingeborg blieb noch eine Stunde, bis sie sich auf den Weg zum Flughafen machen musste. Sie kramte ihr Handy aus der Tasche und ließ sich von der Auskunft die Nummer von Konrad Müller geben.

»Praxis Dr. Müller. Mein Name ist Beatrix Kallweit. Womit kann ich Ihnen helfen?«

Herr Dr. Müller sei zurzeit leider nicht zu sprechen, antwortete die säuselnde Piepsstimme, nachdem Ingeborg ihren Wunsch geäußert hatte.

»Es geht um Frau Bertram«, sagte Ingeborg. »Ich bin ihre Lektorin und sitze in Frau Bertrams Haus.« Sie hoffte, diese Information würde ausreichen. Und tatsächlich diktierte ihr die Helferin ohne weiteres die Nummer von Konrad Müllers Mobiltelefon.

Der Fitnessfachmann meldete sich atemlos. Er war gerade auf dem Weg zum Parkplatz, wollte ins Rissener Krankenhaus. Ingeborg hörte ein Auto hupen und ein Motorrad anfahren.

Sie könne die Haustür einfach ins Schloss ziehen, sagte Konrad Müller. Er würde später ein paar Sachen für Karen einpacken und ordentlich abschließen.

»Karen hat mir gegenüber nicht die geringste Andeutung gemacht«, sagte Ingeborg. »Hätte ich doch bloß geahnt, dass sie sich nicht nur ein wenig hinlegen wollte.«

Müller schien während des Gesprächs weitergegangen zu sein, denn die Straßengeräusche waren leiser geworden. »Dann hätte sie es eben morgen getan«, sagte er. »Seit drei Wochen droht sie mir damit.«

»Und woher wussten Sie, dass sie ihre Drohung wahr gemacht hat?«

»Sie hat mich angerufen.«

Ingeborg war fassungslos. »Das verstehe ich nicht.«

»Für Karen ist das ganz einfach: Entweder gehe ich zu ihr zurück oder sie macht mich fertig, stellt mich öffentlich bloß, das hat sie mir jedenfalls als Alternative angeboten. Sie will nicht sterben. Sie will, dass ich nach ihrer Pfeife tanze. Als sie merkte, dass die Schlaftabletten zu wirken begannen, hat sie in meiner Praxis angerufen.«

Ingeborg berichtete von dem Fotografen. Müller ließ ein heiseres Bellen hören, das Ingeborg als verunglücktes Lachen interpretierte. »Genau nach Plan«, sagte er. »Vielleicht hat sie sogar die Schlagzeile vorbereitet. ›Karen Bertram: Er hat mich nur benutzt! Bestsellerautorin will nicht mehr leben.‹ Zuzutrauen ist es ihr. Jedenfalls hat sie selbst die Zeitung informiert.«

Ingeborg musste an die Hochzeit denken, über die eine einschlägige Illustrierte exklusiv berichten durfte. Die Hochzeitsgäste hatten die Frage, welche Einnahmen das dem Brautpaar bescherte, hingebungsvoll erörtert und sich dabei Zahlen zugeraunt, die von Stunde zu Stunde höher wurden.

»Es tut mir Leid«, sagte Konrad Müller, »dass Karen Sie da mit hineingezogen hat.«

»Mir tut es auch Leid«, sagte Ingeborg. Erst als sie das Gespräch beendet und ein Taxi bestellt hatte, fiel ihr ein, wie blöd, wie unhöflich dieser Satz gewesen war.

Das Flugzeug war dieses Mal voll besetzt. Aber Ingeborg war froh, auf dem Heinweg zu sein. Die Stunden in Hamburg kamen ihr unwirklich vor. Karen Bertram hat heute genug Stoff für die nächsten Seiten ihres neuen Romans produziert, dachte Ingeborg, und sie war sicher, dass sie selbst vorkommen würde. Während die Erfolgsautorin in ihrem Himmelbett verzweifelt Tabletten schluckt, sitzt die Lektorin eines namhaften Verlags über dem neuen Buch, das unvollendet geblieben wäre, wenn nicht … Konrad Müller wird für das obligatorische Happy End nicht zu haben sein. Vielleicht bietet sich ihr im Krankenhaus ein Ersatzmann. Diesmal wäre der Typ ›väterlicher Freund‹ passend. Aber schon wieder ein Arzt? Es war in jeder Hinsicht passender, den Scheidungsanwalt zu aktivieren.

»Bitte einen Apfelsaft«, antwortete Ingeborg auf die Frage der Stewardess.

Das Getränk war angenehm kühl. Ingeborg dachte an den Kauz und daran, wie lange sie nicht mehr durch einen Wald gegangen war. Ich habe Sehnsucht, dachte sie, Sehnsucht nach frischer Luft, nach Stille, nach einem Spaziergang, nach Herbst.

Uli Aechtner

Die Autorin

Der Österreicher hatte gut gekocht. Ingeborg liebte sein kleines Restaurant am Schweizer Platz. Es war unprätentiös, man wurde gut bedient und es gab ein gepflegtes Weizenbier.

Hierher kam Ingeborg mit ihren Autorinnen, um ›über die Manuskripte zu gehen‹.

»Ihre Geschichte gefällt mir«, lobte Ingeborg ihre neue Autorin über die Speisekarte hinweg. »Was mögen Sie essen?«

»Ein Wiener Schnitzel«, kam es abwesend.

Ingeborgs Neue sah nicht so aus, als ob sie gern aß. Eine hagere Frau, ungeschminkt, nicht mehr ganz jung, nicht gerade eine Schönheit. Doch Ingeborg ging nicht nach Schönheit, sie ließ sich nicht von Äußerlichkeiten verwirren. Sie beurteilte den Text. Und der Text war gut. Die Neue konnte schreiben.

»Ich würde Ihre Geschichte gerne machen«, sagte Ingeborg freundlich.

Ihre Autorin schüttelte heftig den Kopf. »Nein, die nicht. Ich habe eine andere, eine viel bessere!«

Ingeborg hob fragend die Brauen.

»Doch, bitte.« Die Hagere krampfte beide Hände um den Autoschlüssel, mit dem sie schon die ganze Zeit spielte.

Ingeborg überlegte einen Moment.

»Erzählen Sie mir Ihre Geschichte«, sagte sie schließlich.

»Die Wolken am Himmel waren dicht und grau«, begann die Autorin mit rauer Stimme. »Es sah so aus, als würde es bald regnen. Salwina wäre lieber in der Bibliothek geblieben, hätte sich in ihre Arbeit geflüchtet. Aber sie musste für den Hund sorgen.

Sie zog den Hund hinter sich her, packte die Leine fester, ging schneller. Ein Zug Vögel streifte über den Himmel, über sein Haus. Davor lag der lange, schmale Garten. Eine Wiese war das, durchbrochen von ein paar schmalen Gemüsebeeten, bewacht von unschuldigen Obstbäumen. Im vorderen Teil des Gartens lag die Lehmkuhle, die der kleine Marvin seinen Sandkasten nannte. Die hatte Harald ihm ausgehoben, dicht vor dem halb zerfallenen Maschendrahtzaun. An dessen linker Ecke konnte Marvin sich durch den Spalt schieben, der zwischen zwei Pfosten klaffte. Ganz in der Nähe mussten noch ein paar rostige Bettfedern liegen, die Marvin unbedingt behalten wollte, nachdem er sie gefunden hatte. Ein Schatz! Und Harald schleuderte sie auf das Nachbargrundstück, weil er den ollen Schrott nicht im eigenen Garten haben wollte.«

Ingeborg nippte an dem Weizenbier, das die Kellnerin ihr inzwischen gebracht hatte, und lächelte ermutigend.

»Harald mähte die Wiese angeblich nicht, weil er Spießerrasen peinlich fand. In Wahrheit mähte er sie doch, um sich dann im Liegestuhl in die Sonne zu legen. Und auch das tat er heimlich. Weil das nur Touristen machen. Sein Freizeitteint war angeboren, behauptete er, er war ein dunkler Typ.

Vor dem Maschendrahtzaun befand sich kniehohes, sattgrünes Grasgestrüpp, durchsetzt mit Sauerampfer, Klee und Löwenzahn, durch das Salwina oft zum Zaun gestapft war, wenn sie Harald im Garten gesehen hatte. Von diesem Weg aus, über den sie jetzt marschierte und zum Haus hinübersah und zu den Regenwolken, die darüber hingen.

Diesmal wollte Salwina nicht stehen bleiben. Harald war nicht zu Hause. Er wollte zum Sport, hatte er gesagt. Der kleine Marvin war bei seiner Mutter.

Vielleicht war Harald ja zum Sport gegangen. Vielleicht sah

er auch nur heimlich fern und verschwieg ihr das, weil sie hinterher wieder sagte: Alles trivialer Schund, was du dir so ansiehst. Vielleicht war sie ihm manchmal zu anstrengend. Eine Bibliothekarin mit Doktortitel, Nickelbrille und Birkenstocksandalen. Mein spätes Mädchen, nannte sie ihr Vater. Seit er pflegebedürftig war, lebte er in einem Heim.«

Ingeborgs Autorin machte eine kleine Pause, nahm drei Blätter Salat mit der Gabel auf und schob sie in den Mund. Plötzlich stieß sie die Gabel heftig in ihr Wiener Schnitzel.

»Harald ist frei«, brach es aus ihr heraus, »soll er machen, was er will!«

Ingeborg zuckte zusammen, fast hätte sie ihr Glas umgestoßen. Die Gäste an den Nachbartischen schauten neugierig zu ihnen herüber.

»Scht«, machte Ingeborg unwillkürlich. »Und weiter?«

»Eines Tages hat Harald Salwina in Begleitung einer dunkelhäutigen Schönheit besucht«, raunt die Autorin und hält Ingeborgs Blick fest. »Eine blutjunge Frau aus Mexiko.«

»So was kommt vor«, kommentierte Ingeborg ungefragt.

»*Te quiero*, hat die Schöne zu Harald gesagt, ständig *te quiero*, die schwarzen Augen weit aufgerissen. Und er hat zurückgemurmelt: *Te quiero. Besuch aus Mexiko*, hat er Salwina erklärt, *im letzten Urlaub kennen gelernt. Stand plötzlich vor der Tür, mit einer Freundin. Was sollte ich machen? Die beiden zurückschicken? Mexiko ist weit.*

Salwina kommt im Urlaub nie so weit herum. Flugreisen sind nicht ihre Sache. Es ist schon genug Kerosin in der Luft. Die Einwohner einer Großstadt verschmutzen die Umwelt mit ihren Urlaubsflügen weit mehr als mit ihren Autos. Bleiben und stille bewahren das sich umgrenzende Ich. Gottfried Benn.«

Ingeborg nickte, weniger um zuzustimmen, als um ihr Gegenüber am Reden zu halten.

»Was passierte dann?«

»Er wollte in die Kneipe«, sagte die Autorin aufgebracht, »Salwina sollte mit ihm und seiner mexikanischen Schönheit in die Kneipe! Sie sollte mit, ein fünftes Rad am Wagen!«

»Ja.« Ingeborg nippte wieder an ihrem Weizenbier. »Aber wir haben den Anfang verloren. Sie waren bei der ersten Szene, wo sie mit dem Hund spazieren geht …«

»Das war Vaters Hund. Er durfte nicht mit ins Heim. Nächstes Jahr, dachte Salwina, als sie an Haralds Haus vorbeiging, nächstes Jahr wohnt er nicht mehr hier. Nächstes Jahr gehe ich an diesem Haus und an diesem Garten vorbei und sage mir: Da hat er mal gewohnt. Und dann erinnere ich mich an den kleinen Marvin und an die Bettfedern und wie ich in der mildwarmen Maisonne durch den duftenden Klee zu den beiden hin bin, der Hund hinter mir her. Wie der kleine Marvin staunend zusah, als Harald mich in den Arm nahm, um mich zu küssen. Und wie Harald dem kleinen Marvin tröstend über den Kopf strich, weil er zu mir zärtlich war und nicht zu dem Kind.

Marvin ging gern mit uns spazieren. Er lief zwischen uns und hielt unsere Hände, als gehörten wir schon immer zusammen. Eine kleine Familie. So hatte ich mir das immer gewünscht. Im Café konnte ich stundenlang zusehen, wie Marvin seinen Kuchen zerbröselte. Ich schloss die Augen, um besser zuzuhören, wenn Harald ihm seine tausend Fragen beantwortete. Ich badete in den Blicken der Fremden, die mich für seine Mutter hielten. Marvins Mutter! Unvorstellbar, den beiden wegzulaufen. Mir nichts, dir nichts, über Nacht. Ich würde so was nie tun. Auf mich könnten sie sich verlassen. Ich hätte ihnen schöne Bücher mitgebracht. Und dem kleinen Marvin vorgelesen.«

»Sie sind jetzt in die Ichform gerutscht …«, versuchte Ingeborg.

»Ja. Das denkt natürlich Salwina. Salwina denkt das.«

»Aha.«

»Einen VW Käfer hat er gemietet, um dem Besuch aus Mexiko die Gegend zu zeigen. So was macht man, wenn man Besuch vom anderen Ende der Welt bekommt. *Ich mag sie nicht besonders*, hat er gesagt. *Ein dummer Zufall, ein Missverständnis. Jetzt denkt sie, ich heirate sie. Hängt an mir wie eine Klette. Aber sie reist ja wieder ab.*«

Ingeborgs Autorin lachte bitter auf.

»*Ich ziehe mit Marvin in die Südstadt*, hat Harald gesagt. *Ein neuer Job, eine interessantere Aufgabe. Zwei Angestellte unter mir. Ein dummer Zufall. Mit meiner Bewerbung wollte ich nur meinen Marktwert testen. Du kannst mitkommen, in die Südstadt.*

Was heißt das, te quiero, hat Salwina gefragt.

Und leichthin, als gelte es, eine von Marvins tausend Fragen abzuarbeiten, war seine Antwort gekommen.

Te quiero heißt: Ich liebe dich.«

Ingeborg hielt ihr Weizen mit beiden Händen fest und starrte ihre Erzählerin erschrocken an. »Ja«, murmelte sie abwesend. »Eine schöne Geschichte.«

»Jetzt bringt sie ihn natürlich um!«, schnurrte Ingeborgs Autorin mit einem kleinen Triumph in der Stimme.

»Sie bringt ihn um?«

»Ja klar!«

»Aber wie denn?«

Ingeborgs Autorin machte drei kurze Atemzüge.

»Nicht direkt. Jahre später hat sie ihn in der Stadt wieder getroffen. Ein dummer Zufall. Den VW Käfer gab es da schon gar nicht mehr. Der wurde nicht mehr gebaut. Sie musste einen New Beetle mieten. Sie hat einen Automatik gewählt, da fiel ihre mangelnde Fahrpraxis nicht so auf. Fahr du, Liebling, hat sie gesagt, und er war bereitwillig eingestiegen.

Sie fuhren aufs Feld hinaus, schmale Wege entlang, die den

Bauern mit ihren Traktoren vorbehalten waren. Am Horizont der Wald, dunkel und böse. Salwina lenkte das Auto so nahe ran, dass es unter den ersten Bäumen fast verschwand.

Picknick, sagte sie lockend, *ich habe uns ein Picknick vorbereitet!* Sie zog einen Korb zwischen den Füßen hervor, Champagner und Wildbeeren.

Bisschen unbequem hier, stöhnte er, *lass uns auf die Lichtung rausgehen, auf die Wiese.*

Nichts da, Wiese, murmelte Salwina, *alles viel zu nass.* Der Wettergott war auf Salwinas Seite, Nieselregen hatte eingesetzt. Seufzend öffnete er die Flasche. Schenkte ihr umständlich in die schmalen Gläser ein, die sie aus dem Korb zog.

Drei Glas und eine halbe Leberpastete später wurde er müde.

Und?, fragte Salwina teilnahmsvoll. *Geht es dir gut?*

Es war nicht einfach gewesen, die Tabletten unterzurühren, ohne dass die Pastete matschig wurde oder die Tabletten Krümel hinterließen. *Sehr gut. Ich habe auch schon mal einen* VW *Käfer gemietet*, fiel ihm ein.

Ich erinnere mich, flüsterte Salwina.

Dann war er eingeschlafen.

Es war leicht, ihn an den Sitz zu binden. Fürsorglich stellte sie die Rücklehne tiefer. *Träum was Schönes, mein Liebling!*

Sorgfältig verriegelte sie das Auto von außen. Wohin mit dem Schlüssel? Sie ließ ihn in die Tasche ihrer Jeansjacke gleiten. Was dann kam, war weitaus schwieriger, als sie sich vorgestellt hatte. Sie hastete in den Wald und brach große Zweige. Liebevoll deckte sie den New Beetle damit zu.

»Und weiter?«, fragte Ingeborg. Eine seltsame Ahnung beschlich sie.

»Ein Grab unter Bäumen. Weiter bin ich noch nicht. Erst soll er noch ein bisschen in dem Auto sitzen und leiden. Dann sehe ich weiter.«

»Hm.« Ingeborg trank ihr Weizen auf einen Sitz aus. »Das Ende ist aber langweilig!«, sagte sie forsch.

»Aber wieso denn?« Die Autorin bäumte sich auf. Der Autoschlüssel, mit dem sie die ganze Zeit gespielt hatte, fiel ihr zu Boden. Rasch bückte sie sich und hob ihn auf, legte ihn zwischen Ingeborg und sich auf den Tisch. »Er kann doch ein bisschen von Mexiko träumen«, meinte sie vage.

»Tja, meine Liebe!« Ingeborg tat so, als überlege sie laut. »So richtig spannend ist das trotzdem nicht.«

»Wie soll ich ihn denn umbringen?«, flüsterte Ingeborgs Autorin. »Haben Sie eine Idee?«

Ingeborg griff nach dem Autoschlüssel, der zwischen ihnen auf dem Tisch lag, und schwang ihn am Zeigefinger hin und her. Ihre Autorin verfolgte jede Bewegung des Schlüssels gebannt mit den Augen.

»Ich würde ihn nicht umbringen«, sagte Ingeborg fest. So eine dumme Pute! Aber so waren sie, die jungen Leute. Wollten immer alles vorgegeben haben. Alles fertig aufgetischt. Keine eigenen Ideen.

»Gar nicht?«

»Nein. Lassen sie den Schluss offen. Machen Sie eine Liebesgeschichte daraus ...«

»Eine Liebesgeschichte?«, fragte die Autorin verirrt. »Aber das war keine Liebe!« Ihre Lippen zitterten.

Ingeborg strich ihr kinnlanges, perlgraues Haar zurück. »Das mag schon sein. Aber Krimis sind gar nicht mehr so gefragt. Es gibt zu viele. Jede will einen schreiben. Ich warte schon auf den ersten Mann, der mir seinen Krimi unter einem weiblichen Pseudonym anbietet.«

»Als Frau verkleidet?«

»Machen Sie, was ich sage, dann kann ich Sie in meine Anthologie aufnehmen.«

Die Autorin war plötzlich sehr still gewesen. Hatte um Bedenkzeit gebeten und sich ziemlich schnell verabschiedet. Ingeborg war in den Verlag zurückgegangen.

Sie hatte am übernächsten Tag versucht, die Frau zu erreichen, wollte fragen, was aus ihrer Geschichte geworden war. Aber die Nummer, die die Autorin ihr gegeben hatte, schien nicht zu stimmen.

»Da steht eine seltsame Story in der Zeitung«, sagte die Dame an der Pforte, als Ingeborg abends den Verlag verließ. »Wäre Stoff für Sie, für einen Krimi …«

»So?«

»Ein Mann ist in einem Auto gefangen gehalten worden, im Wald. Eine frühere Bekannte hat ihn zu einem Picknick eingeladen, hat ihn betrunken gemacht und gefesselt. Drei Tage hat er in diesem Grab von Auto gesteckt, unter Zweigen und Blättern. Und dann, nach drei Tagen, hat sie ihn wieder freigelassen. Niemand weiß, warum. Was glauben Sie? Warum hat sie das gemacht?«

»Weil sie verletzt war«, sagte Ingeborg schlicht.

»Nein, ich meine, warum hat sie ihn so einfach wieder freigelassen?«

»Wer weiß, was sie noch mit ihm vorhatte«, murmelte Ingeborg. Sie winkte ab, schüttelte ihren perlgrauen Bob. »Der Plot war zu schlecht«, sagte sie bestimmt und wandte sich zum Gehen.

Maria Benedickt

Die Frau in schlechter Gesellschaft

Charlotte K., Lektorin des Hamster Verlags, macht einen Anruf und versendet drei E-Mails.

Der Anruf war der haarige Teil. Winkelmüller, ihr Chef. Auf alle möglichen Einwände war sie gefasst, und alle kamen wie erwartet, einer nach dem anderen. Dann aber ersann er einen neuen, einen, der ihr glatt entgangen war. In etwa muss man sich den Ablauf so vorstellen:

»Hallo, Herr Winkelmüller. Halten Sie sich fest: Ich hab die Zusage von Miranda Wooster bekommen. Sie ist bereit, bei uns zu lesen. Termin schon fix.«

»Wooster? Na, ist ja ein Ding. Was kostet sie?«

Der Preis ließ ihn schlucken, was eine Gesprächspause bewirkte.

»Und Spesen?«

Natürlich das teuerste Hotel. Den Transatlantikflug nicht, da sie ohnedies nach Europa kommt. Bloß von Paris nach Hamburg und zurück.

»Erste Klasse?«

Hätte er sich sparen können, die Frage. Dann wieder eine Pause, als die Nachricht tiefer in die Windungen seines Gehirns eindrang.

»Wooster?«

Wooster.

»Hat die nicht kürzlich … gab es nicht so was wie einen Anschlag auf die? Während eines Auftritts, warten Sie …«

Aber Charlotte wartete nicht, fiel ihm stattdessen ins Wort. Ein dummer Zwischenfall, mehr war es nicht. Kein Beweis dafür, dass die Wooster gemeint war. Irgendjemand hat herumgeballert, passiert in New York jeden Tag. Dass die Wooster daraus einen Anschlag auf sich konstruiert hatte, das war doch bloß PR.

»Da sind Sie sicher?«

Klar.

»Wird sie *Security* verlangen?«

Kein Problem. Charlottes Neffe wird einspringen. Von Beruf Türsteher, fallweise als Leibwächter im Einsatz. Ein riesiger Kerl, groß wie ein Schrank.

Hier machte Charlotte eine kleine Pause, um das Bild in Winkelmüllers Kopf entstehen zu lassen. Ein riesiger Kerl, coole Sonnenbrille auf der Nase, rasierter, wohlgeformter Schädel. Enorme Hände. Schultern so breit wie …

Genug, entschied Charlotte.

»Kostet praktisch nichts. Und die Wooster wird begeistert sein. Er kann sie auch chauffieren.«

Sie zählte bis drei, dann hatte er es.

»Wird sie denn einen eigenen Wagen verlangen?«

»Na ja, Wagen. Eher eine Limo. Aber auch kein Problem. Kriegen wir günstig. Ich hab einen guten Draht zu einem Vermieter.«

»Und wann soll das stattfinden?«

Charlotte warf einen Blick auf den Kalender und es traf sie wie ein Donnerschlag.

Der 13. Oktober war ein Freitag. Und bei ihr hatte kein Alarm angeschlagen?

»Äh, Mitte Oktober.«

»So bald schon? In drei Wochen? Kriegen Sie die Vorbereitungen hin?«

Klar.

»Also, wann genau?«
Sie hörte ihn in seinem Terminkalender blättern.
»So … zwischen 12. und 14.«
»Sie sagten doch, der Termin wäre schon fix?«
»Es ist der 13.«
»Freitag, der 13.?????«
Dieses Detail hatte sie außer Acht gelassen. Der Winkelmüller war abergläubisch.

Gute zehn Minuten und zwei Nervenkrisen später saß Charlotte K. am Computer und schickte – siehe oben – drei E-Mails aus. Es war haarig, aber es hatte geklappt. Winkelmüller hatte grünes Licht gegeben, trotz seiner Bedenken.

Mit der ersten E-Mail verständigte sie den Catering-Dienst, der das Büfett liefern sollte. Die Wooster hatte sehr konkret ausgedrückt, was sie auf den Speiseplatten zu finden wünschte und was nicht. Fisch und Schalentiere ja, Säugetiere nein.

Die zweite ging an ihren Neffen. Soll den Termin schon reservieren. Nichts weiter zu tun, nur herumstehen und auf bedrohliche Weise beruhigend wirken.

Die dritte E-Mail schickte Charlotte K. an Ingeborg M. in Frankfurt. Schulfreundin, Branchenkollegin, Rivalin. Lud sie herzlich zur Lesung ein. Im Klartext: Ätsch, wir haben die Wooster gekriegt, nicht ihr. Hab sie euch vor der Nase weggeschnappt. Verkauft sich wie warme Semmeln. Ein Supercoup.

Erst dann klingelte Charlotte K. nach ihrer Sekretärin. Rundschreiben an alle Abteilungen. Der Termin war in allen Kalendern dick & rot einzutragen. Einladungen waren zu drucken. Journalisten zu verständigen. Ein Berg von Arbeit zu erledigen, in drei Wochen.

Niko Sch. erfährt noch in derselben Stunde, in der Charlotte K.s E-Mail im Büro von GUSTO CATERING eingetroffen ist, von Miranda Woosters bevorstehendem Besuch. Bei Viktor Z. dauert es bis zum mittleren Nachmittag. Ingeborg M. schaut erst kurz vor Feierabend in die Mailbox. Was nichts zur Sache tut, aber solange sich die Ereignisse chronologisch auflisten lassen, wollen wir das auch tun.

Niko Sch., der sechzehnjährige Hotelfachschüler, der bei GUSTO CATERING seinen Ferienjob absolvierte, kriegte fast einen Herzinfarkt. Erst glaubte er, die anderen spielten ihm einen fiesen Streich, aber dann sah er ihnen an, dass sie keine Ahnung hatten. Was das bedeutete. Miranda Wooster kommt in die Stadt. Soll im Hamster Verlag lesen. Und *wir* werden dabei sein, das Büfett wird von *uns* geliefert. Nur dass es bis dahin nicht mehr *uns* und *wir* sein wird, sondern *sie* und *ihnen*. Sein Job würde nächste Woche beendet sein.

Die anderen lümmelten an die Wand gelehnt und bliesen blaue Ringe in die Luft, aber Niko Sch. trat seine Zigarette aus. Es könnte ihn verraten, wie sehr seine Hände zitterten. Er steckte sie in die Hosentaschen und machte sich davon. Hörte die anderen noch sagen: »Ist ja eine Wucht. Die Wooster wird essen, was wir in der Küche zusammenpanschen.« Kennen tat sie jeder, aber keiner, das fühlte Niko tief im Herzen, verehrte Miranda Wooster so wie er.

Egal wie, er musste dabei sein, wenn Miranda Wooster las. An eine Einladung war nicht heranzukommen. Aber er könnte sich einschleichen, als Büfettpersonal. Er wird sich ein Autogramm holen. Miranda wird erstaunt aufschauen, wenn sie Nikos Uniform registriert. Ein Gespräch wird sich entspinnen, während Miranda mit ihm zum Büfett wandert. Niko wird ihr einen Teller reichen, in tadellosem Englisch mit ihr konversieren. Miranda wird sich bei ihm unterhaken und ihn in eine stille Ecke ziehen. Niko wird ihr von den Geschichten erzählen, die er geschrieben hat. Miranda wird fasziniert sein. Ob sie wirklich violette Augen hat, wie auf den Fotos?

Viktor Z. blieb nachdenklich sitzen, nachdem er die E-Mail seiner Tante gelesen hatte. Einerseits gut – er bewegte die linke Hand, *einerseits* –, dass ein Job des Weges kam. Wenn auch karg bezahlt. Der Sommer war eine einzige Flaute gewesen. Und der Auftrag klang nicht übel. Leibwache für Prominenz. Er wird dafür sorgen, dass er auf allen Fotos zu sehen ist. Überragt sowieso alle. Dunkle Brille, die den eiskalten Blick verbirgt, mit dem er unermüdlich die Umgebung mustert.

Fehlte noch das »andererseits«. Also bitte: *andererseits* – er bewegte die rechte Hand – gefiel es ihm nicht, dass er letztendlich unbeachtet bleiben würde. Statist, sozusagen, während alle anderen im Rampenlicht standen. Es müsste doch möglich sein, durch den Job ein wenig Werbung zu kriegen? Ha, er würde dafür sorgen, dass sein Name in die Presse kam. Er sah den Artikel schon vor sich: *Bodyguard rettet Bestsellerautorin.* Ein Zwischenfall würde sich arrangieren lassen. So eine Gelegenheit gab es nur alle heiligen Zeiten. Viktor wäre keiner, der sie sausen ließe.

Bevor Ingeborg M. ihren Computer herunterfuhr, klickte sie nochmals das Postfach an. Fand eine neue Nachricht, mit drei roten Rufzeichen markiert, Mail von Charlotte. Hat Zeit bis morgen. Oder doch nicht? Sie musste über sich lächeln, als die Neugier gewann. Seit Jahrzehnten ging das so. Sie und Charlotte, Charlotte und sie. Freundinnen, das ja. Aber nie ganz entspannt, seit damals nicht, als beide im Gymnasium im selben Fach brillierten. Merkten, dass keine von beiden die andere ausstechen konnte. Natürlich ging es auch um den gut aussehenden Deutschlehrer, der mit beiden flirtete (wie ihnen schien), aber keine bevorzugte. Sie damit noch mehr anstachelte. Ein falsch gesetztes Satzzeichen in einer Schularbeit konnte Ingeborg zu Tränen bringen. Tränen der Wut, versteht sich. Dieselben Tränen konnte sie fallweise auch in Charlottes Augen sehen, wenn diese ein Fremdwort falsch geschrieben hatte.

Nun ja, Deutschland profitiert davon. In zwei der wichtigsten Verlage achten zwei Habichtsaugenpaare auf jeden Beistrich und auf jeden *accent* auf jedem *déjà vu.*

13. Oktober? Am 13. Oktober hatte sie frei. Ein längst fälliger Gleittag. Aufgehoben für ein langes Wochenende. Für ein Wochenende in Hamburg? Wieso nicht? Passte wunderbar, dann konnte sie Angelina persönlich ihr Cello abliefern, das sie in Frankfurt hatte reparieren lassen und das seither, dick und klobig, in Ingeborgs Vorraum herumstand. Ein teures Stück, in ganz Deutschland gab's nur einen Fachmann, dem Angelina ihr Cello anvertraute.

Ab hier begeben wir uns in den Bereich der Spekulation. Im Licht der späteren Ereignisse könnten sich die Szenen am Tag der Lesung in etwa so abgespielt haben.

Für Niko Sch. war alles gut gelaufen, unbehelligt hatte er in Uniform, die er vorsorglich geklaut hatte, das Verlagshaus betreten und sich zu den Kollegen gesellt, und diese hatten fraglos hingenommen, dass er angefordert worden war, um beim Büfett auszuhelfen. Er machte sich tatsächlich nützlich, dekorierte und polierte, bis ihm in letzter Minute einfiel, noch rasch mal aufs Klo zu gehen, um keine Sekunde von Miranda Woosters Auftritt zu versäumen.

Der Junge suchte und fand die Toilette, schloss sich ein und war gerade dabei, die Schürzenbänder aufzuknoten, als er hörte, wie jemand den Waschraum betrat. Dann ein melodisches

Klingeln von einem Mobiltelefon. Dann eine Männerstimme: »Ja?«

Der Rest war kaum zu hören, denn der Mann hatte seine Stimme zu einem Flüstern gesenkt. Niko Sch. hielt den Atem an.

Woraus man ersehen kann, dass auch für Viktor Z. so weit alles glatt gelaufen war. Sein Freund Gerry war in den Verlag eingedrungen, ohne dass ihn jemand bemerkt hatte (von Niko Sch. und seinem plötzlichen Innehalten wusste keiner). Gerry war in Bereitschaft. Dunkelheit, ein Knall, und Viktor Z. würde die ohnmächtig dahinsinkende Miranda Wooster unter Einsatz von Leib und Leben aus der Schusslinie holen. Der Attentäter würde spurlos verschwinden. Dicke Schlagzeilen, morgen. Sein Grinsen wischte Viktor gerade noch weg, bevor die Tante ihn dabei ertappen konnte.

Für Ingeborg M. war dagegen alles schief gelaufen. Der Wagen streikte und musste zur Reparatur, das hieß mit der Bahn nach Hamburg fahren, das riesige Cello im Arm. Sie musste den Leuten auf dem Bahnsteig zurufen, damit sie Platz machten. Dann der überfüllte Zug, der noch dazu Verspätung hatte. Keine Zeit mehr, das Cello bei Angelina abzuliefern. Sie musste es wohl oder übel zur Lesung mitnehmen. So schleppte sie denn das klobige Ding dahin, und wäre sie nicht zu sehr Dame, hätte sie leise geflucht.

Herr Winkelmüller übte seine Rede. Ein kurzer Abriss der Geschichte des Verlags, von den Anfängen unter dem Großvater über die Expansion unter dem Vater, bis schließlich er selbst das Haus übernommen hatte. Den Hamburger Alster Verlag kurzerhand zum Hamster Verlag umbenannte, wie er ohnedies längst im Volksmund hieß. Ein neues Logo entwerfen ließ, in dem sein Liebling possierlich auf den Hinterbeinen saß. Auch das derzeitige Maskottchen hieß Fifi, wie seine Großmutter und Mutter zuvor. Drei Generationen auch hier. Herzerwärmend. Applaus, Abgang. Dann die Lesung. An deren Ende sich Herr Winkelmüller den Käfig reichen lassen und Fifi herausholen würde, damit sein Liebling mit auf die Fotos käme, die zum Abschluss geschossen würden. Alles im Voraus festgelegt, wie er es gerne hatte. Schritt für Schritt war Charlotte mit ihm den Abend durchgegangen. Statt ihm Unglück zu bringen, würde Freitag, der 13., zu einem Triumph werden. Presse war geladen, alles, was Rang und Namen hatte. Zum ungezählten Male wählte er die Nummer von Charlottes Mobiltelefon, um sich zu vergewissern, dass alles in Ordnung und das immer drängendere Unbehagen in seiner Magengegend kein böses Vorzeichen, sondern Resultat eines zu üppigen Mittagessens war.

Unbehagen begann sich auch in Viktor Z.s Magengrube spürbar zu machen, als er hinter Tante Charlotte und Miranda Wooster das Verlagshaus betrat. Jetzt nur kein Fehler, dachte er. Bloß kein Fehler. Er ahnte nicht, dass sein Unbehagen in Herrn Winkelmüllers Verdauungstrakt entstanden war, sich übers Telefon auf Tante Charlotte übertragen und schließlich auf ihn übergegriffen hatte. Unerwartet ernst hatte die Tante gemeint, bitte größte Vorsicht ab nun. Was, wenn auch hier ein Verrückter herumlief, der es auf die Amerikanerin abgesehen hatte? Wenn er statt als Held des Tages als Versager des Jahres dastehen würde? Seine Tante zückte routiniert ihr Mobiltelefon, noch bevor es läutete. Tippte exakt in dem Moment auf die Taste, als es klingeln wollte. »Ja, wir sind da«, informierte sie ihren Chef, der sie in seinem Büro erwartete. »Schon im Lift.«

Von den folgenden Ereignissen ist so gut wie nichts verbrieft. Erst hat es gekracht, dann wurde es dunkel, sagen die einen. Zuerst ging das Licht aus, dann schrie jemand, dann gab es einen Knall, die anderen. Jemand hat plötzlich geschrien, dann fielen Schüsse, dann ging das Licht aus, so die Dritten.

Die Gäste waren eingetroffen, festlich gekleidet, gepflegtes Geplauder, während man sich seinen Platz aussuchte. Der Saal mit Blumen geschmückt, Luftballons in bunten Arrangements an den Wänden. Ingeborg war unter den Letzten, die dem Türsteher ihre Einladung reichten, das Cello ungeschickt an sich gedrückt, während sie in ihrer Handtasche kramte. Die Reisetasche um die Schulter geschlungen. Nicht zu ändern, dass sie ein wenig aus dem Rahmen fiel, unter all den noblig näselnden Hamburgern, die ihr manchen erstaunten Blick zuwarfen. Ist denn auch eine Musikeinlage geplant? Sie suchte sich einen Platz ganz hinten aus, lehnte das Cello neben sich an die Wand. Es kam prompt ins Kippen. Sie sprang auf, rückte es gerade. Ein Gast drängte sich vorbei, brachte den Kasten erneut aus der Balance. Ingeborg sprang auf. Wäre sie nicht zu sehr Dame, usw.

Niko verließ die Toilette in heller Aufregung. Herzschlag bis zum Hals. Er hatte nicht alles verstanden, nur dass jemand vorhatte, gleich nach Amanda Woosters Lesung *abzudrücken*. Das wird doch nicht bedeuten … doch, das konnte nur bedeuten. Und er der Einzige, der davon wusste. Was sollte er tun? Polizei? Und wen verhaften lassen? Er hatte den Mann nicht gesehen. Und es gab einen zweiten! Was tun?

Er rannte zurück zum Empfangssaal, in dem das Büfett aufgebaut wurde, kämpfte unterwegs mit den Bändern der Schürze, bis er sie ungeduldig von sich riss und auf den Boden des Korridors schleuderte. Polizei? Nein, keine Polizei. Wenn jetzt

Wagen mit Blaulicht kämen, würden die Männer einfach früher zuschlagen. Miranda Wooster war längst im Haus. Nein, *er* würde das übernehmen. Er hatte sein Lebtag darauf gewartet. Er wird sie küssen, wenn sie aus der Ohnmacht erwacht.

Viktor Z. hatte feuchte Hände. Nach dem Einzug in den Lesungssaal hatte er schräg hinter Miranda Wooster Platz bezogen, neben der Tante. Das Publikum im Blickfeld. Eine Tür links zum Empfangssaal, von schweren Stoffbahnen verhängt, drei weitere hinten, die sich zum Korridor öffneten. In dem er vor wenigen Minuten aus den Augenwinkeln eine sonderbare Entdeckung gemacht hat. Eine weggeworfene Schürze. Was konnte das bedeuten? Dass jemand sehr in Eile war. Einerseits normal, dass das Personal in Hektik war, bei so einer Veranstaltung, andererseits. Andererseits verdächtig. Was, wenn sich jemand in Verkleidung eingeschlichen und die Schürze weggeworfen hatte, nachdem sie ihren Zweck erfüllt hatte?

Die Unruhe wanderte diesmal in anderer Richtung, von Viktor Z. zu seiner Tante Charlotte, die registrierte, dass mit ihrem Neffen etwas nicht stimmte. So, wie er die Hände an den Hosen abwischte und sie zwischendurch bewegte, als würde er Dinge abwägen: *einerseits – andererseits*. Charlotte K. wiederum steckte Herrn Winkelmüller an, der neben ihr saß und gebannt der Lesung folgte. Bis ihn diese Unruhe erfasste. Er richtete sich auf und sah hinüber zum Käfig, in dem Fifi selbstvergessen an einem Sonnenblumenkern knabberte.

Niko brachte den Servierwagen in Bereitschaft, als die Lesung zu Ende war und Miranda Wooster sich erhob, um die Blumen entgegenzunehmen. Ein Mann ging auf sie zu, einen Hamster in der Hand. Niko stand verborgen hinter dem Vorhang, der die Tür zum Empfangssaal verhüllte, den Plan fix und fertig im Kopf. Sobald er bemerkte, dass etwas im Anzug war, würde er mit dem Wagen über die Rampe auf die Bühne sausen, ihn Miranda Wooster unter den Allerwertesten schieben und sie, nachdem sie umgekippt und darauf zum Sitzen gekommen war, im Laufschritt aus der Gefahrenzone bringen. In seiner Aufregung war ihm entgangen, dass noch eine Schale mit Flusskrebssalat auf dem Wägelchen stand, verborgen unter einer weißen Stoffserviette. Er rollte den Wagen vor und zurück, bereit zum Sprint.

Ingeborg M. sah auf, gerade rechtzeitig, um den Cellokasten erneut in Zeitlupe zur Seite sinken zu sehen. Sprang hinzu, erwischte ihn, konnte aber nicht verhindern, dass er den Luftballons zu nahe kam, von denen einer mit lautem Knall zerplatzte. Gesichter wandten sich zu ihr um, aber sie merkte nichts davon. Wie festgefroren stand sie da und starrte den dunkel gekleideten Mann mit hochgeschlagenem Kragen an, der in der Tür stand, eine Waffe in der Hand. Auf Miranda Wooster gerichtet. Es dauerte nur eine Sekunde, aber ihr schien es eine Ewigkeit, bis sie den Kasten gepackt und sich an den Mann herangepirscht hatte, ausholte und ihm mit aller Kraft eins überzog. *Verzeih mir, Angelina*, ging ihr durch den Kopf, als sie es krachen hörte.

Die strafenden Blicke, die Charlotte K. ihrem Neffen zuwarf, gingen ins Leere, denn dieser starrte mit offenem Mund über die Menge hinweg. Sie folgte seinem Blick und sah zu ihrem Entsetzen ihre Freundin aus Kindheitstagen mit verzerrtem Gesicht einen riesigen Prügel schwingen und damit zum Schlag ausholen – das hatte sie nicht gewollt! Himmel, Ingeborg war ausgerastet! Charlotte hatte sie ein wenig ärgern wollen, nie im Leben geahnt, dass es so schlecht um ihre Nerven bestellt war! Sie sprang auf. »Inge!«, rief sie »Inge, tu's nicht!« Aber kaum jemand dürfte ihren Aufschrei gehört haben, denn im selben Moment gellte ein weiterer Schrei durch den Saal: »Halt! Keiner rührt sich! Fifi ist entkommen!« Aber auch Herrn Winkelmüllers Stimme ging unter, denn zur selben Zeit ging das Licht aus, und ein guter Teil der Leute, die sich bis dahin verständnislos umgesehen hatten, um dem Geschehen vor und hinter ihnen gleichzeitig zu folgen, stieß gleichfalls einen Schrei aus.

Niko raste los. Es war stockfinster und ein Höllenlärm war ausgebrochen, aber er rannte zielsicher auf Miranda Wooster zu, die wie angewurzelt hinter dem Lesepult stehen geblieben war. Das Servierwägelchen schleuderte, dann spürte er den Aufprall, spürte, wie die süße Last vor ihm niedersank und genau wie erhofft auf dem Wagen landete, ahnte nicht, dass der Fahrtwind die Serviette von dannen geblasen hatte und wer immer nun vor ihm saß, im Flusskrebssalat gelandet war. Umso weicher, daher.

Viktor Z. hatte die Starre überwunden, die ihn angesichts der groß gewachsenen Frau, die mit dem Kasten auf Gerry losgegangen war, gelähmt hatte, und war aufgesprungen. Griff nach seiner Pistole, schoss in die Luft und rannte los, merkte kaum, dass sein Fuß gegen etwas Weiches stieß, das kurz aufquiekte und immer noch quiekend davonlief, gefolgt von einer Gestalt, die er erst im Zug einer ungebremsten Kollision wahrnahm. Was der Flusskrebssalat für Charlotte K., war Herr Winkelmüller für Viktor Z.: eine weiche Unterlage, die seinen Sturz auffing.

Denn nicht Miranda Wooster hatte der Junge auf seinen Wagen geladen, sondern Charlotte K., die zu Inge stürzen wollte, um die Freundin aufzuhalten, bevor sie sich unglücklich machte. Nun, sie kam nicht weit, zumindest nicht auf eigenen Beinen. In ihrer Verblüffung blieb sie die Einzige, die keinen Mucks von sich gab, raste auf ihrem schwankenden Untersatz dahin, umgeben von Geschrei und empörtem Gezeter. Denn unterdessen war ein guter Teil der weiblichen Besucher, die den Warnruf bezüglich des Hamsters gehört hatten, auf die Stühle gesprungen und hatte so manchen damit zum Sturz gebracht, während die Herren im Dunkeln ihren Partnerinnen beizustehen versuchten, sie dabei ungeschickt anfassten oder gar die falschen erwischten, die ihrerseits aufschrien, während wieder andere versuchten, schleunigst den Saal zu verlassen, und auf Dinge traten, die zwar kein Hamster waren, dafür aber Füße, deren Besitzer heftig protestierten – Moment, wie haben wir den Satz begonnen? Egal, es ist uns nicht gegeben, ihn zu Ende zu führen.

Wohl aber die Geschichte.

Wäre nicht das Faktotum des Verlags, ein Herr namens Franz, im Keller unterwegs gewesen, um zwei Flaschen Champagner, die er unbemerkt vom Büfett hatte mitgehen lassen, in Sicherheit zu bringen, und hätte er nicht den Zeitschalter am offenen Sicherungskasten bemerkt, ehe das Licht ausging, wir wissen nicht, ob die Geschichte nicht doch noch ein übles Ende genommen hätte. So aber wunderte sich Herr Franz im Vorübergehen, blieb stehen, trat näher und stand schon im nächsten Moment im Dunkeln. Stellte die Flaschen vorsichtig ab, zückte sein Feuerzeug und sah sich die Sache an. Ohne Zweifel war ein Fachmann am Werk gewesen, der den Zeitschalter eingebaut hatte. Was Herr Franz für sich nicht geltend machen konnte, er verstand nur in groben Zügen, wie das Ding funktionierte. Zog an einem Draht, verbrannte sich unterdessen den Daumen an der Flamme, fluchte, da keine Dame, und knipste das Feuerzeug wieder an. Etliche Sekunden vertickten, in denen er sich ratlos am Hinterkopf kratzte, bis er die Geduld verlor und das einzig Richtige tat: den Sicherungsschalter einfach nach oben drücken. Flackernd sprangen die Neonröhren wieder an.

Ingeborg M. fand sich auf dem Boden sitzend wieder, benommen von einem Schlag gegen den Rücken, der sie von irgendwoher getroffen hatte. Zweifellos wäre sie in dieser Position überrannt worden von den hinausstürzenden Gästen, wäre nicht rechtzeitig das Licht wieder angegangen. Noch benommener war allerdings der Mann, der neben ihr auf dem Boden lag und sich eben mühsam aufzurichten versuchte. Um Haaresbreite wäre erneut Panik ausgebrochen, als eine Frau – vermutlich eine von jenen, die schon auf den Stuhl gesprungen waren, um sich vor dem Nagetier in Sicherheit zu bringen – auf die am Boden sitzende Ingeborg zeigte und einen spitzen Schrei ausstieß, was diese beleidigend fand. Erst als mehrere der soeben noch entsetzten Gesichter sich zu einem Grinsen verzogen, sah sie an sich hinunter. Fifi, der auf ihrem Schoß Zuflucht gesucht und gefunden hatte, fiepte vor Anstrengung. Für einen so kleinen Hamster hatte er in kürzester Zeit eine enorme Strecke zurückgelegt, ständig in Todesangst. Ingeborg nahm ihn vorsichtig auf, aber noch ehe sie sich erheben konnte, blitzten die Kameras. Einer der Journalisten erkannte sie, und der war es auch, der die Schlagzeile schrieb: *Fischer rettet Hamster*, was Charlotte K. noch empfindlicher traf als der verpatzte Abend und das ruinierte Kleid, aus dem die Flecken nie mehr herauszukriegen sein würden. Dass der unsägliche Junge, der dafür verantwortlich war, dann auch noch versucht hatte, sie zu küssen, hatte zum Glück keiner bemerkt.

Sabine Deitmer
Das Manuskript

Ingeborg streckte die Beine aus. Ein Luxus, den sie sich nur frühmorgens am Stand auf der Buchmesse erlauben konnte. Bevor Buchhändlerinnen aus Schweinfurt, Schwerin oder Schneverdingen sich mit schwärmerischem Backfischlächeln auf sie stürzten, weil sie am Abend zuvor ein Interview mit ihr im Fernsehen gesehen hatten. Ingeborg betrachtete ihre langen Beine, schlank und zu Buchmessezeiten angemessen in Szene gesetzt: lüstern schwarzseiden schimmernd. Ihre Röcke waren so kurz, wie sie es sich erlauben konnte. Und sie konnte sich viel erlauben. Mit diesen Beinen hätte sie eine ganz andere Karriere anpeilen können. Während ihrer Studienzeit in Paris war sie mehr als einmal diesbezüglich angesprochen worden. Ein Gardemaß von mehr als einem Meter achtzig hätte sie für den Einsatz in der ersten Reihe der Folies Bergères oder des Lido prädestiniert.

Das hatte sie nie gelockt. Schon damals hatte sie sich für nichts anderes als für Bücher interessiert. Ehrfürchtig hatte sie in der Bibliothèque Nationale die Schätze vergangener Jahrhunderte bestaunt. Und an den Wochenenden hatte sie mit einem Glas Rotwein und einem Buch in ihrem liebsten Café in der Rue de Seine gehockt und gelesen. Sie hatte Balzac verschlungen, Baudelaire, Gide, Maupassant, die Beauvoir, Mme. de Sévigny, Georges Sand, Marguerite Duras und natürlich die Sagan.

Die Zeit der Unschuld. Damals hatte sie sich noch keine Gedanken über die Verfasser der Bücher gemacht. Die Wörter auf dem Papier, ihre Suggestivkraft, ihre Poesie, die Welt, die sie erschufen, waren alles, was für sie zählte. Heute konnte sie kein Buch mehr aufschlagen, ohne daran zu denken, was für Monster Autoren waren. Wie sie ihre Liebsten ausbeuteten, ihre Familien vernachlässigten, ihre besten Freunde für eine gute Geschichte verrieten.

Heute wusste sie, was für eine herzlose und selbstverliebte Brut Autoren – und Autorinnen – waren.

Ingeborg betrachtete das Ende ihrer langen Beine. Passend zum Jackett steckten ihre Füße in türkisfarbenen Slippern. Das Leder wunderbar weich, die Latexsohlen wunderbar leicht – jederzeit zur Flucht bereit. Die Buchmesse fing bei den Füßen an. Wie hatte sie die ersten Jahre in zu engen Pumps gelitten. Gehandikapt durch geschwollene Füße war sie die leichte Beute der Autorinnen geworden, die von nah und fern anreisten, um ihr ein Manuskript in die Hand zu drücken.

Ingeborg schlug ihren Kalender auf. Ein Termin jagte den nächsten. Ein typischer Messetag. Sie würde sich die Lobeshymnen der Agenten auf die Manuskripte ihrer Schützlinge anhören, sie würde mit Kolleginnen um Taschenbuchlizenzen feilschen und Journalistinnen einmal mehr erzählen, wie sie es geschafft hatte, die erfolgreichste deutsche Taschenbuchreihe aufzubauen.

Ingeborg bemerkte eine rothaarige Frau in einem Trenchcoat, die vor dem Informationsstand ihre Kreise zog. Gerade verschwand sie hinter den zu Überlebensgröße aufgeblasenen Pappfiguren der Mann-Sippe und nahm einen neuen Anlauf Richtung Information. Dabei hielt sie eine schwarze Aktentasche fest an ihre Brust gepresst. Kein Zweifel. Es handelte sich um eine Autorin. Ein Blutsauger im Anmarsch. Ihr Körper spannte sich, bereit zur Flucht. Sie griff nach ihrer Handtasche. So früh am Morgen würde sie sich von keiner Verrückten mit Manuskript in einen Hinterhalt locken lassen. Wie fehlgeleitet musste ein Mensch sein, um sie ausgerechnet im Trubel der Buchmesse mit einem Manuskript zu überfallen?

Auf leichten Sohlen lief sie davon.

Um Viertel vor eins schwang sich Ingeborg auf einen Barhocker im Freien. Sie atmete tief durch. Es roch nach Grillwürsten, gebackenen Waffeln und verschüttetem Bier. Angenehm irdische Düfte nach der verbrauchten Luft in den Messehallen. Dies war ihr einziger Luxus während der Buchmesse: eine Viertelstunde an der frischen Luft. Sie wandte ihr Gesicht den herbstlichen Sonnenstrahlen zu und genoss die Wärme. Hoffentlich hatte sie Glück und konnte unerkannt ihr Glas trockenen Weißwein trinken und ein Chäsküchele essen. Von den Imbissständen, die sich zwischen den Eingängen zu den Hallen 5 und 6 drängten, war ihr der Schweizer Stand der liebste. Ingeborg trank einen Schluck Fendant und beobachtete die Menschen, die mit prall gefüllten Plastiktaschen von einem gläsernen Halleneingang zum nächsten liefen. Sie stieß ihr Messer in das dampfende Küchlein, das verlockend roch. Plötzlich fühlte sie, wie sich ihr etwas in die Seite bohrte. »Bleiben Sie ruhig«, flüsterte eine Frauenstimme ihr ins Ohr. »Essen Sie unauffällig weiter.« Was für ein absurder Satz, dachte Ingeborg. »Essen Sie unauffällig weiter«, flüsterte die Stimme ein zweites Mal. Absurd, dachte Ingeborg, aber ein guter Titel. Für ein Kochbuch, vielleicht.

Aus den Augenwinkeln sah Ingeborg einen Ärmel, der zu einem Trenchcoat gehörte. Sie hatte genug Kriminalfilme in ihrem Leben gesehen, um sich einen Reim auf den bohrenden kreisförmigen Druck in ihrer Seite zu machen. Das musste ein Schießinstrument sein. Ein Trenchcoat kam selten allein.

Sie hob den Kopf und sah, dass eine junge Frau mit roten Haaren und porzellanfarbenem Teint in dem Trenchcoat steckte. Der Druck in ihrer Taille verstärkte sich. »Essen Sie weiter«, flüsterte die junge Frau mit leiser Stimme.

Ingeborg versuchte zu kauen, Teig und Käse füllten ihr pappig den Mund. Die Sache schmeckte ihr nicht. Ganz und gar nicht. Sie spülte mit einem Schluck Weißwein nach. Kein Profi würde ihr die Pistole in die Taille setzen. Sie hasste Dilettanten.

»Zahlen Sie«, flüsterte die junge Frau im Trenchcoat und stieß ihr die Waffe tiefer in die Taille. Ingeborg folgte der Aufforderung und legte einen Schein auf den Tisch.

»Wir gehen jetzt gemeinsam zum Ausgang.«

Ingeborg tat, was die junge Frau von ihr verlangte. Sie stieg vom Barhocker und hängte sich ihre Tasche über die Schulter. Dilettanten waren unberechenbar. Es gab lauschigere Orte als die kleine Fressmeile vor Halle 5, um ihr Leben auszuhauchen.

Ingeborg marschierte Seite an Seite mit der jungen Frau im Trenchcoat an den bunten Ständen vorbei, an denen Händler Schmuck, Holzspielzeug, Gürtel und Windräder feilboten. Mitbringsel für die Daheimgebliebenen, die keine Büchernarren waren. Ein unangenehmer Druck in der Taille erinnerte sie daran, dass der kleine Spaziergang unter Baumkronen kein Einkaufsbummel war.

Zu ihrer Überraschung stellte Ingeborg fest, dass ihr vorherrschendes Gefühl nicht Angst war. Keine Angst und auch keine Panik. Was sie fühlte, war vor allem Neugier. Neugier darauf, was der Tag ihr noch bringen würde. Ein Tag, der so ganz anders verplant gewesen war.

Es war nicht ganz einfach, sich zu zweit in das Drehkreuz zu quetschen, durch das die Besucher der Messe ins Freie entlassen wurden. »Dort hinüber«, dirigierte sie die junge Frau zu einem Taxi, das auf einem Seitenstreifen stand. Sie schloss die Fahrertür auf. »Erst Sie.«

Ingeborg verfluchte ihre langen Beine, als sie sich hinter das Lenkrad quetschte.

»Rücken Sie da hinüber.« Die Pistole in ihrer Hand gab die Richtung an. »Auf den Beifahrersitz.«

Auch das noch. Ingeborg schwang ihre Beine zur Seite und hangelte sich auf den Beifahrersitz. Sie fühlte sich steif und hörte leise ihr Kniegelenk knacken. Gymnastische Übungen gehörten zugegebenermaßen nicht zu ihrem täglichen Programm. »Ist das wirklich nötig?«, fragte sie.

»Wäre Ihnen der Kofferraum lieber, Frau M.?!«

Frau M. Die Entführerin kannte sie also. Hatte sie bewusst in ihr Taxi geladen. Ingeborg warf den Computer in ihrem Kopf an. Forstete alle Gesichter durch, die dort gespeichert waren.

Die junge Frau steckte die Pistole in die Seitentasche der Wagentür. »Schnallen Sie sich bitte an.« Sie startete den Wagen. »Und kommen Sie auf keine dummen Ideen«, warnte sie. »Ihre Tür ist verriegelt.«

Ingeborg war sich sicher, dass sie das blasse Gesicht mit den grünen Augen noch nie gesehen hatte. Ihr schwante Böses. Eine junge Frau, die sie nicht persönlich kannte. Also vermutlich eine Frau, mit der sie schriftlich kommuniziert hatte. Das ließ nur einen Schluss zu. Mit an Sicherheit grenzender Wahrscheinlichkeit handelte es sich um eine Autorin. Eine Autorin, deren Manuskript sie abgelehnt hatte.

Jetzt war es also so weit. Ein Albtraum wurde Wirklichkeit. Sie hatte es immer gewusst. Eines Tages würde eine der Hunderte von Autorinnen, denen sie eine Absage geschickt hatte, sich an ihr persönlich rächen. Ingeborg fühlte eine Gänsehaut den Rücken hochkriechen. Autorinnen waren zu allem fähig.

Warum hatte sie ihr nicht den Barhocker über den Kopf gezogen? Eine Schießerei auf der Messe riskiert? Einen Schuss in die Taille? Jetzt war sie hilflos einer Autorin ausgeliefert. Einem Blutsauger, einer Hyäne. Schlimmer noch. Sie war einer abgelehnten Autorin ausgeliefert. Einer wild gewordenen, wütenden Hyäne.

Ingeborg sah auf den Pistolenlauf, der aus dem Seitenfach der Tür hervorlugte. Die achtlos verstaute Pistole erinnerte sie daran, dass sie es nicht nur mit einer literarischen Stümperin zu tun hatte. Im Gebrauch der Schusswaffe war die junge Dame vermutlich genauso wenig versiert wie im Gebrauch des Konjunktivs.

Sie musste jetzt vor allem eins: kühlen Kopf behalten.

»Sie dürfen das nicht persönlich nehmen«, versuchte es Ingeborg in ihrem beruhigendsten Tonfall. Einem Tonfall, der sich bei emotionsgeladenen Auseinandersetzungen mit der Verlagsleitung sehr bewährt hatte.

»Was soll ich nicht persönlich nehmen?«, fragte die junge Frau mit grimmigem Blick.

»Dass ich Ihr Manuskript abgelehnt habe.«

»Woher wissen Sie das?!« Die junge Frau am Steuer sah sie mit misstrauischem Blick an. »Das habe ich Ihnen nicht erzählt.«

»Es gibt nicht so viele Möglichkeiten im Leben, wie Sie vielleicht denken«, sagte Ingeborg ruhig. »Nennen Sie es Erfahrung.«

Das Licht des auslaufenden Tages fiel in langen Streifen durch das Glasdach. Ingeborg balancierte eine Tasse Kräutertee zu den Lippen. Mit Händen, die in Handschellen saßen, eine nicht ganz einfache Sache. Neben Büchern musste ihre Entführerin Gangsterfilme lieben. Die Pistole, der Trenchcoat, die Handschellen. Eine Liebe, die Ingeborg durchaus teilte. Sie nippte an ihrem Tee und genoss die Stille in der Fabriketage.

Die Tür ging auf. Nadia, so hieß ihre Entführerin, das wusste Ingeborg inzwischen, kam von der Toilette zurück.

Nadia setzte sich an den Tisch und nahm das Manuskript in die Hand. »Können wir weitermachen?«

Ingeborg nickte. Es war nicht so, als hätte sie eine Alternative gehabt. Aber es war auch nicht so, als wäre ihr die Sache unangenehm.

»Das Pendel der alten Standuhr«, trug Nadia mit angenehmer Stimme vor, »die Katharina von ihrer Tante geerbt hatte und die sie seit ihrem sechzehnten Geburtstag in jede Wohnung begleitet hatte, schwang monoton und mit einem Knirschen von links nach rechts und wieder knirschend von rechts nach links, und bei jedem Knirschen durchzuckte es Katharina, als träfe sie knirschend ein elektrischer Schlag.«

Nadia hielt inne. Seit drei Stunden ging Ingeborg mit ihr Satz für Satz das Manuskript durch. Und sie waren erst auf Seite zwanzig angelangt.

»Was ist für Sie das Wichtigste an dem Satz, Nadia?«, fragte Ingeborg sie.

Nadia sah sie mit ratlosen Augen an.

»Ist es die Standuhr, das Pendel, die Tante, sind es die Gefühle von Katharina – oder das Knirschen?«

Die junge Frau mit den roten Haaren legte die Stirn in Falten. Sie grübelte.

»Entscheiden Sie sich, Nadia«, forderte Ingeborg sie auf.

Nadia sprach ihren Satz noch einmal halblaut nach.

»Katharinas Gefühle sind wichtig«, entschied sie sich.

»Sehr schön«, lobte Ingeborg. Langsam begann die Arbeit am Text ihr Spaß zu machen. Das Entfernen von unnötigem Ballast und die Bereinigung schiefer Bilder förderten eine Geschichte zutage, die durchaus lesenswert war. Wenn das Tempo so weiterging wie bisher, würden sie allerdings bis zum Ende der nächsten Buchmesse brauchen, ehe sie fertig waren.

Ingeborg dachte an den Trubel, der heute Abend beim Verlagsempfang herrschen würde. Im Grunde war sie froh, nicht dort zu sein. Nirgendwo gab es eine ähnliche Dichte nerviger Autorinnen, die sich wie die Kletten an sie hängten. Und vor denen kein Entkommen war, weil alle Fluchtwege verstopft waren.

An einem Text zu arbeiten war selbst unter diesen Umständen entschieden befriedigender. Sie liebte Texte und sie hatte ein Talent dafür, sie zu verbessern. Schon lange hatte sie kein so großes Erfolgserlebnis gehabt. Sie fühlte sich wie eine Bildhauerin, die überflüssiges Material wegschlug, bis eine Form sichtbar wurde. Eine Form, die sich ihr wie von selbst aus dem Material aufdrängte. Eine Form, bei der sie Geburtshelferin war. Sie staunte selbst, was in dem Rohmaterial, das Nadia geliefert hatte, steckte.

Ingeborg sah auf ihre rothaarige Entführerin, wie sie jetzt ernsthaft und konzentriert mit dem Stift in ihrem Manuskript herumstrich und verbesserte. Ihr Foto würde sich gut auf einem Buchcover machen. Sie ertappte sich dabei, wie sie Nadia auf ihre Vermarktungsmöglichkeiten hin abklopfte. Der jahrelange Umgang mit Marketing- und Pressestrategen hatte Spuren hinterlassen.

Die Pistole, die neben Nadias Teetasse lag, erinnerte Ingeborg daran, was für eine ungewöhnliche junge Frau sie war. Die Pistole stammte aus keinem Spielzeugladen. Nadia hatte die Waffe ihrer Tante Beate entwendet. Die arbeitete in Dortmund bei der Kripo und war von Frankfurt aus in den Urlaub auf eine griechische Insel gejettet. Nicht ohne ihrer Nichte vorher einen Besuch abzustatten. Nadia hatte die Chance, die ihr der Zufall bot, sofort genutzt.

Ingeborg hatte eine Schwäche für Frauen, die ihr Leben tatkräftig selbst in die Hand nahmen.

Nadia ließ den Korken knallen und goss sich und Ingeborg die Gläser voll. Nadia reichte ihr das Glas.

In den vergangenen Tagen hatte sich Nadia zu einer angenehmen Gastgeberin entwickelt. Am ersten Abend hatte sie ihr die Handschellen abgenommen, am zweiten Pasta bei Ingeborgs liebstem Italiener besorgt, am dritten hatte sie aus Ingeborgs Wohnung frische Wäsche und einen Morgenmantel angeschleppt.

»Prost und Danke.« Nadia stieß mit ihr an.

Der Sekt schmeckte süß und klebrig. Auch auf diesem Gebiet würde Nadia ihren Geschmack mit Sicherheit noch verfeinern. Sie war lernfähig und hatte ein Gespür für Qualität. In ein paar Tagen hatten sie gemeinsam aus einem hoffnungslos verfransten Manuskript eine spannende Geschichte gemacht.

»War es sehr schlimm für Sie?«, fragte Nadia mitfühlend.

»Es hat Spaß gemacht«, antwortete Ingeborg ehrlich. Das Einzige, was sie bedauerte, war, dass sie jetzt in diesem Moment gerade das Ende der Buchmesse verpasste. Das Klatschen Hunderter von Händen, das durch die Messehallen hallte. Die letzte gemeinsame Handlung der Kollegen und Kolleginnen, mit der sie sich von der Messe verabschiedeten. Ein Ritual, das ihr jedes Mal zu Herzen ging. Sie stolz machte, Teil dieser bücherverrückten Gemeinde zu sein.

»Ihr Manuskript ist gut.« Ingeborg prostete Nadia zu. »Sie können sich freuen.«

»Dank Ihrer Hilfe ist es ein schönes Buch geworden«, sagte Nadia. »Verstehen Sie jetzt, dass ich Sie entführen musste?«

Im Stillen gab Ingeborg ihr Recht. Niemals hätte sie die Zeit gefunden, so intensiv und grundsätzlich an einem Manuskript zu arbeiten.

»Jetzt ist das Manuskript so gut, dass ich es überall unterbringen kann«, sagte Nadia.

»Was soll das heißen?«, entfuhr es Ingeborg.

»Das ist jetzt ein gutes Buch, das haben Sie selbst gesagt.«

»Und?«, fragte Ingeborg.

»Ich meine, wenn ich es jetzt noch einmal zu Verlagen schicken würde …« Nadia überlegte. »Die wollen es ja jetzt vielleicht wirklich alle haben …«

»Und?«

»Na ja, dann warte ich, was sie dafür zahlen wollen … und nehme den, der das meiste bietet.« Nadia sah sie trotzig an.

Ingeborg konnte es kaum fassen. Dafür hatte sie stundenlang Bandwurmsätze entschlackt und auf einer Matratze am Boden geschlafen. Wie hatte sie jemals vergessen können, wie selbstsüchtig Autorinnen waren. Blutsauger waren sie, allesamt.

»Vielleicht finden Sie einen Verlag für Ihr Manuskript, vielleicht aber auch nicht«, konterte Ingeborg kühl. Ein schnelles professionelles Handling der Situation war angesagt. »Ich biete Ihnen hier und jetzt einen Vertrag an.«

Sie machte eine Pause, ließ die Worte wirken.

»Wenn Sie nicht sofort zugreifen, können Sie mein Angebot vergessen.«

Ingeborg griff nach einer Rolle Küchenpapier. Sie riss drei Blätter davon ab. ›Verlagsvertrag‹, schrieb sie mit einem roten Filzstift auf das Papier. Sie hatte genügend Verträge ausgehandelt, um die einzelnen Paragraphen auswendig zu können.

»Sie wollen das Buch wirklich haben?« Nadia nahm das Manuskript vom Tisch und presste es an die Brust. »Das habe ich mir immer gewünscht. So sehr gewünscht.« Ihre Augen leuchteten vor Glück. Ingeborg malte einen Paragraphen nach dem anderen auf das widerspenstige Papier. Autorinnen waren verrückt. Das hatte sie immer schon gewusst.

»Ich unterschreibe, ich unterschreibe alles, was Sie wollen.« Mit dem Manuskript vor der Brust tanzte Nadia schwungvolle Kreise durch den Raum. Die roten Haare flogen. Atemlos stoppte sie vor Ingeborg und griff nach dem Filzstift: »Wo soll ich?«

Ingeborg zeigte ihr die Stelle auf dem Papier und Nadia unterschrieb.

Ingeborg atmete auf. Es war leichter, als sie gedacht hatte. Sie brauchte das Messer mit der scharfen Klinge nicht, das Nadias altes Brot wie ein Skalpell zerteilt hatte. Griffbereit lag es da, unter dem Stapel Küchenpapier versteckt. Für den Fall aller Fälle. Sie hätte nie zugelassen, dass Nadia mit dem Manuskript, dem sie Tage ihres Lebens gewidmet hatte, zu einem anderen Verlag gegangen wäre.

Nicht nur Autorinnen konnten rücksichtslos in der Durchsetzung ihrer Ziele sein. Lektorinnen waren auch nicht ganz ohne, gestand Ingeborg sich ein. Sie lächelte zufrieden.

Helga Anderle
Die Rivalin

Karin konnte ihr Glück kaum fassen, als sie den Trolley hinter sich durch den Gang ziehend ein Abteil fand, in dem lediglich eine einzige Person saß. Es war eine Frau in den besten Jahren, gepflegt, dunkelblauer Hosenanzug, grau melierter Bubikopf. Ein Aktenkoffer lag auf ihren Knien, in der Linken hielt sie einen dicken Stoß beschriebenen Papiers, in der Rechten einen Kuli und war – die Lesebrille auf der Nasenspitze – anscheinend in das Studium wichtiger Aufzeichnungen vertieft. Als Karin hereinkam, hatte sie nur kurz aufgesehen, ihren Gruß erwidert und war mit ihrer Lektüre fortgefahren. Anwältin, Uni-Professorin, so was in der Art, dachte Karin und steuerte den gegenüberliegenden freien Fensterplatz an. Nachdem sie ihren an den Schultern völlig durchgeweichten Mantel aufgehängt und den Koffer auf der Ablage verstaut hatte, versuchte sie mit einem Taschentuch ihr klitschnasses Haar trockenzurubbeln. »Bin ich froh, im Trockenen zu sein. Draußen gießt es wie aus Schaffeln«, bemerkte sie, und als sie sich erinnerte, dass sie sich auf deutschem Boden befand und Wienerisch hier eine Fremdsprache war, übersetzte sie rasch »aus Eimern«.

Der Regen prasselte wütend gegen die Fensterscheiben und auf dem schwarzen Himmel zeichnete sich ein Feuerwerk von Blitzen ab. »Haben Sie etwas dagegen, wenn ich die Jalousie zuziehe?«, fragte Karin. »Ich weiß, es ist kindisch, aber ich habe Angst vor Gewittern!« Ohne die Zustimmung der Frau abzuwarten, stand sie auf und schloss die Blende.

Die Frau machte nicht den Eindruck, dass sie auf Konversation aus war, sie kritzelte geschäftig in ihren Papieren und wollte offenbar in Ruhe gelassen werden. Aber Karin konnte keine Rücksicht nehmen, sie brauchte jemanden, der ihr zuhörte, und ihr sechster Sinn sagte ihr, dass ihr Gegenüber die geeignete Person dafür war. Sie wetzte unruhig auf ihrem Platz hin und her und überlegte, wie sie anfangen sollte. Der erste Satz war entscheidend. Ein Köder, der geschickt ausgeworfen werden musste, um ihr Gegenüber auf Anhieb zu fesseln. Die Frau raschelte mit den Seiten, nahm die Brille ab, gähnte hinter vorgehaltener Hand und rieb sich mit Zeigefinger und Daumen den Nasenansatz.

Jetzt, das war die Gelegenheit! Karin räusperte sich, und bevor sie wieder der Mut verließ, sagte sie rasch: »Finden Sie auch, dass Frauen Strapse tragen sollten, um ihre Ehemänner vorm Fremdgehen zu bewahren?«

Die Frau schüttelte ungläubig den Kopf, als könne sie nicht fassen, was sie soeben gehört hatte. Karin errötete, es war ihr peinlich. Deshalb sprach sie ohne Pause weiter. »Entschuldigen Sie, dass ich Sie mit so einer intimen und heiklen Frage behellige, aber im Moment wüsste ich nicht ... Bitte hören Sie sich die Geschichte an ... und dann werden Sie vielleicht verstehen, warum ich ...«

Die Frau zuckte resigniert mit den Schultern, als ob sie sich ins Unvermeidliche fügte, nahm den Koffer von den Knien, legte die Papiere beiseite und machte eine Geste, die Karin als Aufforderung verstand loszulegen.

»Also da ist diese Frau, Nina, die eines Tages die Abstellkammer durchwühlt. Normalerweise setzt sie keinen Fuß hinein, der Raum ist voll gestopft mit Krempel und Werkzeug und quasi tabu, weil Willys Revier – Willy ist ihr Mann. Aber der Arzt hat ihr wegen ihres niedrigen Blutdrucks Bewegung verordnet, besser als Tabletten, und deshalb sucht sie ihren Stepp-Trainer, den Willy verräumt hat, weil das Ding nervtötend quietscht. Als sie ruckartig an einem schäbigen Karton ganz hinten im Regal zerrt, kugelt der ganze Krempel herunter und eine weiße Schachtel landet direkt vor ihren Füßen. Kaum größer als eine Bonbonniere, kein Etikett drauf, nur mit einem Bindfaden verschlossen. Sie kann nicht widerstehen, die Schachtel zu öffnen. Eingeschlagen in kaum zerknittertem Seidenpapier kommt ein kostbares Lingerie-Set zum Vorschein.«

Karin legte eine Pause ein, um die Reaktion ihres Gegenübers abzuwarten. Die Frau machte ein verblüfftes Gesicht, blieb aber stumm, und so fuhr Karin fort.

»BH, Strapsgürtel und Slip verströmen einen exquisiten Duft, als Nina sie in Augenhöhe hin und her wendet, um nach einem Etikett zu suchen. Keines da. Sie ist von ihrem Fund überwältigt. Die Dessous sehen aus, als seien sie eigens für die Lieblingsfrau eines Sultans kreiert worden, so kostbar wirkt die weiche, rote Seide, der cremefarbene Spitzenbesatz und die aufwendige Perlenstickerei. Ein raffiniertes Accessoire der Verführung, eine unverhohlene Attacke auf die Sinne, wie geschaffen für eine geheimnisvolle Odaliske. Einer Frau wie aus Tausendundeiner Nacht, die sich der Schönheit ihres Körpers voll bewusst ist und ihre Vorzüge gekonnt einzusetzen versteht.«

Karin bemerkte begeistert, wie ihr Gegenüber schmunzelte. Sie war innerlich darauf vorbereitet gewesen, auf Ablehnung zu stoßen, auf Gleichgültigkeit, ja sogar mit Flucht hatte sie gerechnet. Das Gegenteil war der Fall. Ihre Zuhörerin schien sich zu amüsieren, eine Frau mit Phantasie – genau die Richtige.

»Nina hat das Gefühl, als hätte sie sich die Finger verbrannt. Rasch packt sie alles wieder ein und räumt auf, damit Willy nichts bemerkt. Sie nimmt sich vor, ihrem Mann gegenüber vorerst nichts zu erwähnen. Argwöhnisch beobachtet sie ihn, als er von der Arbeit kommt, aber Willy verhält sich ganz normal. Seine braunen Augen, die immer ein wenig verhangen wirken, geben nichts preis. Aufgewühlt, wie sie ist, bringt Nina die ganze Nacht kein Auge zu, die Frage, für wen das frivole Lingerie-Set gedacht sein könnte, läuft wie ein Endlosband durch ihren Kopf. Denn eins ist sonnenklar: Die Dessous sind nicht für sie bestimmt. Nicht für jemanden, der seinen Körper verabscheut, sich seiner Nacktheit schämt und von Kindheit an nur kochfeste, weiße Baumwollunterwäsche trägt. Nina kann es kaum erwarten, dass ihr Mann am nächsten Morgen zur Arbeit geht. Der Versuchung, die Dessous anzuprobieren, kann sie nicht widerstehen, auch wenn sie von vornherein überzeugt ist, dass sie erbärmlich darin aussehen wird, dass sie von ihrer Bügelbrettfigur nur schlaff herunterhängen werden. Und so ist es. Aus dem Spiegel schaut ihr die unterentwickelte 14-Jährige entgegen, die sich mit bizarr bemaltem Gesicht und Anleihen aus Mutters Garderobe älter gemacht hatte, um in einen jugendverbotenen Film hineinzukommen.«

Kein Schmunzeln diesmal, sondern ein ernster Blick. »Die Entdeckung muss ein ziemlicher Schock für sie gewesen sein, denk ich mir.«

»Mehr als ein Schock«, bestätigt Karin, »ein Urknall, der ihre ganze Welt aus den Angeln hebt. Sie hat Willy vertraut, ihre Ehe für glücklich gehalten, es gab nie Streit zwischen ihnen. Was die so genannten ehelichen Pflichten anging, war Willy nicht anspruchsvoll. Anfangs hatte sie befürchtet, dass er, wenn sie sich ihm verweigerte, brutal über sie herfallen würde. Aber das kam nie vor, er zwang sie zu nichts, das sie nicht wollte. Einmal, es musste im ersten Jahr ihrer Ehe gewesen sein, hatte er sie zum Geburtstag in ein tolles Lokal eingeladen, Kerzenlicht, Sekt, Musik, Nina war leicht beschwipst und in romantischer Stimmung gewesen. Wieder zu Hause, hatte Willy eine hübsch verpackte Schachtel hinter seinem Rücken hervorgezaubert, mit wunderhübschen Dessous, und sie gebeten, sie zur Feier des Tages anzuziehen. Doch anstatt sich zu freuen, war Nina schlagartig ernüchtert gewesen. Du erwartest doch nicht im Ernst, dass ich in diesem Zeugs vor dir posiere? Wenn du dich aufgeilen willst, dann geh doch in ein Striplokal!, hatte sie geschrien und die Schachtel in eine Ecke gepfeffert. Willy war wortlos, mit der Miene eines geprügelten Hundes, davongeschlichen und es hatte nie wieder einen derartigen Vorfall gegeben. Nina gab ihrer Mutter die Schuld, dass sie so verklemmt war. Schon in der Schule war sie so gewesen. Wenn ihre Schulkolleginnen von schwülen Knutschereien erzählten, hatte sie nie etwas beizusteuern, und schon damals war sie als Eiserne Jungfrau verspottet worden. Sie hatte es geradezu als Auszeichnung empfunden, dass man sie beim Aufstöbern von Exhibitionisten in der Praterau – einem beliebten Klassensport – mitmachen ließ. Es war einfach gewesen, die Männer aufzuspüren, sie brauchten nur das Gebüsch in der Nähe von Spielplätzen zu durchkämmen, irgendwo lauerte garantiert einer dieser Unholde mit entblößtem Pimmel auf seine Opfer. Aber keines der Mädchen hatte jemals Angst gezeigt. Anstatt geschockt wegzulaufen, hatten sie untereinander gewispert oder hysterisch gelacht, und ein paar besonders Mutige hatten den Kerlen mit ein paar frechen Bemerkungen jedes Mal den ganzen Auftritt versaut. Alleine wäre Nina niemals in den Prater gegangen, aber in der Gruppe hatte sie sich stark gefühlt und sich gerne vom Nervenkitzel und der allgemeinen Erregung anstecken lassen. Wer weiß, was sie mit ihr angestellt hätte, wenn ihre Mutter davon erfahren hätte. Auch die Bekanntschaft mit Willy hatte sie lange vor ihr verheimlicht.

Ihre Mutter war übrigens von Anfang gegen Willy eingestellt und hatte die Beziehung nach allen Regeln der Kunst torpediert. Sie hielt ganz allgemein nichts von Männern – ihre große Liebe hatte sie sitzen lassen, als sie mit Karin schwanger war, und die Erfahrung hatte sie verbittert für das ganze Leben. Nina war bereits 29 und noch unberührt, als sie Willy in einem Russisch-Kurs kennen lernte. Willy war ihr sofort sympathisch, ein Einzelgänger so wie sie, introvertiert, wortkarg. Kein Adonis, kein Charmeur, sondern solide, verlässlich und tüchtig im Beruf. Als er ihr einen Antrag machte, setzte sich Nina mit ungewohnter Aufmüpfigkeit über die Einwände ihrer Mutter hinweg und sagte ja.«

Karin war erleichtert, als ihr Gegenüber zustimmend nickte, als könne sie Ninas Beweggründe verstehen und nachvollziehen. Die Frau hatte sich in ihrem Sitz aufgerichtet und schien ganz Ohr zu sein.

»Nina funktionierte wie ein Roboter, aber in ihrem Kopf tobte das Chaos. Unentwegt fragte sie sich, für wen die Dessous bestimmt waren und woher Willy das dazu passende Vollblutweib kennen konnte. Vor ihrem geistigen Auge ließ sie die Frauen aus seinem Büro – möglichst unbekleidet – Revue passieren. Keine kam dafür infrage. Irgendwann kam ihr die Idee, dass sie herausfinden musste, wo Willy die Dessous gekauft hatte, immerhin war es möglich, dass sich eine Verkäuferin an ihn erinnerte und eventuell an eine Frau in seiner Begleitung. Methodisch klapperte sie die exklusiven Lingerie-Boutiquen in der Innenstadt ab. Ausgestattet mit Polaroidfotos der Dessous; das Original mitzunehmen hätte sie nie gewagt. Am Ende der Woche hatte sie Blasen an den Füßen vom Herumlaufen, mit ihrer Detektivspielerei war sie jedoch auf keinen grünen Zweig gekommen. Anfangs war ihr der Gedanke, Willy könnte eine Geliebte haben, völlig absurd vorgekommen, aber es gab keine andere Erklärung. Obwohl sie sich schäbig dabei fühlte, seine Intimsphäre zu verletzen, durchstöberte sie seine Anzugtaschen, seinen Schreibtisch und sogar das muffige Kellerabteil, ohne den leisesten Beweis für seine Untreue zu …«

Die Tür wurde aufgerissen und der Schaffner kam ins Abteil, um die Fahrkarten zu kontrollieren. »Na, Sie haben ja eine wahre Irrfahrt hinter sich. Um 21.10 Uhr hätten Sie einen direkten Zug nehmen können«, bemerkte er, als er Karin das Ticket zurückgab. »Ich hab kaum Gepäck, mir macht das Umsteigen nichts aus«, sagte sie. Die Tür fiel mit einem Knall wieder ins Schloss.

»Aber hat Nina denn gar nichts über die Herkunft der Dessous herausgebracht?«, fragte die Grauhaarige, als sie wieder allein waren.

Karin schüttelte den Kopf. »Nichts Eindeutiges, nur Vermutungen, vielleicht eine Maßanfertigung nach eigenem Entwurf, eventuell im Ausland bestellt ...«

»Tja, diese Nina kommt mir ziemlich naiv vor, es muss doch schon vorher irgendwelche Anzeichen gegeben haben, dass etwas im Busch ist«, wandte Karins Gegenüber ein.

»Wie Recht Sie haben!«, rief Karin. »Es gab tatsächlich einige Indizien, dass Willy etwas vor ihr verheimlichte. In letzter Zeit war er noch schweigsamer, erzählte noch weniger von sich, seiner Arbeit und seinen Reisen. Und dann fiel ihr auch noch ein, dass er schon ziemlich lange keinen Versuch mehr unternommen hatte, mit ihr zu schlafen. Im Bett drehte er ihr den Rücken zu wie ein Fremder. Verklemmt wie sie war, machte sich Nina nicht viel aus Sex, aber sie hatte es gern, wenn Willy sie zum Kuscheln in die Arme nahm. Es war so angenehm, seine Körperwärme auf ihrer Haut zu spüren, sie liebte es, mit den Fingern über seinen unbehaarten Brustkorb zu streichen, seine Haut war so glatt, weich und seidig wie ihre eigene. Und wenn er sie an sich drückte und sie unter den Rippen seinen Herzschlag fühlte, kam sie sich geborgen vor, wie ein Kind an der Mutterbrust.«

»Sie hätte ja, um ihre Zweifel auszuräumen, mit ihrem Mann darüber reden können!«

»Schon, aber dazu war Nina zu feige. Und nüchtern besehen, gab es außer der Schachtel mit den Dessous keine Beweise, dass Willy ihr untreu war.«

»Mit dieser Ungewissheit zu leben, da wird man ja verrückt ...«

»Sie sagen es. Um ihren Seelenfrieden wiederzuerlangen, blieb Nina – obwohl es ihr widerstrebte – nichts anderes übrig, als ihren Mann zu beschatten. Schon am nächsten Tag versteckte sie sich in einem Hauseingang, wartete, bis Willy aus dem Büro kam, und folgte ihm – mit wild klopfendem Herzen – in gehörigem Abstand. Willy schien sich lediglich mit dem Nachhauseweg Zeit zu lassen, nichts deutete darauf hin, dass er sich auf sexuellen Abwegen befand. Er schlenderte gemächlich zwischen den eiligeren Passanten dahin, trank im Stehen einen Espresso, verhielt sich ganz normal, nicht wie jemand, der etwas zu verbergen hat. An einem Abend hielt er sich ziemlich lange in einem Friseursalon auf, ohne dass Nina hinterher irgendeine Veränderung an seiner Frisur auffiel. Sie konnte sich keinen Reim darauf machen.«

»Vielleicht hatte er sich ja mit jemandem im Salon verabredet«, sagte Karins Zuhörerin.

»Nur Geduld, Sie werden es gleich erfahren«, beschwichtigte Karin. »Am Freitag, als Nina die Bespitzelung schon aufgeben wollte, wurde ihre Ausdauer belohnt. Willy kam in weiblicher Begleitung aus dem Büro. Wie Sie sich bestimmt vorstellen können, war Nina zutiefst erschüttert, aber sobald sie sich wieder halbwegs unter Kontrolle hatte, versuchte sie, sich die attraktive, sehr elegant gekleidete Blondine, die auf hohen Stöckelschuhen neben Willy herstakste, in den roten Dessous vorzustellen. Rein äußerlich wirkte die Frau kühl und unnahbar, aber Nina hatte genügend Hitchcock-Filme gesehen, um zu wissen, dass gerade diese unterkühlten Blondinen im Innersten Feuer speiende Vulkane waren. Von der Figur her konnten ihr die Dessous passen. Die Frau kam Nina vage bekannt vor, aber es fiel ihr nicht ein, wo und wann sie sie getroffen haben konnte. Nina folgte dem locker und vertraut miteinander umgehenden Pärchen, bis es in einem ansehnlichen Gründerzeithaus verschwand.«

Die Frau stieß geräuschvoll die angehaltene Luft aus. »Also doch!«

»Nina lief sofort über die Straße und studierte die Namensschilder im Hauseingang. Neben einer Anwaltskanzlei und einem Steuerberater gab es in dem Haus auch Privatwohnungen. Es war durchaus möglich, dass ihre Rivalin hier wohnte und sich bereits mit aufreizender Langsamkeit aus den roten Dessous schälte. Oder dass sie und Willy bei einem Glas Prosecco Pläne für eine gemeinsame Zukunft schmiedeten, während sie, die Betrogene, unten im Regen auf der Straße stand. Nass, durchfroren und zutiefst deprimiert fuhr sie mit einem Taxi nach Hause und wartete, bis Willy endlich nach Hause kam. Sie musste sich dazu überwinden, ihn wie üblich mit einem Wangenkuss zu begrüßen. Heimlich schnupperte sie ihn dabei nach Duftspuren der anderen Frau ab. Es beruhigte sie keineswegs, dass Willy nur nach seinem gewohnten Aftershave roch.«

»Vermutlich war sie geladen genug, um ihren Mann endlich zur Rede zu stellen?«

Karin lachte bitter. »Das wagt sie nicht. Was, wenn Willy genug von ihr hat und die Scheidung will? Sie fragt ihn lediglich, warum er so spät dran sei, und Willy antwortet leicht genervt, dass er noch einen Termin beim Firmenanwalt hatte. Nina zieht ihm so lange die Würmer aus der Nase, bis Willy zugibt, dass ihn die Chefsekretärin begleitet hat. Ja, stimmt! Plötzlich erinnert sich Nina, dass sie die attraktive Blondine, die neue Assistentin des Chefs, beim letzten Betriebsfest kennen gelernt hat. Ebenso kompetent wie hübsch, versichert Willy auf ihre Frage, ein echter Glücksfall, dass wir sie haben, fügt er noch hinzu. Nina hat genug gehört, sie kämpft mit Tränen, rennt in die Küche und fragt sich bange, ob dieser Glücksfall Willy nicht nur zum Anwalt, sondern womöglich auch auf seinen ausgedehnten Geschäftsreisen begleitet.«

»Der Gedanke ist nahe liegend«, sagte die Frau. Karin hätte sie am liebsten umarmt, nicht nur, dass sie gut zuhören konnte, sie fühlte sich auch in die Personen ein und dachte mit.

»Ich hab Sie noch gar nicht gefragt, wie weit Sie fahren?« Insgeheim hoffte Karin, ihre sympathische Mitreisende würde ihr noch bis H. erhalten bleiben.

»Noch eine ganze Weile«, antwortete die Frau vage.

»Es stört Sie doch hoffentlich nicht, dass ich rede wie ein Wasserfall«, sagte Karin. »Ich muss in H. umsteigen und mich wach halten. In letzter Zeit hab ich kaum geschlafen und bin völlig erledigt. Wenn ich aufhöre zu reden, fallen mir garantiert sofort die Augen zu.«

»Nein, nein, ist schon okay … ich brauche ohnehin eine Pause, und Sie können gut erzählen.«

Karin wurde wieder rot, das passierte ihr immer, wenn sie gelobt wurde. Es war allerdings ziemlich selten, dass jemand sie lobte. »Nun, dann will ich weiter … wo war ich stehen geblieben … ach ja, Ninas Rivalin ist kein Phantom mehr, sie ist real, und vor den Bildern von Willy und dem Glücksfall, die sich ihr obsessiv aufdrängen, ist kein Entkommen mehr. In ihrer Verzweiflung beschließt sie, zu ihrer Mutter zu fahren, es gibt sonst niemanden, den sie in die Geschichte einweihen und um Rat fragen könnte. Willy bringt sie zum Bahnhof. Mach dir meinetwegen keine Sorgen, bleib, solang du willst, ich komm schon zurecht, sagt er beim Abschied.

Mami ist keineswegs überrascht. Hab ich dir nicht immer gepredigt, dass die Männer alle nichts taugen, warum sollte gerade dein Willy eine Ausnahme sein … aber du bist vielleicht eine dumme Gans, was fällt dir ein, einfach wegzurennen und das Feld kampflos deiner Rivalin zu überlassen! Was hätt' ich denn deiner Meinung nach tun sollen, schluchzt Nina. Was weiß ich, deiner Rivalin die Augen auskratzen, Willy die Hölle heiß machen, den Chef über die wahre Natur seiner untadeligen Mitarbeiterin aufklären … Nina ist enttäuscht, sie hatte sich Mitgefühl und Verständnis erwartet, stattdessen bekommt sie deftige dreigängige Mahlzeiten vorgesetzt – »siehst aus wie Haut und Knochen, muss dich doch ein wenig aufpäppeln« –, und mit den melodramatischen Ratschlägen ihrer Mutter kann sie nichts anfangen. Doch aus der Distanz beginnt sie die Dinge plötzlich in einem anderen Licht zu sehen. Warum sollte sich Willy mit ihr begnügen, einer unscheinbaren, spindeldürren Kindfrau mit Fischblut in den Adern, wenn er ein richtiges Vollblutweib haben konnte? Eine, die gern frivole Unterwäsche trug und Spaß an wildem, zügellosen Sex hatte. Offenbar gab ihm der Anblick einer Frau mit Strapsen einen Kick. Ein harmloses Vergnügen, nichts Perverses oder Weltbewegendes. War es zu viel verlangt, sich zu überwinden und ihm den kleinen Gefallen zu tun, wenn sie ihn dadurch zurückgewinnen und ihre Ehe retten konnte?«

Karin machte eine Pause, ihr Mund fühlte sich trocken an vom Reden, und sie war froh, als sie in ihrer Manteltasche das Säckchen mit den Pfefferminzbonbons fand. Sie steckte sich eines in den Mund und bot auch ihrem Gegenüber welche an, doch die Frau lehnte ab.

»Merkwürdig, dass noch niemand mit einem Getränkewagen vorbeigekommen ist, ich bin wahnsinnig durstig«, sagte Karin.

»Bedienen Sie sich ruhig, viel ist es nicht mehr!« Die Frau schob die halb leere Mineralwasserflasche, die auf ihrem Wandtablett stand, in Karins Richtung. Karin bedankte sich und trank in großen Schlucken direkt aus der Flasche. Danach sah sie auf ihre Armbanduhr. »Es wird sich gerade noch ausgehen, Ihnen den Schluss der Geschichte zu erzählen. In H. muss ich wieder umsteigen.

Je mehr sie darüber nachdenkt, desto eiliger hat es Nina, nach Hause zu fahren. Sie ruft Willy nicht an, will ihn überraschen. Kurz nach neun ist sie in der Wohnung, und schon im Flur bemerkt sie, dass sein Mantel nicht in der Garderobe hängt. Es ist unheimlich still, nur ihre Schritte klappern laut auf dem Parkett, sie schlüpft aus den Schuhen und geht in Strümpfen weiter. Küche, Wohnzimmer, Schlafzimmer, alles aufgeräumt und unberührt. Lautlos wie ein Eindringling schleicht sie auf Zehenspitzen umher, die Vorfreude auf ihren Mann ist verflogen, Misstrauen macht sich wieder breit. Als sie im Bad nachsehen will, bemerkt sie einen schwachen Lichtstreifen unter der Tür und hört das Glucksen von Wasser. Neugierig geht sie in die Hocke, späht durchs Schlüsselloch – rund um die Wanne brennen Kerzen, schwierig, bei dem schummrigen Licht etwas zu erkennen. Bei dieser Festbeleuchtung planscht Willy garantiert nicht allein in der Wanne! Die Erkenntnis trifft sie hart, so als hätte ihr jemand aus heiterem Himmel in den Magen geboxt. Na wartet, denkt sie, von Willys Dreistigkeit, seine Geliebte in ihre Wohnung mitzunehmen, in Weißglut versetzt, den Spaß werde ich euch gründlich versauen! In Wirklichkeit ist die naive Ehefrau viel gewitzter, als ihr denkt, ihr werdet sie schon noch kennen lernen! Aber anstatt die Tür aufzureißen und sich wie eine Furie auf die Ehebrecher zu stürzen, zieht sie es vor zu warten. Während sie durchs Schlüsselloch starrt und mit gespitzten Ohren auf ein perlendes Lachen, ein sinnliches Seufzen, ein unartikuliertes Stöhnen lauscht, durchströmt sie für einen kurzen Augenblick das Gefühl, allmächtig zu sein. Wie Gott, der alles sieht und hört!«

Karins Gegenüber hatte schon vor einer Weile die Augen geschlossen. Die Hände im Schoß gefaltet, schien sie zu dösen. Gerade als Karin die Hand in ihre Richtung ausstrecken wollte, schlug die Frau die Augen auf und stieß lautstark die angehaltene Luft aus.

»Ich langweile Sie doch nicht, oder?«, fragte Karin.

»Ganz im Gegenteil, Sie machen es richtig spannend, erzählen Sie weiter!«

»Aus der Schlüssellochperspektive ist Ninas Blickwinkel natürlich eingeschränkt, sie kann jeweils nur Puzzlestücke, Fragmente erkennen. Zuerst, wie Wasser über den Wannenrand schwappt, dann wie ein langer, weißer Arm aus dem Schaumgebirge auftaucht. Als Nächstes erhascht sie einen Blick auf die geschwungene Linie einer rundlichen Hüfte, blonde Locken, die bis zur Taille reichen und von deren nassen Spitzen Wasser tropft. Als ihre Rivalin aus der Wanne steigt, bleibt Nina die Luft weg vor Bewunderung und Neid. So einen Busen hat sie sich schon immer sehnlichst gewünscht: makellos, spitz, fest, wie von einem Bildhauer gemeißelt, mit wohlgeformten zartrosa Brustwarzen. Von Willy ist nichts zu sehen, er muss schon aus der Wanne gestiegen sein. Die Frau scheint sich ganz wie zu Hause zu fühlen, sie kuschelt sich wohlig in ein Handtuch und streckt die Hand aus, um das Licht anzumachen. Das Handtuch um die Taille geschlungen, dreht sich die Frau nun zum Spiegel. Ein Glück, die Tür ist nur angelehnt, lautlos schiebt Nina sie einen Spaltbreit auf. Ihr wird heiß und kalt, als sie beobachtet, wie die Frau mit den Fingerspitzen ihre makellosen Brüste liebkost, bevor sie langsam den roten BH über ihre Schulter streift und routiniert den Haken im Rücken schließt. Danach schlüpft sie in den Slip, und zuletzt legt sie den Strapsgürtel um ihre üppigen Hüften. Nina kämpft heftig gegen den Impuls an, die Tür mit einem Ruck aufzustoßen und sich kratzend und beißend auf ihre Nebenbuhlerin zu stürzen. Stattdessen drückt sie vorsichtig mit der Hand dagegen, um den Spalt zu vergrößern. Parfümierte Dampfschwaden dringen ihr entgegen, aber sie sieht alles ganz deutlich, obwohl es für sie keinen Sinn ergibt. Eine blonde Perücke, achtlos hingeworfen neben dem Waschbecken. Ein Rasiermesser, das langsam über eingeseifte Wangen gleitet und dabei schmale rosa Schneisen im weißen Schaum hinterlässt. Der Spiegel eingetrübt vom Dampf. Willys Augen starren ihr – weit aufgerissen vor Entsetzen – daraus entgegen. Ein hoher wimmernder Ton kommt aus seiner Kehle, als Nina sich nach dem Messer bückt, das ihm aus der Hand gefallen war, und wie besessen vor Wut und Neid auf den makellosen Busen einhackt, bis die rote Seide in Fetzen herunterhängt.«

Stille. Bis über den Lautsprecher die Ansage kommt, dass man H. in fünf Minuten erreichen werde. Karins Zuhörerin saß da wie gelähmt, schien vor blankem Entsetzen keine Worte zu finden. Erst als Karin aufstand, um ihr Gepäck von der Ablage zu heben, sagte die Frau rasch: »Bitte warten Sie! Schreiben Sie die Geschichte auf und schicken Sie sie mir. Hier ist meine Karte.«

Karin verabschiedete sich, bedankte sich fürs Zuhören, steckte die Karte in ihre Manteltasche und verließ das Abteil. Ihr Anschlusszug ging in zehn Minuten, sie musste sich beeilen. Während sie den Bahnsteig ansteuerte, dachte sie, dass es ziemlich sinnlos war, auf die Dauer nichts brachte, wenn sie weiter wie ein Hase zickzack lief, um ihre Spuren zu verwischen. Sie war sich sicher, dass die Frau aus dem Zug sie durchschaut hatte, und ebenso sicher war sie, dass sie von ihr nichts zu befürchten hatte. Aber morgen kam die Putzfrau und würde ihren Mann im Bad finden. Was für ein glücklicher Zufall, dass sie diese Frau, eine Lektorin, im Zug getroffen hatte. Gab es nicht etliche Beispiele dafür, dass aus Gefängnisinsassen Autoren geworden waren?

Susanne Fülscher

Pizzaleberkäse

Irgendwie war alles schief gelaufen. Von Anfang an. Vielleicht hätte sie auf ihr Gefühl hören und nicht in die Fränkische Schweiz fahren sollen, aber Verabredung war Verabredung. Immerhin hatte sie Selma fast ein Jahr lang nicht gesehen. Da nahm sie schon in Kauf, gleich hinter Frankfurt fluchend einen Reifen zu wechseln und sich danach von Stau zu Stau zu hangeln. Ganz abgesehen von den uringelben Klobecken auf den Raststätten und dem Kaffee, den man nur trank, um die Autofahrt irgendwie zu überleben.

Gegen Mittag kam Ingeborg endlich an. Sie war müde und hungrig und ihr Kopf schmerzte, als hätte sie die Nacht durchgezecht. Dabei war es nur die Fahrt gewesen. Stundenlang in einer Blechbüchse zu sitzen, tat ihr einfach nicht gut – selbst wenn ein fabelhaftes Reiseziel lockte. Selma kannte das antike Gästehaus schon seit einigen Jahren. Angeblich aß man dort besser als in jedem Fünfsternerestaurant, ein Grund mehr, sich in die Autolawinen einzureihen. Zum regelmäßigen Essen kam sie im Verlag nämlich kaum. Zu viele Termine. Zu viele Manuskripte. Zu viel Hektik.

Selma war noch nicht da. Natürlich. Wann war Selma schon mal pünktlich gewesen? Einen Moment lang ärgerte sich Ingeborg, schließlich hatte sie sich in aller Herrgottsfrühe aus dem Bett gequält, doch dann zog sie es vor, sich lieber auf die Suche nach Rhabarberkuchen zu machen. Die ganze Autofahrt über hatte sie von Rhabarberkuchen phantasiert. Rhabarberkuchen mit Baiser, Rhabarberkuchen ohne Baiser, völlig egal, denn wenn man zu dieser Jahreszeit keinen Rhabarberkuchen aß, war man selbst schuld. Noch zwei Wochen, und die Saison würde schon wieder vorbei sein.

Also schnell das Zimmer beziehen. Die Unterkunft sagte ihr zum Glück zu. Familienbetrieb, nur wenige Räume, alle liebevoll mit antiken Möbeln eingerichtet und mit Laura-Ashley-Stoffen dekoriert, Diele und Speisesaal waren mit antiquarischen Büchern und einer umfangreichen Klassik-CD-Sammlung ausgestattet. Ingeborg konnte wählen und nahm das Rosenzimmer. Blütenblätter von der Tapete bis zur Bettwäsche, dazu ein richtiges Himmelbett.

Hier ließ es sich aushalten, kurz vom Alltag verschnaufen, trotzdem trieb sie der Appetit nach einer kurzen Pause wieder vor die Tür. Rhabarberkuchen. Sie hatte nur diesen einen Gedanken im Kopf, als sie federnden Schrittes ins Dorf ging, aber der erste Laden auf ihrer Strecke war ein Metzger. *Pizzaleberkäse* stand in fetten Lettern auf einer Tafel an der Hauswand. Pizzaleberkäse? Hieß das nun Pizza mit Leberkäsestücken belegt oder Leberkäse mit Mozzarella, Tomaten und Basilikum? Ingeborg konnte sich keinen Reim darauf machen, doch da allein die Wortzusammenstellung nicht besonders appetitlich klang, ließ sie den Metzger links liegen und marschierte weiter über die buckelige Straße ins Dorf. Der Bäcker an der Vorfahrtsstraße hatte geschlossen. Was nun? Eine Frau in lindgrüner Bluse und farbig abgestimmtem Plisseerock erklärte ihr netterweise, dass der Laden seit geraumer Zeit umgezogen sei und nun im ehemaligen Jeansladen im oberen Teil des Dorfes residiere.

»Schauen Sie mal! Da!« Sie zeigte auf einen imaginären Punkt in der Ferne. »Aber … Da vorne gibt's auch noch einen Bäcker. Geradeaus und dann links.«

Was für ein Glück. Ingeborg hatte nämlich nicht die geringste Lust, wieder bergauf zu kraxeln, bloß um ein Stück Rhabarberkuchen zu ergattern. Unter dem Gebimmel der Ladenglocke betrat sie wenig später das um die Ecke gelegene Geschäft. Etwas benommen hielt sie sich einen Moment an der Türklinke fest, zu viel Kuchenduft, zu leer der Magen. Die Vitrine war üppig mit Schnecken, Hefezöpfen, Kirschstreusel und anderen Kuchensorten bestückt, nur Rhabarberkuchen fehlte. Ausgerechnet.

»Grüß Gott« – so sagte man hier – »ich möchte gerne … also eigentlich wollte ich ein Stück Rhabarberkuchen.«

»Rhabarberkuchen haben wir nicht da, tut mir Leid. Darf es vielleicht etwas anderes sein?«

Ingeborg tat sich schwer damit, sich von ihrer fixen Idee zu verabschieden, hinterher würde sie sich sowieso nur ärgern, also beschloss sie, doch den ehemaligen Jeansladen ausfindig zu machen. Keine Frage – sie fand ihn auch. Allerdings eine knappe halbe Stunde später, zweimal hatte sie das Dorf umrunden müssen, und ihre Bluse war durchgeschwitzt.

Wieder kein Rhabarberkuchen, stellte sie beim ersten flüchtigen Blick in die Auslage fest. Verdammter Pfeffer! Wozu war sie überhaupt hergekommen? Wäre es nicht besser gewesen, zu Hause zu bleiben und das Manuskript *Ostseeblues* zu redigieren? Die Zeit drängte, eigentlich hätte sie sich den Kurztrip sowieso nicht erlauben können.

»Eine Rosinenschnecke«, sagte Ingeborg und wusste schon jetzt, dass ihr das Gebäck nicht schmecken würde. Während die Verkäuferin es sorgfältig verpackte, erkundigte sich Ingeborg beiläufig, was denn Pizzaleberkäse sei, sie hätte da so ein Schild im Dorf gesehen, aber die junge Frau hinter dem Tresen hatte nicht den geringsten Schimmer. Wahrscheinlich verbrachte sie ihre Freizeit in Großraumdiskotheken und ernährte sich bei Fastfood-Ketten, da musste man schon Verständnis haben.

Selmas Auto bog gerade um die Ecke, als Ingeborg wieder auf das Gästehaus zusteuerte. Mit der Rosinenschnecke im

Magen. Wie befürchtet hatte sie grauenhaft süß geschmeckt, jetzt nur schnell aufs Zimmer, Zähne putzen. Selma bremste scharf und holperte den Kantstein hoch. Typisch. Sie war schon immer wie eine gesengte Sau gefahren. Auf die gleiche Art hatte sie früher auch Freunde und Freundinnen verschlissen. Ex und hopp – es kam ja nicht so drauf an.

Erstaunlich, dass ihre Freundschaft überhaupt all die Jahre gehalten hatte. Seit der zehnten Klasse war Ingeborg immer die Ausnahmefreundin gewesen, die große Schlanke, der man verzieh, wenn sie mal keine Zeit hatte. Und auch später, als jede von ihnen schon mit beiden Beinen im Berufsleben stand – Ingeborg im Verlag, Selma in der Speditionsfirma –, hatte Selma nie Theater gemacht, wenn Ingeborg es mal nicht geschafft hatte zurückzurufen. Andere Freundinnen hätte sie in so einem Fall längst abserviert, da war sich Ingeborg sicher.

Wie geht's dir? Gut? Und was macht die Arbeit? Wenig Freizeit wie immer, hm? Na, macht ja nichts, man arbeitet ja gerne, Arbeit ist Leidenschaft, jedenfalls an manchen Tagen.

Selma ging es auch gut. Vielmehr besser als gut. Der kleine Coffeeshop, den sie vor zwei Jahren in Berlin aufgemacht hatte, lief eins a, außerdem hatte sie sich einen Liebhaber zugelegt. Vollbart, Brille und Sandalen – aber das machte auch nichts, weil es sich um den einfühlsamsten, kreativsten und humorvollsten Mann ihres Lebens handelte. Eigentlich hatte sie nach ihrer Scheidung ja männerlos durchs Leben gehen wollen, aber … ach, man musste die Dinge eben nehmen, wie sie kamen.

Den Nachmittag verbrachten sie im Hofgarten eines italienischen Lokals, das direkt am See gelegen war. Zur Feier des Tages hatte sich Selma in eine dieser angesagten Carmen-Blusen des Sommers geworfen – ein bisschen unpassend für ihr Alter, aber Selma hatte sich noch nie um Konventionen geschert. Man bestellte Espresso und jede Menge Wasser und redete von früher. Manchmal war es besser, von früher zu reden. Weil für die Gegenwart die Worte fehlten. Vielleicht gab es auch einfach zu wenige Gemeinsamkeiten und man wagte nicht, sich dies einzugestehen. Gut, da war früher die Begeisterung für Bücher gewesen, feministische Literatur, aber seit Selma ihrer Freundin mal etwas Selbstgeschriebenes angeboten hatte und die es hatte ablehnen müssen, weil Selma alles konnte, nur nicht schreiben, war das Thema gestorben.

Da ihnen schnell der Gesprächsstoff ausging, verlegte sich Selma nach einer Weile aufs Lästern. Freunde und Bekannte wurden durchgehechelt, Namen fielen, die Ingeborg sowieso nichts sagten. Ab und zu stellte Selma zwar auch mal eine Frage, doch wohl eher aus Sensationslust als aus echtem Interesse. Um ehrlich zu sein, war es schon immer so gewesen: erst die unbändige Freude, sich wieder zu sehen, dann der Unmut darüber, dass man sich so wenig zu sagen hatte. Jedenfalls empfand Ingeborg das so – oder hatte Selma auch so ein flaues Gefühl im Magen? Andererseits freuten sich beide aufs Essen wie Kinder auf den Weihnachtsmann, und das verband auch wieder. Banal, aber wahr.

Am späten Nachmittag schlenderten sie zurück ins Gästehaus, man wollte sich vor dem Festmahl noch ein Stündchen hinlegen. Selma war im ersten Stock, den man über eine breite, schneckenförmige Steintreppe erreichte, in einem Zimmer mit antiker Waschschüssel untergebracht. Stolz, als wäre die Einrichtung ihre Idee gewesen, zog sie Ingeborg für einen Moment in den Vorflur.

»Schön«, sagte Ingeborg. »Sehr schön.«

»Hab ich dir zu viel versprochen?«

Nein, das hatte sie nicht. Ingeborg wollte gerade umkehren – sie fühlte sich plötzlich schlapp und ausgelaugt –, als Selma sie von hinten umfasste und ihr eine Mappe in die Hand drückte.

»Du betreust doch auch diese Krimi-Reihe ...«

»Selma …«

»Arbeit ist Arbeit«, fuhr Selma ihr über den Mund. »Freundschaft Freundschaft.« Und mit einem nonchalanten Lächeln schob sie die Freundin aus dem Zimmer.

Na, wunderbar, jetzt hatte Ingeborg den Salat. Um nicht mit dem Kopf an die Decke zu stoßen, ging Ingeborg mit gekrümmtem Rücken die Steintreppe hinab und schloss sich in ihrem Zimmer ein. Sie war müde, einfach nur hundemüde, und wollte nicht das Manuskript einer Freundin lesen, das mit an Sicherheit grenzender Wahrscheinlichkeit hundsmiserabel und damit unveröffentlichbar war. Hätte sie heute Morgen bloß auf ihr Gefühl gehört und wäre gar nicht erst losgefahren! Wahrscheinlich hatte Selma die Reise sowieso nur angeleiert, weil sie einmal ihren Namen gedruckt sehen wollte.

Ingeborg setzte sich auf die Bettkante und starrte das Manuskript an. Gleich auf dem Deckblatt prangte ein briefmarkengroßer Kaffeefleck. Auch typisch Selma. Schludrig war sie schon immer gewesen.

Sollte Ingeborg einen Blick riskieren? Oder es einfach lassen und eine Runde schlafen? Aber die Sache war so oder so nicht mehr rückgängig zu machen. Selma erwartete, dass Ingeborg das Manuskript zumindest anlas und später beim Essen einen Kommentar dazu abgab. Doch wenn sie es tat, würde sie damit das ganze schöne Essen, auf das sie sich so gefreut hatte, vermasseln. Selma hatte zwar einen recht üppigen Fettpanzer, aber wenn's drauf ankam, war sie eher dünnhäutig. Und weil es nun mal kein Entrinnen gab, streifte Ingeborg ihre Schuhe ab, setzte sich mit angezogenen Beinen aufs Bett und lüftete das Deckblatt.

Der erste Satz war in Ordnung. Mehr als das. Er war sogar ausgesprochen gut. Der zweite auch. Hoppla, das hätte sie Selma gar nicht zugetraut! Ingeborg las weiter, ihre Augen flogen eilig über die Seite, von Zeile zu Zeile staunte sie mehr. Gut, hin und wieder gab es einen verunglückten Satz, falsche Grammatik, dicke orthographische Fehler, doch alles in allem gefiel ihr der Text. Spannung vom ersten Absatz an – der Abend war gerettet. Ingeborg las noch zwei, drei Seiten, dann döste sie ein Stündchen, bevor sie sich für das Abendessen frisch machte und sich umzog.

Der Tisch war festlich für zwei gedeckt; außer ihnen gab es heute keine weiteren Gäste. Selma thronte bereits auf der Eckbank – diesmal gleich in einem ganzen Carmen-Ensemble – und strahlte, als hätte sie das ganz große Los gezogen. Ein Essen mit ihrer alten Freundin Ingeborg. *Wie jammern mich doch die verkehrten Herzen*, sang ein Countertenor im Hintergrund. Entweder hatte der Besitzer, Herr Hofstein, die CD eingelegt oder Selma war auf ihre alten Tage doch noch auf den Geschmack gekommen.

»Und? Wie findest du's?«

»Bach ist immer gut.«

»Nein, nicht Bach. Du weißt schon …«

»Ach so, der Text. Ja, er ist gut. Wirklich gut.« Ingeborg setzte sich Selma gegenüber; das Manuskript hatte sie vorsichtshalber mitgenommen. »Zumindest das, was ich bisher gelesen habe.«

Selma atmete sichtlich erleichtert auf. »Siehst du! Bin ich also doch nicht so ein hoffnungsvoller Fall!«

Ingeborg lächelte und fragte, was sie denn angestellt habe, um sich weiterzuentwickeln. Schreibworkshops? Bücher zum kreativen Schreiben gewälzt?

»Ja, so was in der Art.« Bevor Selma noch mehr dazu sagen konnte, tauchte Herr Hofstein auf, um den Wein zu öffnen. Einträchtig entschied man sich für einen Riesling, kurz darauf wurde die Vorspeise serviert. Ziegenkäsetoast mit gebratenem Salat. Selma grunzte vor Wohlbehagen, kaum dass sie auf dem ersten Bissen herumkaute, und Ingeborg konnte sich ihr nur anschließen. Wann hatte sie schon mal etwas derartig Köstliches serviert bekommen? Wahrscheinlich nie zuvor. Wahrscheinlich war dies alles hier sowieso mehr Traum als Wirklichkeit.

Als zweiten Gang tischte Herr Hofstein eine leichte Frühlingssuppe mit Kräutern aus dem Garten auf, danach gab es ein Rote-Bete-Carpaccio, das Selma ein geradezu orgiastisches Stöhnen entlockte. Vor dem Hauptgang gingen sie zum Rotwein über, ein Franzose, so rubinrot und ölig, dass Ingeborg lieber nicht über den Preis spekulierte.

Selma war mittlerweile nur noch am Kichern, hoch die Tassen, und auch Ingeborg fühlte sich wieder ausgesprochen wohl in ihrer Gesellschaft. Vielleicht hatte sie diese Anlaufzeit gebraucht, um sich ihrer Freundin wieder nahe zu fühlen.

Den Lammbraten mit den Bamberger Hörnle vertilgte Ingeborg schon mit einem leichten Dusel im Kopf. Aber egal. Heute war heute, der Wein schmeckte, das Essen sowieso, und genau wie Selma freute sie sich, dass es vielleicht mit einem gemeinsamen Buchprojekt klappen würde. Arbeit war Arbeit, aber Freundschaft eben auch Freundschaft. Nun gut. Alles unter Vorbehalt. Bisher hatte Ingeborg gerade mal fünf Seiten gelesen, weder wusste sie, ob Selma den Plot bewältigt hatte, noch, wie sie mit ihr über die teils missratenen Sätze diskutieren sollte. Selma mit ihrer Überempfindlichkeit … Doch vorerst standen noch der Nachtisch an, eine Komposition aus hausgemachtem Sorbet, Früchten und – endlich! – Rhabarbersoße, ein Espresso, der obligatorische Obstler, die Rückfahrt am nächsten Morgen, eine neue anstrengende Bürowoche – und vielleicht würde sich Ingeborg dann irgendwann mal die Zeit nehmen und das Manuskript ganz lesen.

Als die Schnapsgläser bis auf den letzten Tropfen geleert waren, hatten beide einen im Tee. Jetzt ins Bett fallen oder doch noch rasch frische Luft schnappen? Ingeborg entschied sich fürs Luftschnappen, Selma fürs Bett. Auch in Ordnung. Das Dichterleben war eben hart, da brauchte man schon seinen Schlaf.

Ingeborg drehte nur eine kleine Runde durch das Dorf, sie kam am Pizza-Schlachter vorbei, sie passierte den Bäcker, der keinen Rhabarberkuchen hatte, dann kehrte sie auch schon wieder um. Wie gesagt, bloß ein bisschen Luft schnappen. Tatsächlich war sie auch schon klarer im Kopf, als sie die Tür aufschloss. Zumindest klar genug, um zu erkennen, dass dort kein Schlossgespenst in der Diele stand, sondern der Hausherr persönlich und dass er mit Selmas Manuskript wedelte.

»Jamie Carver! Out of Asia«, rief er. »Sie verzeihen mir meine Indiskretion, aber der erste Satz ist mir einfach so … na ja …« Statt weiterzureden, lachte er. »Ein ganz bemerkenswerter Satz.«

Ingeborg war viel zu perplex, um etwas zu erwidern.

»Wird das Buch neu aufgelegt?« Mit einem Satz war Herr Hofstein an seinem Bücherregal. Er reckte und bückte sich, dann zog er ein abgegriffenes Taschenbuch mit einer 50er-Jahre-Illustration heraus. Eine kleine Staubwolke wirbelte dabei auf. »Das wäre ja ganz großartig. Nachdem es so lange vergriffen war …«

»Man wird sehen«, stieß Ingeborg hervor. Höflichkeitshalber warf sie einen kurzen Blick ins Buch, dann schnappte sie sich das Manuskript und lief, indem sie Herrn Hofstein noch ein hastiges *gute Nacht* hinwarf, die Steintreppe nach oben.

»Hallo!« Mit letzter Kraft pochte Ingeborg gegen Selmas Tür. Keine Reaktion. Wahrscheinlich träumte sich Selma schon an die Spitze der Bestsellerlisten.

Jamie Carver – in diesem Sinne, I., kritzelte Ingeborg auf das Deckblatt direkt neben den Kaffeefleck und schob es kurz darauf unter Selmas Tür durch. Die restlichen Seiten ließ sie einfach auf dem Flur liegen – was soll's –, dann ging sie mit weinschweren Beinen auf ihr Zimmer. Herr Hofstein wird ja wohl wissen, was Pizzaleberkäse ist, dachte sie noch beim Einschlafen. Wenn nicht er, wer dann.

Am nächsten Morgen war Selma nicht mehr da. Zumindest war nur für eine Person gedeckt.

»Ihre Freundin musste sehr früh raus.« Herr Hofstein betrat den Speiseraum, ein Müslischälchen und eine geblümte Kaffeekanne balancierend. »Ich soll Sie recht herzlich grüßen und … Moment …« Er reichte ihr einen zusammengefalteten Zettel. »… Ihnen das hier geben.«

Ingeborg bedankte sich artig wie eine Schülerin, dann aß sie das Müsli, das mit frischen Erdbeeren und der Rhabarbersoße vom Vorabend verfeinert war. Erstaunlich, dass sie nach dem üppigen Mahl von gestern überhaupt schon wieder Appetit hatte. Gerade als sie ein Graubrot mit geräuchertem Schafskäse belegen und mit einem Blättchen Rauke verzieren wollte, tauchte Herr Hofstein ein zweites Mal auf.

»Ich koche Ihnen auch gerne ein Ei.« Mit nervösen Bewegungen strich er sein Hemd glatt.

»Ja, wunderbar. Ein Ei wäre jetzt genau das Richtige!«

»Und entschuldigen Sie noch mal wegen gestern.« Die Sache war ihm offenbar wirklich unangenehm.

»Das macht doch nichts«, erwiderte Ingeborg. »Wirklich nicht!« Immerhin hatte der Mann ihren Ruf gerettet – und zudem die Fronten geklärt.

Das Ei kam genau achteinhalb Minuten später und war auf den Punkt halb weich gekocht. Ingeborg genoss jeden Bissen. Sie hatte keine Eile, den Zettel auseinander zu falten. Das tat sie erst, nachdem sie im Rosenzimmer ihre Sachen zusammengepackt und ein letztes Mal versucht hatte, den vielen Blütenblättern ihren Duft zu entlocken. *Die Rechnung ist beglichen,* stand dort in ausladenden Buchstaben. *Für deinen weiteren Lebensweg wünsche ich dir alles Gute.*

Mille grazie – du mich auch, dachte Ingeborg. Sie bedankte sich noch einmal beim Hausherrn und seiner Frau – das Essen war einfach köstlich gewesen –, dann stieg sie in ihr Auto, um sich wieder in die Blechlawinen Richtung Frankfurt einzureihen. Erst auf der Autobahn fiel ihr ein, dass nur noch eine Frage offen blieb: Was zum Teufel war Pizzaleberkäse?

Anna Johann
Ferien vom Ich

Objektiv und von allen Seiten betrachtet war es wirklich unmöglich. Ein Urlaub war einfach nicht drin, obwohl es mehrere Anzeichen dafür gab, dass er dringend notwendig war. Gestern hatte sie eine Autorin mit dem Namen einer Konkurrentin angesprochen, sich am Tag zuvor mit einer anderen beim Mittagessen über deren neustes Buch unterhalten und sich die ganzen zwei Stunden panikerfüllt gefragt, von welchem Manuskript hier eigentlich die Rede war. Dagegen war der schmutzige Teller mit den Obstabfällen, den sie in den Kühlschrank stellte, während sie die Butter eher zufällig auf dem Kompost wiederfand, eine Lappalie. Aber wie sie es auch drehte und wendete, ein Urlaub war im Moment völlig ausgeschlossen. Die Vertreterkonferenz stand an. Die nächste Halbjahresvorschau musste vorbereitet werden. Texte schreiben, Texte anfordern, Texte anmahnen, gestalten. Fotos suchen und auswählen, sich Gedanken über das Layout machen. Entscheiden. Zwei Manuskripte mussten für den Druck eingerichtet werden, ganz zu schweigen von einem neu eingegangenen Text, der ihr nicht gefiel, den sie aber nicht mit einer Standardformulierung zurückschicken konnte, weil sie von der Qualität der Autorin, von der sie schon zwei Bücher herausgebracht hatte, überzeugt war. Sie musste ihre Ablehnung schon detailliert begründen. Dummerweise war das Manuskript auch noch über tausend Seiten stark. Und täglich kamen neue Texte hinzu. Schon erstaunlich, wie viele Menschen sich berufen fühlten, Bücher zu schreiben. Der Großteil von ihnen hätte es lieber bleiben lassen sollen. Aber das Computerzeitalter hatte die

Schamgrenze rapide gesenkt. Nichts leichter, als einen Text druckreif zu gestalten. Und wirkten die Seiten optisch erst einmal perfekt, hielten sie viele auch schon für inhaltlich relevant. Andererseits konnte darunter auch immer eine interessante Neuentdeckung stecken. Deshalb las sie grundsätzlich von jedem neu eingegangenen Manuskript diagonal wenigstens zehn bis zwanzig Seiten, um sich ein erstes Urteil zu bilden. Doch auch dazu war sie die letzten Wochen nicht mehr gekommen. Es half alles nichts, sie musste sich mit der Situation abfinden und weitermachen.

Aber als in der nächsten Nacht ein Eichhörnchen im Nikolauskostüm durch ihre Träume geisterte und ein winziges Baby aus einem Weichkäse krabbelte und dabei lange klebrige Fäden hinter sich herzog, entschied sie gegen alle inneren und äußeren Einwände, einfach zwei Wochen ohne Angabe einer Adresse zu verschwinden. Irgendwohin, wo ihr kein Fax, keine E-Mail, kein Telefon und vor allem kein Manuskript folgen konnte. Sie wollte nichts sehen und hören, sich völlig unbehelligt dem Nichtstun ergeben. Schließlich war es ihr nicht in großen Lettern auf der Stirn eingebrannt, dass sie als Herausgeberin in einem Verlag arbeitete. Obwohl es ihr manchmal so vorkam. Und das Handy würde sie auch zu Hause lassen. Verantwortungslos? Vielleicht. Aber überlebensnotwendig. Nur schnell musste es gehen, ehe sie Zeit hatte, es sich anders zu überlegen.

Und jetzt lag sie da im warmen Sand und ließ sich die Sonne auf den Buckel scheinen. Aber das richtige Urlaubsgefühl wollte sich noch nicht einstellen. War ja auch zu viel verlangt, am ersten Tag. Noch war sie nicht so recht davon überzeugt, dass ihre Flucht eine gute Idee gewesen war. Noch hatte sie Gewissensbisse, noch kreisten ihre Gedanken um den Verlag und um nichts anderes. Schon am Flughafen hatten sich erste Zweifel lautstark zu Wort gemeldet. »So ein Quatsch, was soll das denn? Was versprichst du dir davon? Als könntest du einfach alles hinter dir lassen. Du nimmst doch alles mit, in deinem Kopf, formulierst weiter an den Texten für die Vorschau, planst, organisierst und kalkulierst. Also dreh dich um und geh ins Büro.«

Aber da gab es auch die andere Stimme, die weniger laut war, aber auf eine ganz besondere Art und Weise beharrlich. »Du kehrst nicht um. Du probierst es mal aus. Tu endlich was für dich.«

Und das innere Streitgespräch ging weiter. Selbst jetzt noch störte es das Meeresrauschen, auf das allein sie sich doch konzentrieren wollte.

Die erste Nacht war fürchterlich gewesen. Sie war sehr spät angekommen, man hatte in ihrem Zimmer noch ein kaltes Hühnerbein und einen kleinen Salat serviert und dann lag sie da in diesem fremden Bett. Sie ließ die Tür zum Balkon weit offen, konnte von ihrem Kopfkissen aus direkt in den Himmel sehen, der verhangen war und keinen Stern durchschimmern ließ. Sie, die doch sonst so stolz darauf war, in allen Lebens- und Notlagen immer und überall sofort in den tiefsten Schlaf zu sinken, lag da und starrte an die Decke. Nichts half, kein Schäfchenzählen, nicht ihr unzulänglicher Versuch, durch autogenes Training die Müdigkeit herbeizuzwingen. Und als es ihr am frühen Morgen endlich gelang einzuschlafen, jagten sich die merkwürdigsten Bilder in ihrem Kopf. Das Eichhörnchen im Nikolauskostüm war wieder da, fuhr jetzt allerdings eine Rolltreppe auf und ab, wedelte mit einem weißen Fähnchen und schrie: Happy Birthday. Sie stand vor einer Klasse, und unzählige Gesichter sahen sie erwartungsvoll an und warteten darauf, beim Namen genannt zu werden. Sie wusste nicht einen einzigen. Irgendein Kellner im Baströckchen spielte eine Rolle und ein Manuskript, dessen Zeilen verschwanden, sobald sie eine Seite umblätterte und zu lesen versuchte. Schweißnass wachte sie im hellen Sonnenlicht auf und fragte sich, ob der Wahnsinn schon da war oder noch vor der Tür stand. Dann allerdings sehr dicht. Vielleicht sollte sie doch lieber wieder abfahren, bevor man sie in einer Zwangsjacke abtransportierte. Aber es gefiel ihr hier. Diese Insel war genau das, was sie gesucht hatte. Ein Glückstreffer, denn sie hatte aufs Geratewohl das erstbeste Flugzeug genommen, in dem noch ein Platz frei war und das nach Süden flog. Sie hatte kein Ziel, wusste nur das eine: Sie wollte Sonne. Der verregnete Sommer machte sie trübsinnig.

»Hallo, ich an Ihrer Stelle würde aus der Sonne gehen. Sie sind schon ganz rot.«

Eine leise Berührung an ihrer Schulter. Sie schreckte hoch. Eine Gestalt hob sich dunkel gegen die Sonne ab. »Tut mir Leid, wenn ich Sie erschreckt habe.«

Die Stimme war warm und angenehm.

»Nein, nein. Ist schon in Ordnung. Ich bin wohl eingeschlafen.«

»Scheint so. Ist nicht ungefährlich.«

»Ich weiß. Entschuldigung.«

Was war denn bloß in sie gefahren. Wieso entschuldigte sie sich bei diesem wildfremden Menschen, den sie gegen das Sonnenlicht kaum sehen konnte. Einen Hut trug er und eine große Sonnenbrille, und dass er lächelte, konnte sie erkennen, weil seine Zähne so seltsam fremd in seinem schattenhaften Gesicht aufleuchteten.

»Dann noch einen schönen Tag.«

Er lüftete leicht den Hut und ging. Sie sah ihm nach, stellte fest, dass er nicht besonders groß war und unübersehbar ein paar Kilogramm zu viel auf den Rippen mit sich rumtrug. Nicht ihr Typ. Schöne Beine hatte er und einen Hintern, der ihr gefiel. Ausgesprochen nett von ihm, sie nicht weiter in der Sonne schmoren zu lassen. Aber danke zu sagen, hatte sie völlig vergessen. Sie rief es ihm nach. Er winkte zur Antwort mit der rechten Hand, ohne sich umzudrehen.

Na, das war allerhöchste Zeit gewesen. Soweit sie es bei ihren Verrenkungen vor dem Badezimmerspiegel feststellen konnte, sah ihr Rücken aus, als hätte man ihn in heißes Wasser getaucht. Noch tat es nicht weh, aber das würde sicher nicht lange auf sich warten lassen. Die Haut spannte und fühlte sich sehr heiß an. Sie duschte lauwarm, stellte dann auf kalt, ließ das aber schnell wieder sein, weil sie sich erinnerte, dass sie irgendwo gelesen hatte, dass das bei Sonnenbrand genau das Falsche war. Eine After-Sun-Lotion hätte gut getan. Nur woher nehmen. So überstürzt, wie sie abgefahren war, hatte sie keinerlei Vorkehrungen getroffen. In ihrem Necessaire fand sich noch ein bescheidener Rest Bodylotion. War schon ziemlich alt und roch etwas ranzig. Aber doch besser als gar nichts. Wieso hatte es die Natur nicht so eingerichtet, dass man im Bedarfsfalle die Arme auf die doppelte Länge ausfahren konnte, um alle Stellen zu erreichen. Sie konnte ja schlecht nach dem Zimmerservice klingeln, um sich den Rücken einschmieren zu lassen. So blieb die Pflege höchst unzulänglich. Das hatte sie nun davon, dass sie allein losgeflogen war. Ihr Freund hatte gar keine Zeit dazu gehabt zu überlegen, ob er mitkommen wollte. Richtiger, sie hatte ihm gar keine Chance gegeben, denn er wusste noch gar nichts davon. Er kam erst in zwei Tagen von einer Geschäftsreise zurück und würde sich nicht schlecht über den Zettel mit der knappen Botschaft wundern: »Musste mal raus. Melde mich. Kuss. I.«

Jetzt hatte sie allerdings erst einmal die schwierige Entscheidung zu treffen, welches Kleid sie zum Abendessen anziehen wollte. Obwohl, was gab es da zu entscheiden. Sie hatte ja nur das »kleine Schwarze« in den Koffer geworfen, das, was sie schon seit zehn Jahren zu allen möglichen Gelegenheiten trug. Es war nie falsch gewesen. Und sie fühlte sich wohl darin, weil sie wusste, sie sah darin gut aus.

Sie war eindeutig »overdressed«, das stellte sie sofort fest, als sie in den Speisesaal trat. Man ging eher leger in Hemd oder T-Shirt. Sei's drum. Es störte sie nicht weiter. Eher schon, dass ihr Kleid hinten ziemlich tief ausgeschnitten war. So konnte jeder ihren krebsroten Rücken sehen. Doch was war schon dabei. Was gingen sie die anderen Leute an. Trotzdem war sie froh, dass der Kellner sie zu einem Stuhl führte, der mit dem Rücken zur Wand stand. An dem Tisch saß schon ein älteres Paar, sie in Bermudashorts und einem knatschgelben Bustier, er in weißen Leinenhosen und einem schwarzen Muscle-Shirt. Eine seltsame Kombination. Sie sahen sehr verkleidet aus, wirkten beide, als warteten sie auf ihren Auftritt. Und das schon ziemlich lange. Ihre Haut war darüber faltig geworden und ihr Haar weiß. Aber ihr Lächeln war freundlich, und die Stimme der Frau sehr angenehm. Er brummte mehr, als dass er sprach, und atmete zwischen den Sätzen lautstark aus, so als kommentiere er alles mit einem tiefen Seufzer. Aber das hinderte ihn nicht daran, viel zu reden, und schon nach der Suppe war sie über alles informiert. Sie hatten eine große Bäckerei in Nordrhein-Westfalen, waren beide schon über siebzig, aber arbeiteten noch täglich. Der Sohn hatte zwar offiziell den Laden übernommen, aber er bot keine Garantie dafür, dass alles weiter so lief wie bisher. Über die Schwiegertochter ließ sich zwar nur Gutes berichten. Sie arbeite von morgens früh bis abends spät. Aus Polen hatte der Sohn sie geholt, weil in Deutschland keine Frau so viel arbeiten wolle. Aber die jungen Leute hatten eine ganz andere Vorstellung von ihrem Leben als die Eltern und davon, wie das Geschäft zu führen sei. Deshalb war es notwendig, dass sie sich, solange es möglich war, weiter um alles kümmerten.

Eigentlich hätte sie von dem Gerede genervt sein müssen, wie sie es sonst immer war, wenn ihr ein wildfremder Mensch, ohne dazu aufgefordert zu sein, sein Leben erzählte. Aber heute hörte sie gerne zu. So ein wunderbares Leben, so alltäglich, so banal. Keine dramatischen Konflikte, keine komplizierten Verwicklungen, keine Katastrophen. Nichts hörte sich nach einem Stoff für ein Buch an. Eine wohlige Schläfrigkeit breitete sich in ihr aus. Sie hätte einfach da sitzen bleiben mögen und zuhören. Keiner verlangte etwas von ihr, keiner forderte eine Stellungnahme. Ein Nicken und hin und wieder ein »ach« und »wie interessant« genügten vollkommen. Und das Essen war gut und der Wein schmeckte ihr. Sie war völlig mit sich und ihrem spontanen Entschluss im Reinen.

Und dieses Wohlgefühl hielt an, selbst als die Frau zum dritten Mal dieselbe Anekdote von ihrem Enkelkind erzählte. Und dann fragte der Mann: »Und was machen Sie denn so?«

Eigentlich hätte sie mit dieser Frage rechnen müssen, aber es traf sie völlig unvorbereitet. »Ich?«

»Ja, Sie. Wir haben den ganzen Abend nur von uns erzählt. Jetzt wollen wir auch etwas über Sie erfahren.«

»Also …« Was sollte sie sagen? Die Wahrheit natürlich, warum auch nicht. Konnte doch nicht so schwer sein. Ich lebe in Frankfurt, arbeite im Verlag als Herausgeberin, kann auf ein erfolgreiches Berufsleben zurückblicken, bin nicht verheiratet, lebe aber seit Jahren in einer sehr harmonischen Partnerschaft. Nur, was ging das diese Menschen überhaupt an? Sich ihr Leben anzuhören war entschieden etwas ganz anderes, als ihnen ihr Leben zu erzählen.

»Ich bin verheiratet, habe zwei erwachsene Kinder und arbeite in einer Bibliothek. Enkelkinder habe ich leider noch keine.«

So ein Quatsch, warum hatte sie das gesagt? Jetzt musste sie für den Rest ihres Urlaubs bei dieser Geschichte bleiben. Nur nicht zu viel erzählen, zu viel erfinden. Sie musste sich ja beim nächsten Mal an alles erinnern. Aber schon war sie dabei, vom Studium ihres Sohnes zu erzählen und dass er sich grade von seiner Freundin getrennt hatte, was sie zutiefst bedaure, weil die doch so nett gewesen sei, und dass die Tochter in New York lebe, Journalistin. »Es ist schon sehr schwierig, wenn ein Kind so weit weg wohnt.«

Die Frau nickte und legte ihr mitfühlend die Hand auf den Unterarm: »Das wäre für mich ganz fürchterlich. Und, verzeihen Sie die Neugier, was ist mit Ihrem Mann?«

»Der konnte leider nicht mitkommen. Unvorhergesehene Terminänderungen. Ich habe mich schweren Herzens entschlossen, alleine zu fahren, weil ich dringend einen Tapetenwechsel brauchte.«

Wenigstens das war nicht gelogen. Von den letzten gemeinsamen Urlauben mit ihrem Mann sprach sie und wie sich kennen gelernt hatten. Sie redete und redete und konnte überhaupt nicht mehr aufhören. Was sie jedoch am meisten erstaunte, war, welchen Spaß ihr ihre Lügengeschichten machte. Sie bestellte noch eine Flasche Wein, um diesen schönen Abend angemessen ausklingen zu lassen.

Sie schlief mit dem Gedanken ein, dass sie alles bestens bewältigt und vor allem eines vermieden hatte, von ihrer wirklichen Arbeit zu reden. Das war das Wichtigste. Am nächsten Morgen fühlte sie sich allerdings nicht mehr so großartig. Sie starrte sich im Spiegel an, lächelte leicht gequält.

»Du spinnst doch. Vollkommen verrückt geworden.« Aber an das Vergnügen, das sie empfunden hatte, daran erinnerte sie sich noch. Ein Glück, dass sie ihr Lügengebäude nur noch zwei Tage aufrechterhalten musste. Dann reiste das Paar ab, wie der Mann ihr bedauernd mitgeteilt hatte, da man doch endlich eine so angenehme Tischnachbarin habe.

Sie sah den Hut schon von weitem. Dort, wo gestern ihr Handtuch gelegen hatte, war jetzt ein anderes ausgebreitet und darauf lag ohne Zweifel ihr »Retter« von gestern. Sie überlegte kurz, ob sie umkehren sollte, aber das wäre zu albern gewesen. Sie wollte sowieso nur kurz ins Wasser, sonnenbaden verkniff sie sich besser noch ein, zwei Tage.

Er schob seinen Hut aus dem Gesicht, als sie ihre Tasche neben ihn stellte, und tippte mit dem Zeigefinger kurz an die Krempe.

»Guten Morgen«, er musterte sie von oben bis unten und lächelte, ein sehr sympathisches Lächeln. »Klug von Ihnen.«

Sie wusste genau, dass er damit das langärmelige, hochgeschlossene T-Shirt meinte, das sie sich übergezogen hatte. Aber er stand nicht auf, stellte sich auch nicht vor, was ja nach den Gesetzen der Höflichkeit das Mindeste gewesen wäre.

Sie antwortete nur sehr knapp »Tag« und rannte ins Wasser. Sie schwamm lange, hoffte, dass er verschwinden würde. Aber er lag immer noch da, den Hut auf dem Gesicht.

Als sie aus dem Wasser kam, stand er auf, griff nach ihrem Handtuch, das oben auf ihrer Tasche lag, und hielt es ihr ausgebreitet hin. Eine heftige Verlegenheit überfiel sie, da sie sich bewusst wurde, dass ihr nasses T-Shirt am Körper klebte und aufreizender wirken musste als jeder noch so gewagte Bikini. Sie riss ihm das Tuch aus der Hand, trocknete sich ab.

»Meine Name ist Wagner, Kurt Wagner.«

Sein Tonfall war täuschend echt. Aber er war nicht James Bond und sie war nicht Ursula Andress, nasses T-Shirt hin oder her. Trotzdem nahm sie seine ausgestreckte Hand.

»Und ich bin …«, sie zögerte kurz, »Julie Schneider.«

So hatte sie als junges Mädchen immer heißen mögen, Julie.

»Gehen Sie heute Abend mit mir essen, Julie.«

Er sprach es so aus, wie sie es damals wollte, französisch. Vielleicht sagte sie deshalb spontan zu.

»Gut, dann hole ich Sie im Hotel ab.«

Nur das nicht, dann flog ja alles auf.

»Wie wär's, wenn wir uns gleich im Lokal treffen. Haben Sie einen Vorschlag?«

»Um acht bei Franco. Das ist da hinten«, er zeigte auf ein lang gestrecktes Haus am Ende der Bucht, mit einer überdachten Veranda, die über und über mit Bougainvilleen bewachsen war.

»Sieht romantisch aus.«

»Ist es auch, vor allem am Abend. Und man isst dort sehr gut.«

»Dann kann ja nichts mehr schief gehen.«

So ein dämlicher Satz, peinlich. Warum brachte sie dieser Mensch so in Verlegenheit? Vielleicht, weil er einen so konzentriert ansah und auf eine Art und Weise lächelte, dass sie das Gefühl hatte, er durchschaute sie vom ersten Augenblick an.

»Also dann bis heute Abend. Ich freue mich.«

Sie spürte in ihrem Rücken, dass er ihr nachsah, aber als sie sich umdrehte, lagen nur noch sein Handtuch und sein Hut am Strand. Doch dann reckte sich ein Arm aus den Wellen und winkte.

Sie kam zu spät, es war schon Viertel nach acht. Sie hatte die letzten Stunden damit verbracht, die beiden entscheidenden Fragen in ihrem Kopf wie Pingpongbälle hin und her zu werfen: Geh ich oder geh ich nicht? Letztendlich war die Vorstellung, den Abend sonst mit dem Bäckerehepaar verbringen zu müssen und sich weiteren Fragen über ihr erfundenes Leben zu stellen, entscheidend gewesen. Sie hatte schon seit ewigen

Zeiten keine private Verabredung mit einem Mann getroffen. Die Chancen dafür waren ja auch gering. Sie hatte es in ihrem Beruf fast ausschließlich mit Frauen zu tun. Und neben ihrem Beruf war kaum für etwas anderes Platz. Außerdem hatte sie es sich in ihrer Beziehung behaglich eingerichtet. Sie verstanden sich sehr gut, Nähe und Vertrautheit war anstelle der Leidenschaft getreten. Und das war doch sehr viel. Das wusste sie. Trotzdem tauchte hin und wieder die Sehnsucht nach diesem prickelnden Verlangen der ersten Verliebtheit auf, das sie aber schnell unterdrückte. Wenn sie darüber nachdachte, waren es genau zehn Jahre, dass sie das letzte Mal fremdgegangen war. Doch jetzt war dieses Gefühl plötzlich wieder da. Wieso? Sie kannte den Mann doch überhaupt nicht, und er war ganz entschieden nicht ihr Typ. Aber er hatte was, sie wusste nur noch nicht, was. Davon mal abgesehen, hatte er überhaupt etwas im Sinn? Doch so wie er sie angesehen hatte, konnte eigentlich kein Zweifel bestehen. Es sei denn, die mangelnde Übung hatte ihren Blick getrübt.

Er saß schon da, an einem Tisch, der direkt vorne auf der Terrasse stand. Er hatte das Windlicht nah an sich herangezogen und las. Sie blieb stehen, betrachtete ihn in aller Ruhe. Und plötzlich wusste sie, was in ihr die Lust erweckte. Es war seine Haut. Sie war so glatt, das Wort geschmeidig fiel ihr ein, und das rötliche Braun gefiel ihr. Und er roch gut, das hatte sie am Morgen festgestellt, als er dicht neben ihr stand und ihr das Handtuch reichte. Er hörte sie nicht, erst als sie dicht neben ihm stand, schaute er auf. Auch das gefiel ihr, ein Mensch, der so konzentriert las. Er stand auf, ließ die linke Hand auf dem aufgeschlagenen Buch liegen und streckte ihr seine rechte entgegen.

»Schön, dass Sie da sind, Julie, oder darf ich Ingeborg zu Ihnen sagen?« Und damit klappte er das Buch zu, dass es mit dem Rücken nach oben zu liegen kam, und sie sah ihr Foto mit ihrem Namen darunter. Ein Sammelband, eine Neuauflage mit Urlaubsgeschichten aus ihrer Reihe, die schon vor längerer Zeit erschienen waren. »Das habe ich heute Nachmittag entdeckt, in der deutschen Abteilung in dem kleinen Buchladen im Dorf.«

Sie merkte, wie sie rot wurde, setzte sich und stammelte: »Entschuldigen Sie, aber …«

»Was gibt es denn da zu entschuldigen. Ich verstehe Sie sehr gut, man muss ja nicht allen Leuten auf die Nase binden, wer man wirklich ist und was man tut und treibt. Aber Sie verzeihen und ich hoffe, Sie nehmen es mir nicht übel, ich bin sehr glücklich über diesen Zufall. Denn wissen Sie, ich schreibe schon seit zwei Jahren an einem Buch, und grade heute habe ich die letzte Seite auf meiner alten Reiseschreibmaschine getippt. Das ist doch wie ein gutes Omen, dass ich Sie getroffen habe.«

Und damit bückte er sich und zog aus seiner Tasche, die neben seinem Stuhl stand, ein Manuskript und legte es vor ihr auf den Tisch. Es war sehr dick.

Silvia Kaffke
Der afrikanische Tod

Elke Lauer war tot. Der ganze Verlag war in Aufruhr, seit bekannt geworden war, dass die Praktikantin in der Nacht vor ihrem Haus von einem Auto überfahren worden war. Ein schrecklicher Unfall. Schlimmer noch: Der Täter hatte Fahrerflucht begangen. Lediglich weiße Lackspuren und Scherben eines Scheinwerfers wiesen darauf hin, dass es sich um einen weißen Mercedes, wahrscheinlich eine etwas ältere C-Klasse, gehandelt hatte. Dies war die einzige Spur, die Kommissar Wendelin hatte.

Hätte der Fahrer gehalten und Hilfe geholt, wäre einer der Anwohner wach gewesen und hätte den Unfall bemerkt – Elke Lauer hätte noch leben können. Sie hatte es zwar geschafft, von der Straße zu kriechen, aber nicht mehr zu einer Tür, um dort zu klingeln. An eine Hecke gelehnt, wo nicht mal das Licht einer Laterne sie erreichte, war sie dann gestorben.

Wendelin hatte die Sache zu untersuchen. Zurzeit stellten die Kollegen per Computer Listen mit weißen C-Klassen zusammen, wurden die Nachbarn befragt. Aber Wendelin hatte wie üblich ein schlechtes Gefühl, wenn es um Routine ging. Wendelin vermutete immer mehr als die Kollegen. Er nahm sich auch das Arbeitsumfeld vor.

Jetzt saß er also im Verlag, ihm gegenüber saß Ingeborg, Elke Lauers letzte Vorgesetzte, eine gut aussehende ältere Frau mit grauen, halblangen Haaren, sehr aufmerksamen Augen und einer ruhigen, freundlichen Stimme. »Ich habe sie sehr gemocht«, sagte sie gerade. »Ich hatte gehofft, ihr hier einen Job verschaffen zu können, wenn sie ihr Studium beendet hätte.«

»Heißt das, sie tat mehr, als Praktikantinnen gewöhnlich tun?«

Ingeborg lächelte. »Bei uns sind Praktikantinnen nicht fürs Kaffeekochen und Kopieren zuständig. Sie arbeiten richtig mit – wenn sie entsprechend begabt sind. Und Elke war mehr als das. Ich habe nicht ein einziges Mal ihr Urteil über ein Manuskript revidieren müssen.«

»Wir haben ein Manuskript bei ihr zu Hause gefunden …«

»Wenn Sie Ihren Beruf mit Leidenschaft betreiben, dann sind die Bürostunden nicht maßgeblich. Allerdings wusste ich nicht, dass sie etwas mit nach Hause genommen hat.«

Wendelin beugte sich vor und hielt ihr das Manuskript hin. ›Rhonda Meyer-Willing: Der afrikanische Tod.‹ »Kennen Sie es?«

Ingeborg nickte. »Was Sie da haben, ist allerdings eine Kopie des Manuskripts.« Sie stand auf und ging hinüber zu ihrem Schreibtisch. »Sehen Sie«, sie nahm einen dicken Packen aus einem größeren Stapel heraus, »das hier sind alles Manuskripte von Rhonda Meyer-Willing. Sie benutzt immer rosafarbenes Papier für die Titelblätter.«

Sie warf den Packen auf den Tisch und wühlte ihn kurz durch. »Und hier ist das Original.«

»Gibt es für Sie denn eine Erklärung, warum Frau Lauer gerade dieses Manuskript mitgenommen hat?«

»Sie mochte Rhondas Bücher. Was sie nicht wusste, war, dass Rhonda eine solche Vielschreiberin ist. Sie verfasst pro Jahr drei bis vier Romane und so viele Kurzgeschichten, dass sie für mindestens fünf Bände reichen würden. Veröffentlicht wird dann ein Roman und ein Band mit Kurzgeschichten. Elke war erstaunt, dass sie so viel Mittelmäßiges produziert.« Ingeborg tippte auf den ›Afrikanischen Tod‹. »Bei diesem waren wir uns übrigens auch einig.«

»Ist es nicht gut?«

»Entsetzlich. Rhonda schreibt sehr gute Beziehungskomödien, aber weil die Welle langsam wirklich abgeklungen ist, hat sie sich darauf versteift, jetzt Krimiautorin zu sein. Ihre Kurzgeschichten in dem Genre waren recht ordentlich, aber für einen Roman ist ihre – sagen wir mal kriminelle Phantasie – doch sehr begrenzt. Eine betrogene Ehefrau bringt ihren untreuen Ehemann um und das auch noch mit einem kaum nachweisbaren afrikanischen Gift ... Nicht besonders originell, wenn Sie mich fragen.«

»Und ausgerechnet dieses Manuskript hat sie behalten?«

»Ich weiß auch nicht, warum.«

In den nächsten Tagen besuchte Wendelin Ingeborg noch einmal. Sein unter Kollegen berüchtigter Instinkt sagte ihm, dass etwas faul war. Andere hätten sich damit begnügt, alle weißen C-Klasse-Wagen zu überprüfen. Abgesehen davon, dass das Wendelin nicht schnell genug ging, war er sich plötzlich sicher, etwas stimmte nicht mit diesem Unfall. Was, wenn es Mord gewesen wäre? Dann wäre der Mercedes längst repariert oder fortgeschafft, und irgendwann würde die Akte des unaufgeklärten Fahrerfluchtfalles geschlossen. Wendelin hasste unaufgeklärte Fälle, besonders wenn sie ihm dieses »Mordkribbeln« verursachten.

Über Elkes Privatleben hatte er bisher nur wenig erfahren. Im Verlag kannte man sie als jemanden, der arbeitete, als hätte er kein Zuhause. »Sie hatte immer Zeit«, »Sie arbeitete bis zum Umfallen«, »Überstunden waren ganz normal bei ihr« waren die Aussagen. Erst eine ältere Nachbarin von gegenüber hatte eine interessante Beobachtung gemacht. »Bis vor ein paar Monaten hatte sie wohl einen Freund. Er kam immer erst, wenn es dunkel wurde, und fuhr, noch bevor die Ersten zur Arbeit mussten, wieder weg. Ich muss nachts oft raus«, fügte sie entschuldigend hinzu.

»Haben Sie erkennen können, wie er aussah?«, fragte Wendelin. »Oder sein Auto erkannt?«

»Also, richtig beschreiben kann ich ihn nicht. Aber er war um einiges älter als sie. Und von Autos habe ich keine Ahnung. Es war aber groß und weiß.«

Aha, dachte Wendelin. Das passt doch. »Und wann hörte das auf?«

»Lassen Sie mich überlegen … Als mein Enkel Geburtstag hatte, da habe ich das Auto noch gesehen. Und als Linchen Herberts ihren Arm gebrochen hatte …« Sie machte Pause und legte ihre Stirn in angestrengte Falten. Wendelin gab sich Mühe, dass sie ihm seine Ungeduld nicht ansah.

»Das muss vor etwa fünf Monaten gewesen sein. Da kam die Kleine auch manchmal mit verheulten Augen aus dem Haus. Das besserte sich erst wieder, als sie zu arbeiten anfing. Ist ja auch nicht gut, so ein unregelmäßiges Studentenleben …«

Nun saß er Ingeborg wieder gegenüber, und sie lächelte ihr mildes Lächeln. »Ein Freund? Ehrlich gesagt, über ihr Privatleben weiß ich praktisch nichts.«

»Kennen Sie denn jemanden hier, der mehr wissen könnte?«

»Sie hat ja die meiste Zeit in meiner Abteilung gearbeitet. Sagen Sie, was hat das alles denn mit der Fahrerflucht zu tun?«

Wendelin setzte einen konspirativen Gesichtsausdruck auf. »Die Fahndung nach dem Wagen geht ihren Gang. Aber ich habe ein komisches Gefühl dabei. Was, wenn es Mord war?«

»Dann bringt der weiße Mercedes den sicheren Hinweis auf den Mörder?« Ingeborgs leichtes Lächeln war nicht von ihrem Gesicht gewichen.

Wendelin fühlte sich auf den Arm genommen. »Es war

Mord, das spüre ich genau. Und wenn der Mercedes die Tatwaffe war, dann werden wir ihn nicht finden.«

Nun beugte sich auch Ingeborg vor. »Hier im Verlag gibt es keine Morde, Herr Wendelin. Höchstens zwischen Buchdeckeln.«

Als Wendelin das Verlagshaus verließ, war er wütend. Ob in der Dienststelle oder hier, überall hielt man ihn für verrückt, für ausgeklinkt. Deshalb bekam er ja auch höchstens eine Fahrerflucht zur Untersuchung. Nie einen unklaren Todesfall, geschweige denn einen offensichtlichen Mord. Genau zu diesem Zeitpunkt begann ein Backenzahn auf der linken Seite zu schmerzen. »Ich habe Recht«, murmelte er, dies zum Zeichen nehmend, dass sein Instinkt ihn nicht trog. Doch es blieb nicht bei einem kurzen schmerzhaften Zeichen. Nach einer wegen des Zahnes schlaflosen Nacht steigerte sich der Schmerz ins Unerträgliche. Wendelin musste zum Zahnarzt.

Doch zunächst war es, Schmerzen hin, Schmerzen her, wichtiger herauszufinden, wer der geheimnisvolle Freund war. Den ganzen Tag hielt sich Wendelin an der Uni auf und befragte Elke Lauers Kommilitonen. Am späten Nachmittag wurde er fündig. Eine in Erinnerung an Elke in Tränen aufgelöste Freundin rückte damit heraus, dass der besagte Freund Prof. Volker Gremm gewesen sein könnte, Elkes Literaturprofessor. »Er war bei weitem der bestaussehendste Mann hier, Studenten eingeschlossen«, sagte sie zwischen zwei Schluchzern. »Elke schwärmte für ihn. Aber plötzlich hörte das auf. Das war so letztes Jahr. Da zog sie sich auch immer mehr zurück und hatte kaum noch Zeit.«

»Weshalb glauben Sie, dass sie etwas miteinander hatten?«

»Weil das immer so war, wenn er wieder eine neue Studentin hatte. Ich habe Elke gewarnt. Die Mädchen waren immer so fertig, wenn er sie fallen ließ wie eine heiße Kartoffel.«

»Hat ihn denn niemand angezeigt? Ich meine … ich meine aus Rache? Ihm irgendwelche Schwierigkeiten gemacht?«

Die Studentin schüttelte den Kopf. »Einem Mann wie ihm machte man keine Schwierigkeiten.«

»Was für einen Wagen fährt er?«

»Einen weißen Mercedes.«

»C-Klasse?«

»Ja, ich denke. So etwas Älteres.«

»Vielen Dank, Sie haben mir sehr geholfen.«

»Aber …«

Wendelin wartete nicht ab, was die Studentin noch sagen wollte, und eilte den Gang hinunter. In ihm stieg ein warmes Triumphgefühl auf, das die Zahnschmerzen für einen Moment überdeckte. Alles passte. Vielleicht hatte Elke versucht, Gremm Schwierigkeiten zu machen, und er hatte das Problem beseitigt. Schon hatte Wendelin das Handy in der Hand, um die Kollegen, die nach dem Mercedes suchten, zu unterrichten. »Habt ihr einen Volker Gremm unter den Besitzern, einen Professor Volker Gremm?«

Der Kollege suchte die Liste ab. Viel zu langsam, dachte Wendelin. »Ja, Volker Gremm. Aber …«

»Das ist unser Mann. Er hatte ein Verhältnis mit der Kleinen. Und als er Schluss machte, bestand die Gefahr, dass sie ihm Schwierigkeiten machen würde … An der Uni, vielleicht ist er auch verheiratet … Deshalb nahm er seinen Wagen und fuhr sie über den Haufen. Ich sagte euch ja, es war Mord …«

»Er hat für die Zeit ein Alibi«, unterbrach der Kollege Wendelins Wortschwall. Die Art, wie er es sagte, ließ Wendelin nichts Gutes ahnen.

»Ein Alibi?«

»Ja. Er ist nämlich seit fünf Monaten tot. Aber vielleicht solltest du einen Parapsychologen hinzuziehen.« Das Gelächter am anderen Ende der Leitung bekam Wendelin gar nicht mehr mit. Er hatte die rote Taste gedrückt und sein Handy grimmig weggesteckt. Der vom Adrenalin unterdrückte Zahnschmerz meldete sich wieder und stärker als zuvor.

Ohne Termin war er gezwungen, mehrere Stunden im Wartezimmer des Zahnarztes zu sitzen. Systematisch ging er die vorhandenen Zeitschriften durch. Zuerst die, mit denen er sein intellektuelles Niveau demonstrieren konnte. Leider hatte er »Stern« und »Spiegel« schnell durch, weil er sie bereits kannte. Dann stürzte er sich auf die besseren Frauenzeitschriften. Nicht uninteressant, aber wenn man sich nicht für Mode und Kosmetik begeistern konnte, blieben allenfalls zwei bis drei gute Reportagen übrig. Vor der Regenbogenpresse grauste ihm, aber er brauchte die Ablenkung und begann, ein Blatt nach dem anderen zu überfliegen. Plötzlich stutzte er. »Das Leid der Rhonda Meyer-Willing – Bestsellerautorin verlor ihren geliebten Mann« hieß der Artikel. Darin war zu lesen, dass der Ehemann der Autorin, ein gewisser Volker Gremm, Literaturprofessor an der Uni, im April dieses Jahres völlig unerwartet an einem Herzinfarkt gestorben war. Bevor Wendelin weiterlesen konnte, wurde er aufgerufen.

Mit einem Zahn weniger, aber bester Dinge saß Wendelin einige Stunden später vor seinem Computer und suchte alle Informationen über Rhonda Meyer-Willing. Das kopierte Manuskript ›Der afrikanische Tod‹ lag auf dem Schreibtisch. Er hatte es, während er sich hingelegt hatte, überflogen. Eigentlich gefiel es ihm ganz gut, das Urteil der Lektorin konnte er nicht ganz nachvollziehen. Er hatte auch herausgefunden, dass das kaum nachweisbare afrikanische Gift tatsächlich existierte und dass es einen Herzinfarkt auslösen konnte. Das Internet war da etwas vage, aber ein Blick auf Rhonda Meyer-Willings Biographie bestätigte ihm, dass er auf dem richtigen Weg war: Rhonda hatte einen Teil ihres Lebens in Südafrika, der Heimat ihrer Mutter, verbracht. Sie hatte sogar ein Buch darüber geschrieben, ihr erstes, das sich noch nicht so gut verkauft hatte wie die späteren Beziehungskomödien.

Er hatte die Kollegen angerufen und nachgefragt, warum der weiße Mercedes offensichtlich immer noch auf den toten Volker Gremm zugelassen war, und als Antwort erhalten, dass die trauernde Witwe den Wagen bisher noch nicht umgemeldet hatte. Sie besaß keinen gültigen deutschen Führerschein, deshalb verließ der Wagen die Garage nicht. Angesehen hatten sie sich den Wagen nicht.

Als am späten Nachmittag die Schwellung etwas nachließ, fuhr Wendelin zu Rhonda Meyer-Willing. Sie war eine alternde Schönheit mit wallender rot gefärbter Mähne. Etwas irritiert zeigte sie ihm den Wagen, der in der geräumigen Garage stand. Wendelin sah sich die linke Seite genau an. Der Wagen war tadellos in Ordnung. »Hätten Sie etwas dagegen, wenn wir ihn genauer untersuchen, Frau Meyer-Willing?«

Rhonda hatte etwas dagegen. »Der Wagen hat die Garage seit dem Tod meines Mannes nicht verlassen.«

»So?« Wendelin beugte sich über die Windschutzscheibe und holte direkt neben dem Scheibenwischer etwas heraus. Es war eine sehr kleine Haselnuss. »Die Nüsse sind erst seit kurzem reif. Oder liegt sie seit letztem Jahr dort?«

Schweigend sah Rhonda zu, wie ein Abschleppwagen den Mercedes abholte. Sie hatte ihren Anwalt benachrichtigt. »Welches Verbrechen soll meine Mandantin denn begangen haben?«, fragte er Wendelin.

»Sie wird verdächtigt, die Geliebte ihres Mannes mit dessen Wagen angefahren und damit getötet zu haben.«

Rhonda begann plötzlich zu lachen. Sie lachte, bis ihr die

Tränen kamen. »Darum geht es also? Ich soll die Geliebte meines Mannes umgebracht haben? Warum?«

»Nun, er hat Sie betrogen …«

»Natürlich hat er das. Jedes Semester mit mindestens einer seiner Studentinnen, dazu kam die eine oder andere Sekretärin, bis ich ihm den alten Drachen besorgt habe. Wenn ich mich an all den kleinen Mädchen hätte rächen wollen, hätte ich aber viel zu tun.«

»Wenn Sie so unschuldig sind, warum haben Sie dann Ihren Anwalt dazugeholt?«

»Entschuldigen Sie mal, das ist Frau Meyer-Willings gutes Recht«, sagte der Anwalt.

Wendelin lehnte sich zurück. »Sie hat Sie gerufen, weil wir herausfinden werden, dass Elke Lauer mit diesem Wagen getötet wurde. Sie hat ihn zwar reparieren lassen, aber wir werden finden, was wir suchen.«

Rhonda war blass geworden. »Ich möchte allein mit meinem Anwalt sprechen.«

Wendelin ging vor die Tür. Er war sehr zufrieden mit sich. Endlich konnte er den Kollegen beweisen, dass er nicht der Spinner war, für den sie ihn hielten. Der Anwalt kam zu ihm heraus. »Frau Meyer-Willing wird keine Aussage machen«, verkündete er. »Sie müssen erst mal beweisen, dass es dieser Wagen war, mit dem Elke Lauer getötet wurde.«

»Das werden wir«, meinte Wendelin.

»Im Vertrauen, Herr Kommissar, welches Motiv sollte sie haben, die junge Frau ausgerechnet fünf Monate nach dem Tod ihres Mannes umzubringen?«

So kam es, dass Wendelin mal wieder bei Ingeborg hereinschaute. Diesmal wirkte ihr Lächeln ein wenig künstlich. »Ich wollte nur wissen, ob Sie registrieren, wann die Manuskripte bei Ihnen eingehen.«

»Natürlich tun wir das.«

»Und ›Der afrikanische Tod?‹ Wann hat Rhonda Meyer-Willing das Manuskript geschickt?«

»Das ist schon länger her.« Ingeborg war aufgestanden und blätterte in einer Liste. »Nein, hier ist es nicht mehr drin. Wir haben die Liste erst kürzlich auf Computer umgestellt.«

Sie klickte ein paar Mal mit der Maus, und dann schien sie es gefunden zu haben. »26. März diesen Jahres.«

»Und drei Wochen später ist ihr Mann gestorben.«

»Ja. Wir haben es alle nicht glauben können. Er strotzte nur so vor Gesundheit.«

»Und das hat er auch reichlich ausgenutzt, oder?« Wendelin sah Ingeborgs verständnisloses Gesicht. »Nun, er soll es ziemlich wild getrieben haben. Vielleicht schreibt Rhonda Meyer-Willing deshalb so gern über betrogene Ehefrauen, die ihre Männer umbringen.«

»Darüber weiß ich nichts. Aber in vielen so genannten Frauenkrimis ist dies das beliebteste Thema, Herr Wendelin. Und das Beste daran ist: Die Frauen werden nicht erwischt.«

Wendelin versuchte das Lächeln zu deuten, das erneut über Ingeborgs Mund huschte. War da ein geheimes Einverständnis? Jedenfalls schien es ihm plötzlich viel plausibler, dass Rhonda ihren Mann und nicht Elke Lauer umgebracht hatte. Und zwar so umgebracht, wie sie es im ›Afrikanischen Tod‹ beschrieben hatte. »Könnte ich die übrigen Manuskripte von Rhonda Meyer-Willing mitnehmen?«

»Ja. Aber ich hätte sie gern wieder. Elke Lauer hatte noch nicht alle durchgesehen, und es könnte ja ein Bestseller darunter sein.«

Keiner der Kollegen konnte sich erklären, wie Wendelin, der für seine verrückten, niemals zutreffenden Vermutungen bekannt war, es geschafft hatte, eine Exhumierung Volker Gremms durchzusetzen. Rhonda war außer sich. Zur Obduktion und der anschließenden Untersuchung der entnommenen Proben waren bekannte Toxikologen hinzugezogen worden. Es gab riesige Schlagzeilen, und Rhondas Verkäufe steigerten sich drastisch, besonders die der bisher so geschmähten Krimis.

Bereitwillig hatte Wendelin den Medien seine Sicht des Hergangs geschildert: Rhonda hatte, der Affären ihres Mannes überdrüssig, ihn mit dem afrikanischen Gift, das sie für ihr Buch gründlich recherchiert hatte oder vielleicht schon aus ihrer Zeit in Südafrika kannte, vergiftet und es als Herzinfarkt dargestellt, was vom untersuchenden Arzt prompt bestätigt wurde. Dann war das Manuskript, das niemals veröffentlicht werden sollte, in Elke Lauers Hände gekommen, und sie hatte versucht, Rhonda zu erpressen. Zwar hatte Wendelin dafür keine Beweise, aber er war sicher, dass er sie finden würde.

Die erste Niederlage musste Wendelin einstecken, als Rhondas Anwalt ihn am Morgen der Obduktion besuchte. »Rhonda ist jetzt bereit, eine Aussage zu dem Wagen zu machen, damit ein für alle Mal Schluss ist mit der Behauptung, sie hätte Elke Lauer überfahren.«

Der Anwalt drückte Wendelin ein Papier in die Hand. »Der Wagen war tatsächlich in einer Werkstatt, um am linken Kotflügel und am Scheinwerfer einen Unfallschaden zu beseitigen. Allerdings ist das passiert, als sie die Steinbegrenzung eines Vorgartens gestreift hat.«

»Warum hat sie das nicht sofort erzählt?«

»Das steht alles da darin«, meinte der Anwalt und deutete auf das Papier. »Sie hatte gedacht, es ginge um diesen Unfall. Die kleine Mauer ist nämlich zusammengefallen und sie ist einfach weggefahren. Das Problem ist, Frau Meyer-Willing hat nie einen deutschen Führerschein gemacht oder versucht, ihren südafrikanischen anerkennen zu lassen. Sie fährt also ohne Führerschein. Sie ist bereit, das alles zuzugeben, und erwartet ihre gerechte Strafe. Mit dem Mord – wenn es denn einer war – hat sie nicht das Geringste zu tun.«

»Das werden wir ja sehen«, presste Wendelin mühsam hervor, bevor er den Rückzug antrat. Es dauerte gar nicht lange, da hatte man das zusammengestürzte Vorgartenmäuerchen untersucht und Lackreste und Glassplitter gefunden. Rhondas Aussage schien bestätigt, und alles lachte über Wendelin.

Aber noch stand das Ergebnis der Obduktion aus. Und dann fand Wendelin heraus, dass die Mauer erst am Tag nach Elke Lauers Unfall beschädigt worden war. Seine Zuversicht kehrte zurück. Morgen, dachte er, morgen bekäme er die toxikologischen Ergebnisse, die das afrikanische Gift in Volker Gremms Leiche bestätigen würden. Denn es war ja nur beinah nicht nachweisbar. Wenn man wusste, wonach man suchte, dann fand man es auch.

Das Telefon klingelte. So früh hatte Wendelin gar nicht damit gerechnet. Aber es war nicht die Gerichtsmedizin. Es war sein Chef. Er bat ihn zu sich.

»Darf ich vorstellen, Wendelin: Das ist Peter Bossert. Er hat sich gerade gestellt. Er besitzt eine weiße Mercedes C-Klasse und hat Elke Lauer angefahren. Danach fuhr er in Panik weg, aber inzwischen ist er zu dem Schluss gekommen, dass es besser ist, sich zu stellen.« Die Stimme des Chefs wurde eine Nuance lauter. »Und jetzt, lieber Wendelin, werden Sie diese unsinnigen Untersuchungen in der Gerichtsmedizin stoppen und sich dann bei Frau Meyer-Willing für die Leiden, die Sie ihr verursacht haben, entschuldigen. Und dann packen Sie Ihre Sachen. Bis zu dem entsprechenden Verfahren sind Sie suspendiert.«

»Aber ich dachte …«

»Wenn Sie Ihre Arbeit so gemacht hätten, wie es sich gehört, wären Sie inzwischen auf Herrn Bossert gestoßen. Sein Wagen hat das Kennzeichen ZZ 9999 und befindet sich am Ende der Liste. Und jetzt raus!!!«

Es war Wendelins letzter Besuch bei Ingeborg. Eigentlich hatte er die Manuskripte per Post zurückschicken wollen, schließlich wusste die ganze Stadt Bescheid über den unfähigen Polizisten, der sogar eine Leiche ausbuddeln ließ, doch dann wollte er nicht feige sein.

»Keine Angst, ich habe keine Fragen mehr. Ich bringe nur die Manuskripte zurück«, sagte er, als er noch in der Tür stand.

Ingeborg bat ihn höflich herein. »Sind Sie dazu gekommen, sie zu lesen?«

»Ich hatte viel Zeit in den letzten Tagen. Ehrlich gesagt, an den Krimis müsste noch viel getan werden. Die Frau hat zu wenig Phantasie.«

»Was man von Ihnen kaum behaupten kann.« Ingeborgs mildes Lächeln war ohne Spott. »Haben Sie mal überlegt, ein Buch zu schreiben? Ich meine, ich bringe ja nur Bücher von Autorinnen heraus, aber vielleicht …«

»Nein, danke. Das wäre nichts für mich. Allerdings war da ein Manuskript darunter, wo auch eine Frau ihren Mann durch einen künstlich hervorgerufenen Herzinfarkt umbringt …« Er suchte den Packen durch und warf es auf ihren Schreibtisch.

»Sie glauben immer noch, Rhonda habe ihren Mann umgebracht?« Jetzt musste Ingeborg wirklich lachen. »Ich sagte Ihnen doch, Herr Wendelin, dass Morde hier nur zwischen Buchdeckeln geschehen.«

»Ja, aber Sie sagten auch, dass das Beste an den Frauenkrimis sei, dass die Täterinnen nicht geschnappt werden.«

Damit ging er. Ingeborg saß noch lange da und starrte das Manuskript an. Sie hatte es schon gelesen. Es hatte die Chance, ein Bestseller zu werden. Es war geradezu gespenstisch realistisch.

Gerda Szepansky
Berliner U-Bahn-Fahrt

Wenn Ingeborg in Berlin zu Besuch war, fuhr sie gern U-Bahn. Wo sonst kam man noch so hautnah mit den unterschiedlichsten Menschen in Berührung? Schob es einen in der Hauptverkehrszeit mit sanfter Gewalt in den U-Bahn-Wagen und man tauchte in diese Wolke verschiedener Gerüche ein, fühlte man sich einerseits als geborgener Teil dieser eng gepressten warmen Masse, andererseits als interessierter Beobachter all der fröhlichen, resignierten, wachen, erschöpften, gleichgültigen, traurigen und lächelnden Gesichter.

Heute setzte Ingeborg sich schnell auf einen der begehrten Eckplätze. Sie war auf dem Weg zu einem Vortrag ihrer Freundin Maria, die sich seit längerem mit dem Thema der zunehmenden Gewaltbereitschaft in unserer Gesellschaft beschäftigte. In dem ihr zugesandten Diskussionsmaterial hatte sie besonders das Kapitel »Gewalt gegen Frauen in der Familie« interessiert, und sie hatte mit Erstaunen zur Kenntnis genommen, dass es in Berlin 42 Zufluchtswohnungen, sechs Frauenhäuser und sogar ein Interkulturelles Frauenhaus gab. Sie holte einige Vorbereitungsblätter aus ihrer Tasche, um sich auf den Vortrag einzustimmen. In ihre Gedanken über Möglichkeiten einer notwendigen Gewaltprävention tönte plötzlich die Stimme ihres Platznachbarn, den sie bisher gar nicht wahrgenommen hatte. Unwirsch blickte sie ihn an. Ihr war heute nicht nach einem Plausch zumute, wie er sich manchmal während der Fahrt ergab.

Der Mann neben ihr war jedoch nicht zu bremsen. Nicht ganz so schnell aus der Tiefe der Gedanken in die Realität des

U-Bahn-Betriebs zurückfindend, starrte Ingeborg ihn Sekundenbruchteile emotionslos an. Sie registrierte: Mann in den Enddreißigern, grobes Gesicht, nachlässige Kleidung, dunkler Anzug, offener, nicht mehr ganz weißer Hemdkragen, abgeschabte Tasche, große Hände, überhaupt sehr kräftig. Davon sollte sie sich später noch augenscheinlich überzeugen. Er schien von dem Drang besessen, seinen ganzen Jammer über das weibliche Geschlecht einer Vertreterin desselben anzuvertrauen. Nach den Ausführungen über seine missglückte Ehe folgte die stolze Bekanntgabe, dass er Boxer sei, ein erfolgreicher – in jüngeren Jahren habe er Preise und Titel erkämpft. Schnell die Ärmel hochgestreift, präsentierte er seine Muskeln, blickte Beifall heischend in die Runde. Ingeborg staunte, nicht nur pflichtgemäß, sondern ehrlich. Als sie nach energischer Aufforderung an seine eisenharten Handgelenke tippte, registrierte sie wiederum: nicht nüchtern, wahrscheinlich mehr getrunken, als man ihm auf den ersten Blick ansah. Die Anteilnahme tat ihm offenbar gut. Sein flächiges Gesicht erhielt plötzlich Konturen, die glasigen Augen mehr Klarheit. Er erzählte von seiner Mutter. Stockend, unzusammenhängend. Eines stand fest: Sie war eine wunderbare Frau, für den Sohn gab's keine bessere. Umsorgt hatte sie ihn, immer war sie auf ihn bedacht gewesen. Wahrscheinlich hatte er seine Ehefrau mit dieser Elle gemessen, und sie hatte nicht mithalten können. Ach, ein Sohn war auch noch da, 16 Jahre alt. Der Boxer sah ihn hin und wieder, aber der Sohn grollte ihm, denn der hatte sich für die Mutter entschieden. Vielleicht war sie für ihn auch eine wunderbare Frau – aber das dachte sich Ingeborg nur.

Ein Teil ihrer Aufmerksamkeit hatte sich während des minutenlangen Gesprächs mit dem zwar erfolgreichen Boxer, aber so erfolglosen Ehemann mehr und mehr auf die Plätze schräg gegenüber konzentriert. Dort saßen drei junge Burschen, gekleidet nach den neuesten Maßstäben der Mode, etwa 16, 17 Jahre alt und auf dem besten Wege, ihren Feierabend zu genießen, eben in so einer Was-kostet-die-Welt-Stimmung. Sie hatten sich schon seit der Muskelschau erst verstohlen, dann immer ungenierter und lauter, ihn mit allerlei Grimassen nachahmend, über den Meisterboxer lustig gemacht. Gerade als er mit verletztem Vaterstolz von seinem Sohn erzählte, rückte ihr albernes Gehabe in seinen Blickpunkt. Ingeborg sah Böses kommen. Der Gesichtsausdruck ihres eben noch so gemütlich mitteilsamen Gesprächspartners veränderte sich denn auch bedrohlich. Mit einer ungeahnten Schnelligkeit war er auf den Beinen, hatte sofort den in der Mitte Sitzenden der drei an der Gurgel gepackt, schüttelte ihn, dass ihm Hören und Sehen verging, und ließ ihn plötzlich wieder auf die Bank zurückfallen, sodass sein Kopf mit lautem Knall an die Scheibe schlug. Doch das sollte erst das Vorspiel sein. Mit je einer Hand griff er sich nun den links und rechts Sitzenden, stieß beide zu Boden, und als sie der Länge nach mit dem Gesicht nach unten dalagen, schrie er sie an: »50 Liegestütze jeder, aber schnell, sofort! Sonst ...« Seine Fäuste warteten nur darauf loszutrommeln.

Im Abteil war es totenstill. Der ganze Vorgang hatte sich wie ein Film im Schnelldurchlauf abgespult. Die meisten Fahrgäste blickten stumm vor sich hin. Ältere Frauen und junge Mädchen mit verschrecktem Blick saßen da wie erstarrt. Auch die anwesenden Herren gelüstete es offensichtlich nicht, sich mit einem Boxer anzulegen. Ingeborg jagten die Gedanken wie Raketen durch den Kopf. Sie dachte an Freddy, den Sohn ihrer Freundin Maria, der sie als seine Patentante ansah und ihr stets vertrauensvoll begegnete. Er war etwa im gleichen Alter wie diese Jungen, die nun so jämmerlich ausschauten. Und da sollte sie tatenlos zusehen? Was würde Maria sagen, die ihren Sohn oft genug liebevoll lobte oder sich bisweilen ängstlich um ihn sorgte, mit ihrem immer wiederkehrenden Ausspruch: »Es ist nicht so leicht, Mutter zu sein.« Halt! Das war's, das Stichwort: »Mutter!« Da hörte sie sich auch schon ruhig und bestimmt sagen: »Aber das können Sie doch nicht machen, die Jungens machen sich ja ihre Sachen vollkommen dreckig. Was sollen denn ihre Mütter dazu sagen! Jede Mutter freut sich doch, wenn ihr Sohn sauber und anständig aussieht, sie hat ihm die Sachen schön hergerichtet, und wenn er abends nach Hause kommt und sieht so aus – und schlimmer, womöglich gar noch verletzt, dann ist sie bestimmt traurig oder verzweifelt, als Mutter, die es nicht so leicht hat!« Bei den Worten »Mutter« und »Mütter« legte Ingeborg jedes Mal einen geradezu beschwörenden Klang in ihre Stimme. Es wirkte. Sie sah es sofort. Das gab ihr den Mut, aufzustehen und den Mann an den schon erwähnten eisenharten Handgelenken wieder auf seinen Sitz zurückzuziehen.

Der Zug fuhr in die nächste Station ein. Hier mussten viele Fahrgäste umsteigen, auch Ingeborg. Die drei Burschen waren, mit noch unsicheren Händen ihre Kleidung glättend, schon vor ihr dem Ausgang zugeeilt. »Korrekt«, raunte ihr der eine beim Aussteigen zu. »Geil!«, übertraf ihn der andere, während ihr der dritte einen leichten vertraulichen Schlag auf die Schulter verabreichte. Sie verstand es als Dank und nickte ihnen stumm zu. Als sie die Rolltreppe am Ende des Bahnsteigs hinaufsprangen, hatten sie schon wieder viel von ihrer vorherigen Munterkeit zurückgewonnen. Ingeborg spürte eine große Erleichterung und Freude darüber, dieser vertrackten Situation als Siegerin entronnen zu sein. Wie groß war ihr Erstaunen, als sie im Abteil der anderen U-Bahn-Linie ihren alten Meisterboxer bemerkte. Diesmal saßen sie sich gegenüber, stumm. In seinem Gesicht war jetzt weder Brutalität noch Gemütlichkeit, nur Leere. Nach drei Stationen machte er Anstalten auszusteigen. Vorher lud er sie ganz unvermittelt zu einer Tasse Kaffee ein. Ernsthaft entgegnete Ingeborg: »Vielen Dank für Ihre Einladung. Ich kann sie leider nicht annehmen. Ich bin gerade im Begriff, einen interessanten Vortrag über ›Gewalt in unserer Gesellschaft‹ zu besuchen.« Er hörte nur die Ablehnung. Das andere erreichte ihn gar nicht. Ebenso gut hätte sie sagen können: »Ich bin auf dem Weg zu einer Audienz beim Papst« oder: »An der nächsten Straßenecke wartet schon die Queen auf mich.« Enttäuscht darüber, dass sie keine Lust hatte, seine Ersatzmutter zu spielen, stieg der Boxer aus.

Die Fahrgäste, denen die Vorgeschichte aus dem anderen Abteil unbekannt war, musterten Ingeborg noch ein Weilchen mit gespannter Aufmerksamkeit. Sie aber dachte wieder an die Materialien in ihrer Tasche. Die Fahrt war fast beendet und sie gar nicht zum Lesen gekommen. Doch nun freute sie sich auf den Vortrag. Noch auf dem Bahnsteig traf sie drei junge Freunde, die dem gleichen Ziel zustrebten wie sie. Ingeborg kannte sie als Mitglieder der »Jugendinitiative gegen rechte Gewalt, für friedliches Zusammenleben der Völker«. Sie verglich sie mit den anderen dreien in der U-Bahn eben, und vielleicht wunderten sie sich über ihre besonders herzliche Begrüßung. Sie nahmen sie in ihre Mitte, und sofort war sie zu Hause in ihrem Gespräch.

Als sie Maria begrüßte, spürte sie deren Aufgeregtheit so kurz vor dem Vortrag. Sie sprach beruhigend auf die Freundin ein. Von dem Vorfall in der U-Bahn würde sie ihr nichts erzählen, auch keinem anderen. Er blieb ihr Geheimnis. In der Vortragspause gingen ihre Gedanken in die Stadt ihrer Tätigkeit. Sie dachte an den Verlag. Wie viel Manuskripte mit Kurzgeschichten, lustigen und ernsten, nachdenklichen und amüsanten, lagen dort zum Lektorat auf ihrem Schreibtisch. Und nun hatte sie selbst eine erlebt! Ja, so war Berlin, ging es ihr durch den Kopf, selbst die U-Bahn ist Theaterkulisse.

Georgia Lindt
Parkplatzprobleme

Soweit ich mich erinnere, sind wir von der Schule direkt zum Bahnhof zum Sonderzug nach Frankfurt. In unserer Schule gab es eine Art Vierteilung: Es gab die Duran-Duran-Fans und Depeche-Mode-Fans, wobei DM-Fans, wie man sie kurz nannte, sich als die intellektuelleren verstanden, von wegen der Textinhalte und so. Die anderen, das waren die Michael-Jackson-Fans, wobei die Michael-Jackson-Fans meist Mädchen waren und die, die ich bescheuert und doof fand. Was aber irgendwie nicht an MJ lag, wie man ihn kurz nannte, sondern wahrscheinlich an der Schminke. Und obwohl es in der Schule diese extrem verhärteten Fraktionen gab, waren jetzt alle hier und fuhren zu dem Topereignis: Prince spielte im Waldstadion, und hr 3 heizte die Stimmung schon seit Wochen an. Wir waren alle in Grüppchen aufgeteilt, die sich skeptisch beäugten. Trotzdem verband uns eine Art Geheimbund; wir fühlten uns wichtig und – heute würde ich es zugeben können – erwachsen.

Auf der Fahrt, die etwas mehr als eine Stunde dauerte, hatten wir allerlei zu besprechen. Für uns war Frankfurt der Nabel der Welt, und das lag erst mal daran, dass dort wenigstens ein paar dieser Konzerte stattfanden, die uns interessierten. Unsere Heimatstadt Marburg war zwar sehr schön, umgeben von einem tiefen Wald, mit einem großen, ehrwürdigen Schloss des Landgrafen Philipp und einer prachtvollen Kirche der heiligen Elisabeth. Marburg schien wie aus einem Märchen, charmant – für uns aber definitiv nicht an die große weite Welt angeschlossen. Und es gab noch etwas in Frankfurt:

einen internationalen Flughafen mit den für uns noch wesentlicheren Flügen nach London, das wiederum das Herz der Welt war, von wegen Musikszene und so.

Wir waren vier »beste Freunde«, und im Wesentlichen gab es für uns vier Wünsche, von denen wir redeten, als wären sie Träume, da sie zwar durchaus erreichbar waren, aber uns unfassbar erschienen. Der erste war, endlich einen Führerschein zu besitzen – um das demütigende Fahren in Regionalzügen zu vermeiden. Der zweite: nach London zu reisen – logischerweise, um mal die richtig coole Musikszene kennen zu lernen. Drittens: eine feste Freundin haben – natürlich, um richtig verliebt zu sein. Viertens, und das war der einzige wirkliche Traum, *einmal* Prince zu interviewen – um etwas von dem zu spüren, was es in Marburg überhaupt nicht gab: Glamour!

In der Schule lasen wir gerade George Orwells »1984« und lachten uns scheckig über dessen Vorstellungen der Zukunft. Wir dachten über das ferne 2000 nach. Zukunft hieß nicht nur Führerschein, Freundin und Reisen, sondern auch die entsetzliche Vorstellung, dann fast 30 zu sein. Wobei mir nach längerem Nachdenken die Zahl 30 viel unglaublicher vorkam als die 2000, was sich auch nicht mehr ändern sollte. 2000 habe ich später locker hingenommen, die 30 aber bis heute nicht verdaut.

Nun stand ich da in Frankfurt und war schon viel älter als 30, und mir ging diese Zugfahrt mit meinen Freunden durch den Kopf, in allen Einzelheiten. Die letzten Wochen und Monate waren wie in Trance verlaufen, und mir war gerade etwas passiert, von dem ich nicht wusste, was es bedeutete, ob es was bedeutete, und zeitweise auch, ob es überhaupt geschehen war.

Wie das so nach dem Abitur ist, sieht man seine Freunde am Anfang noch relativ häufig, aber mit der Zeit lässt das nach. Die Treffen mit meinen drei besten Freunden mussten immer länger vorgeplant werden. Wir hatten zwar mittlerweile alle die heiß ersehnten Führerscheine und die dazugehörigen teuer ratengekauften Autos, aber die spontanen Besuche, die wir uns früher vorgestellt hatten, kamen wegen Zeitmangel, Studium, Beruf und Freundinnen selten zustande. Marius hatte den Traditionsweg Germanistik in Marburg und danach Volontariat in einer der beiden überregionalen Frankfurter Zeitungen eingeschlagen. Andreas hatte aus unerfindlichen Gründen BWL studiert und arbeitete erst in Gießen und dann in Frankfurt an der Börse. Mike hatte aus noch unerfindlicheren Gründen vier Jahre als Zeitsoldat vollzogen, in dieser Zeit etwas mit meiner großen Liebe (mit der ich nie zusammen war) angefangen und dann relativ schnell Marburgs bekannteste Rockabilly-Tussi geheiratet, weil die auf einmal schwanger war. Mittlerweile ist er Hausmeister an der Schule, in die wir alle gegangen sind, und Vater von drei Töchtern, die alle meiner Meinung nach aussehen wie Doris Day. Manchmal schließt er uns den alten Klassenraum auf, und wir setzen uns auf unsere Plätze und kaspern herum, wie damals in Erdkunde beim Herrn Naumann. Und dann erzählen wir uns Geschichten. Die Anekdoten enden immer mit: »Das hat uns Herr Naumann nicht beigebracht!« Das ist ein fürchterlicher und für andere völlig unverständlicher so genannter Insiderwitz. Herr Naumann war nämlich auch unser Klassenlehrer und teilte uns immer mit tiefer, pädagogisch-sonorer Stimme mit, dass wir ihn bei Problemen aller Art, insbesondere privaten, immer um Rat fragen dürften und er uns Tipps geben würde.

Ich ging mit meiner Musikleidenschaft nach Berlin und brach dort erst mal erfolgreich mein Studium ab. Es fing damit an, dass ich mir durch Artikel für verschiedene Zeitungen Geld für mein Studium verdiente. Irgendwann wurden die Aufträge immer mehr, und da ich mittlerweile auch diverse Fernsehbeiträge machte, erschien mir mein Studium bald als hinfällig. Ich interviewte Gregor Gysi, Sven Väth, Nena, Wim Wenders, Reinhold Messner und sogar Hera Lind. Nebenbei machte ich Hörspiele und produzierte CDs. Von Berlin war ich völlig eingenommen und ständig unterwegs. Und dann kamen sie, diese magischen Zahlen. Erst wurde es 2000, aber mein Computer funktionierte weiterhin einwandfrei. Dann wurde ich 30, und erst eine Woche später wurde ich ganz stumm. Noch eine Woche später kam eines dieser vielen Gespräche mit meiner Freundin, das mich jetzt nach Frankfurt gebracht hat. »Es kann nicht so weitergehen, man muss Entscheidungen treffen, wir wollen doch zusammenbleiben und eine gemeinsame Zukunft haben, und die Hektik muss weg oder deutlich weniger werden, und Sicherheit muss sein.« Mit der Hektik hatte sie natürlich Recht. Die permanenten Termine und oft auch Doppeltermine raubten mir das, wovon ich glaubte, dass es mir nicht fehlte, die Freizeit – da ich ja das arbeitete, was andere Hobby nannten. Ich hatte schon lange Zeit kein Buch mehr aus Lust gelesen, sondern nur aus beruflichen Gründen. Außerdem fehlte mir Idylle, sprich Wald, Land und Leute. Eigentlich wollte ich gar nicht mehr chillen, sondern mal wieder auf einem Feldweg spazieren gehen, was ich mir in meiner Jugend nicht im Entferntesten hätte vorstellen können.

Durch einen Zufall und das bisnissübliche Vitamin B bekam ich das, was man für so ein sicheres und neues Leben braucht: eine Festanstellung. Schon in der Schulzeit hatte ich alles gelesen, was mir in die Hände kam, und weil mir alle Bücher gleich wichtig vorkamen, sortierte ich sie immer nach den Firmenlogos auf den Buchrücken. Besonders diese drei kleinen Fische fand ich immer ganz putzig. Nun stand ich vor dem Haus dieses ehrwürdigen traditionsreichen Verlags in Frankfurt. Ich probierte den Sport aus, den ich oft an der Pforte öffentlich-rechtlicher Sender ausübte: unbemerkt am Wachpersonal vorbei ins Gebäude kommen. Es klappte einwandfrei, so weit also keine Änderung der Ausgangssituation. Die Sitzungen glichen auch denen der ähnlich anstrengenden Redaktionssitzungen in Sendern. Irgendwie kam ich mir in diesen Sitzungen jedoch wie ein Eindringling vor, stand ich doch sonst immer auf der Journalistenseite – hier wurde nun besprochen, ob und wie ein Buch ankommen würde, und die Kriterien schienen mir zweifelhaft.

Immer wenn ich nach Hause ging, wusste ich nicht, wie ich mich fühlte. Alles schien mir unklar und geradezu nebulös. Wir hatten jetzt diese Wohnung bei Frankfurt, und der S-Bahn-Verkehr war hier deutlich komplizierter als in der neuen Hauptstadt, die doch irgendwie zu meiner Stadt geworden war. Die ersten Wochen in Frankfurt fuhr ich immer zu den Endstationen und ging dann dort spazieren, um mir eine Vorstellung von der Stadt zu machen. Außerdem war es mir völlig fremd, immer pünktlich in einem Büro sein zu müssen. Genauso fremd war mir, nach Hause zu gehen, wenn eine Arbeit noch nicht erledigt war, und erst anderntags weiterzumachen. So kam es, dass ich immer auf den letzten Drücker und schweißgebadet im Verlag ankam, aber bis tief in der Nacht dablieb. Anderntags hatte ich dann nix zu tun, saß gelangweilt herum und tüftelte mit Frau Wagner und Frau Lauterbach von der Kantine eine Reform des Essensangebots aus.

Mitten in meine Wirrungen platzte ein Anruf von Marius. Hatte er gesagt »du machst ein Interview mit Prince« oder gefragt »Machst du ein Interview mit Prince?«? War es Aussage oder Frage gewesen? Anschließend sagte er aber, da es der Frankfurter Rundschau nicht gut ginge, müsse ich von Frankfurt-Hahn mit einem Billigflieger nach London fliegen und es wäre bereits alles gebucht, also war die Sache klar. Ich war fast ohnmächtig vor Freude. Mir jagten unzählige Gedanken durch den Kopf, und viel prallte aufeinander und ex- und implodierte. In meiner ganzen Zeit als herumirrender Journalist hatte ich es in die abgelegensten Orte der Welt geschafft, aber London war mir verwehrt geblieben.

Ich war wahnsinnig aufgeregt und extrem vorbereitet. Die Gunst der Stunde wurde genutzt und die alten Platten als jetzt handelsübliche CDs neu erworben. Dadurch, dass ich so aufgeregt war und die Nacht über noch einen anstrengenden Grundsatzdisput mit meiner Freundin hatte, kam ich noch vor Beginn der Gleitzeit beim Verlag an und erheischte zum ersten Mal einen der wenigen reservierten Parkplätze direkt vor dem Gebäude. Glückserfüllt wartete ich auf das Wachpersonal und scherzte ungeschickt. Sie hatten mich noch nie gesehen und prüften erst mal langwierig, ob ich überhaupt im Hause beschäftigt war. Aber alles war für mich ein Prince-Song geworden, ich dachte an *Sign of the Times* und passierte. In einer zermürbenden Sitzung summte ich fast unhörbar *When Doves cry*.

Der Flug ging ziemlich spät, und fast alle waren schon aus dem Haus, als ich mich aufmachte, um zu diesem New-Economy-Flughafen Frankfurt-Hahn zu fahren. Ich war schon fast auf dem Hof, als mir einfiel, dass ich das raffiniert ausgeheckte Interview nicht ausgedruckt hatte. Ich rannte singend zurück, schmiss den Computer noch mal an und feuerte das Interview aus dem Drucker. Jetzt aber flott. Als ich auf die Straße trat, regnete es in Strömen. Ich sang aus voller Kehle und schmachtend *Purple Rain* – und dann ahnte ich schon was. Da ich heute Morgen ungewöhnlich früh dran gewesen war, hatte ich diesen Allererste-Sahne-Luxus-Parkplatz bekommen. Aber vor dem Auto Betonmauer, links und rechts daneben Betonmauer, und komisch, abartig halb schräg rechts dahinter dieses Vehikel! Diese Rostschleuder hatte sich wahnwitzig neben mich geparkt, und zwar so, dass ich nicht ausparken konnte! Es war definitiv nichts zu machen. Ich lief kochend vor Wut auf dem Bürgersteig hin und her, und dann schrie ich im Verlag rum, um den Fahrer dieses Wagens ausfindig zu machen. Das Wachpersonal versuchte mich zu beruhigen und gab zu bedenken, dass sich hin und wieder auch Fremde unrechtmäßig dort mit ihrem Auto platzierten. Ich hörte das nicht wirklich, schrie weiter und ging dann wieder raus in den *Rain*. Tegel und Tempelhof hatte ich auch mal verwechselt, aber das hatte noch locker geklappt, war ja Berlin. Und jetzt diese Scheiße hier. Was war das eigentlich für ein abwegiger Flughafen, und was ist überhaupt Hahn? Für ein Taxi war es längst zu spät, und alle Freunde waren viel zu weit weg. Ja, in Berlin wäre das was anderes gewesen!

Ich setzte mich auf den Bürgersteig und heulte. Ja, ich heulte viel und lang und intensiver als das letzte Mal, was schon sehr lange her war. Der Regen wurde langsam körperverletzend, als mich eine ältere Frau einfach in den Arm nahm. Sie fragte mich einiges, und ich antwortete viel, aber ich weiß nicht, ob es auf ihre Fragen war oder ob ich ihr auch mir selbst gestellte Fragen beantwortete. Wir liefen durch den Regen, und dabei behielt sie den Arm um mich gelegt. Die ganze Zeit hatte ich nicht das Gefühl, dass ich sie zuquatschte, sondern dass wir ein Gespräch führten, welches aber dennoch mein Monolog war. Irgendwie landeten wir in der Gaststätte Schreiber-Heyne, und während wir sehr lecker aßen, erzählte mir diese Frau, die mir sehr vertraut vorkam, von sich. Diese Geschichte wühlte in mir vieles auf, besänftigte aber mehr, und ich verspürte erstmals ein völlig neues Gefühl: Gelassenheit. Ein neue Erfahrung für mich, und zeitweise hatte ich ein Empfinden wie andere bei einer esoterischen Sitzung, aber mir war dabei wohl zumute. Wir schlenderten zurück und verabschiedeten uns.

Ich stieg die Treppe hoch zum Wachpersonal und entschuldigte mich für diverse Ausfälligkeiten. Dann drehte ich mich noch einmal um – und blieb sprachlos stehen: Aus der Rostschleuder, die gerade ausgeparkt wurde, zwinkerte mir Ingeborg zu. Paralysiert schaute ich ihr nach, als mein Unterwegstelefon eine SMS anzeigte: »Mach dir nichts draus. Prince ist eben Megastar, und Exzentriker wie er sagen Interviews immer mal kurzfristig ab. Mach dir einen schönen Abend in Chinatown.«

Maria Soulas
Der Bestseller

Sie fuhr nicht gern bei Regen. Vergeblich versuchten die Scheibenwischer, die Wassermassen beiseite zu schieben. Das aussichtslose Hin- und Herirren erinnerte sie an Don Quijotes Kampf gegen die Windmühlen. Kaum hatte Ingeborg ein Fleckchen freie Sicht, eroberte das Wasser die Scheibe schon wieder zurück und verschleierte ihre geliebte elsässische Landschaft aufs Neue.

Zu hören war nichts anderes als das stete Prasseln. Allein die Vorstellung, dass es die Spätsommerklänge und vor allem die Vogelstimmen, die Johannes mit Begeisterung zu studieren begonnen hatte, irgendwo hinter dem monotonen Regenrauschen noch geben musste, war tröstlich. Ebenso tröstlich wie das Wissen um all die Farben, die darauf warteten, dass die Sonne hinter dem Grau hervorkam, um ihnen ihr Leuchten zurückzugeben. Dieses Regengrau war ein gleichgültiges Grau, ohne Anspruch auf silbrigen Glanz, violetten Einschlag oder eigene Farbe. Es war nur die Eintrübung der Welt.

Ingeborg musste all ihre Konzentration zusammennehmen, um dieses Halbdunkel zu durchdringen. Und sie spürte, wie die Anspannung sich schmerzhaft im Nacken bemerkbar machte. Wie an den langen Abenden am Schreibtisch, wenn sie, vertieft in ein Manuskript, die Zeit vergaß. Freundlich nickte sie dann den Kollegen zu, die sich einer nach dem anderen verabschiedeten, und konnte kaum erwarten, allein zu sein. Sie mochte diese Stimmung, wenn die Nacht sich über die Stadt ausbreitete und es im Verlag immer stiller wurde. Keine Anrufe, keine Faxe, keine E-Mails. Niemand, der kurz vorbeischaute. Es war ein gänzlich anderes Arbeiten. Sie konnte intensiver in Geschichten eintauchen und kam zügiger voran als tagsüber – bis der leise Schmerz sie daran erinnerte, wie spät es wieder einmal geworden war. An einem solchen Abend hatte sie »Von null auf eins« gelesen. Das Erstlingswerk der unbekannten Autorin Lola Schwarz, das sich als größter Bestseller der letzten Jahre herausstellen sollte.

Ob es richtig war, Lola Schwarz mitzunehmen ins Wochenendhaus? Dieses Häuschen, das so viel mehr Privatsphäre bedeutete als die Wohnung, in der sie mit Johannes lebte. Sie hätte niemanden einladen dürfen. Schon gar keine Fremde. Ingeborg kniff die Augen zusammen. Was sollten jetzt noch diese Überlegungen! Schließlich war es keine Einladung im üblichen Sinn und nun auch nicht mehr zurückzunehmen.

Sie erinnerte sich an die beinah hysterischen Weinkrämpfe der jungen Frau neben sich. Befremdet und gleichermaßen angerührt hatte sie beobachtet, wie die andere hemmungslos ihre Angst offenbarte und dabei einen Mangel an Selbstdisziplin an den Tag legte, den Ingeborg kaum nachvollziehen konnte. Wie alt war Lola – Lieselotte – Schwarz? Zweiundzwanzig, dreiundzwanzig? Und schon eine der erfolgreichsten Autorinnen, die sie je betreut hatte. Ihre Verkaufszahlen zwangen Anerkennung sogar auf die Gesichter jener Kollegen, die insgeheim vielleicht andere Ergebnisse aus Ingeborgs Abteilung vorziehen würden, um im Vergleich besser dazustehen in diesen für die Branche so schlechten Zeiten.

Ingeborg spielte kurz mit dem Gedanken, ihre junge Beifahrerin zu bitten, das Steuer zu übernehmen, verwarf diesen Einfall aber sofort wieder. Neben jemandem zu sitzen, dessen Fahrkünste sie nicht einzuschätzen vermochte, wäre nicht viel erholsamer, als die verbleibenden Kilometer selbst zurückzulegen.

»Ich glaub, ich bin jetzt richtig berühmt!« Lola faltete die

Zeitung vorsichtig zusammen, um ihr Bild nicht zu zerknittern. Die restlichen Seiten ließ sie achtlos fallen.

Berühmt! Zu Beginn seiner Karriere hatte sogar Johannes sich über die Aufmerksamkeit der Medien gefreut. Gemeinsam hatten sie nach jeder Premiere die Kritiken über seine Inszenierungen verschlungen. Die Sorte Artikel allerdings, von denen Lola gerade völlig hingerissen war, die sich vornehmlich ihrem Äußeren und ihrem Lebenswandel widmeten, hatte er schon damals verabscheut. Und später hatten sie beide gelernt, die Berichte aus noch größerer Distanz zu lesen. Eine Lektion, die auch Lola Schwarz nicht erspart bleiben würde. Die Kopfschmerzen wurden schlimmer, und Ingeborg hoffte, dass sie bei der eiligen Abreise ihre Tabletten nicht vergessen hatte.

Lola löste ihr Haar, nahm die strassbesetzte Spange zwischen die Zähne, wickelte die lange Mähne mit beiden Händen routiniert auf, steckte alles wieder fest, stets begleitet von dem eigentümlichen Klimpern ihres Armbandes, und las dabei weiter aus dem Stapel Zeitungen und Zeitschriften vor, der auf ihren Knien lag.

»›Lola Schwarz trifft mit ihrem Romandebüt ins Schwarze‹ … ›Wirklichkeit übertrifft die Phantasie‹ … ›Autorin von mysteriösem Killer gejagt‹ … – ›Trifft ins Schwarze‹ ist klasse.« Wieder segelten die anderen Zeitungsseiten zu Boden.

Ingeborg fragte sich, wann sie das letzte Mal in Hannesbourg gewesen war. Es musste mindestens zwei Monate her sein. Ohne Johannes war sie noch nie da gewesen und er nicht ohne sie. Wenn sie sich nicht freinehmen konnte oder wenn er mal wieder – wie zurzeit – mitten in den Proben steckte, fuhr der andere wie selbstverständlich auch nicht. Ihre Liebe zu diesem Fleckchen Erde schien verknüpft mit dem gemeinsamen Erleben. Nie würde sie vergessen, wie sie das verwitterte Ortsschild entdeckt hatten, das ihre beiden Namen miteinander verband: Hannesbourg. Wo sonst hätten sie »ihr« Häuschen entdecken sollen?

»›Lola Schwarz – neuer Stern am Literaturhimmel!‹«

Das war nun ziemlich übertrieben, fand Ingeborg. Dieser Erstling war gewiss keine literarische Sensation. Sie hatte das Buch sogar zunächst ablehnen wollen, war sich unschlüssig gewesen, was ihr selten passierte.

Sie wusste noch genau, wie Lola Schwarz ihren Roman vorbeigebracht hatte. Persönlich. Entgegen ihrer Gewohnheit hatte Ingeborg sie empfangen und blieb vom ungezwungenen Auftreten der jungen Frau ebenso wenig unbeeindruckt wie ihre Mitarbeiterinnen. Waren viele junge Menschen, mit denen sie zu tun hatte, in ihrer Uniformität kaum unterscheidbar, so war Lola Schwarz der lebende Beweis von Individualität. Wenn sie kurz hereinschneite, um hallo zu sagen, konnte Ingeborg den eigentümlichen Duft bereits wahrnehmen, während Lola noch im Vorzimmer wartete. Der so typische Geruch von Zigaretten und Pfefferminz, vermischt mit einem Parfüm, das Ingeborg nicht kannte, und das unverwechselbare Geräusch ihres Armbandes, einem breiten Kettchen mit einer Vielzahl daran befestigter Glücksbringer, ließen ein Lola-Schwarz-Kunstwerk für alle Sinne entstehen. Wenn sie anrief, verrieten die aneinander und an den Hörer klirrenden Gold- und Silberanhänger sie, noch bevor sie sich mit der tiefen, ungewöhnlichen Stimme meldete, die zu ihrer gesamten Erscheinung passte.

Während der Lektüre der schlecht kopierten, nachlässig zusammengehefteten Seiten hatte Ingeborg immer dieses entschlossene fröhliche Lachen vor Augen gehabt, mit dem die junge Frau verkündet hatte ›Das wird ein absoluter Knaller! Das schwör ich Ihnen!‹.

Eigentlich mochte Ingeborg solche Auftritte nicht. Ebenso wenig wie Geschichten, die so durchschaubar waren: eine junge Band, die den plötzlichen Erfolg nicht verkraftet, Manager und Plattenbosse, die mit Drogen und Erpressung arbeiten, und zu allem Überfluss eine Leadsängerin, die den Saxophonisten liebt, der sie nur ausnutzt. Die angekündigten »Enthüllungen« über die Rockszene hingegen vermochte Ingeborg nicht zu entdecken. Andererseits, und das sprach für das Manuskript, war es eine authentische Milieustudie, geschildert in einem selten ungekünstelten Stil. Das Ganze eingebettet in einen Thriller. Die Sängerin wird verfolgt und fast ermordet, weil sie allzu offen über die negativen Seiten der Musikszene spricht. Zwischen den Attentaten jede Menge selbstverliebte Erkenntnisse über das Leben als umschwärmter Star - verfasst von einer ehemaligen, vom Stardasein weit entfernten Provinzrockerin.

Ingeborg hatte für das Sujet durchaus Erfolgschancen gesehen - wenn auch nicht in diesem Umfang. Gemeinsam mit Lola hatte sie manches am Manuskript überarbeitet, so gut es eben möglich war in der Kürze der Zeit. Der Presserummel war noch vor der Veröffentlichung des Buches losgegangen, und der Verlag hatte den Titel angesichts der besonderen Situation vorgezogen. Nach ersten Drohbriefen an die Autorin und einem Überfall, der glimpflich ausgegangen war, hatte Lola in einem Fernsehinterview angekündigt, der Angler Verlag werde ihr Enthüllungsbuch über die Rockszene, das der unbekannte Täter offenbar verhindern wollte, in seiner renommierten Reihe »Die Kunst in der Gesellschaft« herausbringen. Ingeborg erinnerte sich an den Kommentar eines Kollegen aus der Marketingabteilung, »eine perfektere PR-Kampagne hätte man kaum planen können«.

»›Junge Autorin in Lebensgefahr‹«, Lola hielt ihr die Zeitung hin, »ist das nicht ein Superfoto von mir?«

Natürlich, das Blatt mit den großen Überschriften, dachte Ingeborg. Das Bild stammte noch aus Lolas Rockband-Zeit.

Von den »Hard Hearts« hätte vermutlich kaum je ein Mensch Notiz genommen, wenn nicht die »Exfrontfrau«, wie zu lesen war, »von einem verrückten Killer verfolgt« würde. Jetzt verkaufte sich nicht nur das Buch – auch die einzige, vor Jahren produzierte Platte der »Hard Hearts«, schaffte es über Nacht in die Charts. Lola verhandelte sogar mit der Band über ihre Rückkehr.

»Die haben ja ein Interview mit *Ihnen* gemacht!« Erstaunt hielt sie eine der textreicheren Zeitungen hoch. »›Vorgänge unbegreiflich ... Betroffenheit beim Angler Verlag ...‹« Lola überflog den Bericht. »›Drohungen nicht nachgeben ... Titel nicht aus dem Programm nehmen ...‹«

»Sie sollten das alles nicht so ernst nehmen. Die Schlagzeilen von heute sind der kalte Kaffee von morgen.« Ingeborg sagte es mit dem Nachdruck der Hoffnung.

»Oh – ich glaube nicht, dass ich so schnell kalter Kaffee werde!« Lola griff nach einer der Zeitschriften. »›Lola Schwarz – alle warten auf den nächsten Bestseller!‹« Herausfordernd sah sie Ingeborg an. »Klingt das etwa wie kalter Kaffee?«

»So habe ich es nicht gemeint. Aber Schlagzeilen über den nächsten Roman wären mir tatsächlich lieber als das da.« Ingeborg blickte zum Zeitungschaos. »Das zweite Buch ist überaus wichtig. Darum bin ich sehr gespannt auf Ihre Notizen«, sie deutete auf den Ordner, der ebenfalls zu Lolas Füßen lag.

»Wenn es ein zweites geben wird ...« Lola sah düster aus dem Fenster. »Wenn er mich nicht vorher erwischt.«

»Ich bin fest davon überzeugt, dass die Polizei ihn schnappt, bevor – noch mehr passiert. Diese Typen drohen meist nur, wollen sich wichtig machen, hat die Kommissarin gesagt. Er versucht bloß, Ihnen Angst einzujagen.«

»Das hat er auch geschafft!« Lola atmete tief ein. »Wenn es nur die Briefe wären! Aber diese Anrufe, dann der Typ, der mir aufgelauert hat, und jetzt noch der Anschlag auf Frau Fehrlein!«

Sie putzte sich geräuschvoll die Nase und las weiter. »›Mehr zu dem Fall, der die Polizei in Atem hält, auf Seite fünf‹ – mal sehen!« Beim Aufblättern nahm sie Ingeborg vollends die Sicht.

Die linke Hand am Steuer, versuchte Ingeborg mit der rechten, die Zeitung wegzuschieben.

»Ich sag's ja: Die Presse verhindert den Durchblick!«, witzelte Lola. Die Furcht von eben war offensichtlich vergessen. Als Ingeborg sich endlich von den Zeitungsseiten befreit hatte, konnte sie einem entgegenkommenden Auto auf der engen Straße gerade noch ausweichen.

»Mann, war das knapp!« Entsetzt sah Lola dem Wagen nach.

Ingeborg bremste ab. Sie war wohl unmerklich schneller geworden, weil sie müde wurde und endlich ankommen wollte.

»Das war meine Schuld!« Lola vergrub ihr Gesicht in den Händen. »Das wollte ich nicht!«

Der Beinahezusammmenstoß hatte auch Ingeborg mehr erschreckt, als sie zugeben mochte.

»Alles meine Schuld! Vielleicht ist es besser, er erwischt mich endlich.« Die weinerlichen Selbstanklagen, die Lola immerzu wiederholte, gingen Ingeborg auf die Nerven. Sie spürte, wie ihr Mitgefühl abnahm. Je öfter sie diese Ausbrüche miterlebte, desto weniger berührten sie sie. Ingeborg schwieg und stellte fest, dass diese Strategie von größerem Erfolg gekrönt war als das Trösten. Lola hatte sich gefasst und bereits wieder in ihre Lektüre vertieft.

Die anderen Fahrzeuge blendeten sie, sogar mit ihrem gelben Licht, das viel weniger grell war als in Deutschland. Dieses milde Gelb, das Ingeborg sonst stets wie eine freundliche französische Begrüßung vorkam. Johannes fuhr fast immer nachts, um keine Zeit zu verlieren. Die Wochenenden im Elsass waren ihm zu kostbar. Er war der sicherste Fahrer, den sie kannte, und der einzige, neben dem Ingeborg schlafen konnte. Wenn sie zwischendurch aufwachte, signalisierten die gelben Scheinwerfer, dass die Grenze bereits hinter ihnen lag.

»Hier steht was über Frau Fehrlein. Die Ärmste! Bloß weil sie in der Tiefgarage an meinem Auto war. Aber so ein Irrtum passiert dem nicht noch mal. Jetzt ist mein Gesicht bekannt – der kann mich nie mehr verwechseln. Niemand kann mich mehr verwechseln!«

Etwas an ihrem Tonfall irritierte Ingeborg. Als würde sie genießen, was doch ihr Leben bedrohte. Noch mehr jedoch irritierte sie ihre eigene Spontaneität, mit der sie die junge Frau eingeladen hatte. Aber nach der jüngsten Morddrohung hatte Lola ihr Leid getan, wie sie apathisch in ihrem Büro kauerte. Der letzte anonyme Brief war aus Passagen ihres Buches zusammengeklebt – der Inhalt eindeutig. Lola hatte das Schreiben vor der Tür ihrer gerade erst bezogenen Wohnung gefunden und weigerte sich, nach Hause zurückzukehren. Ohne zu überlegen, hatte Ingeborg ihr ein Wochenende im Elsass vorgeschlagen. Abschalten, entspannen und die ganze Aufregung ein paar Tage vergessen. Johannes hatte Verständnis gezeigt und würde ohnehin die meiste Zeit im Theater verbringen.

»Darf ich nicht doch – nur eine?« Lola zog ein Päckchen ihrer russischen Zigaretten aus der Jeansjacke.

»Bitte nicht!« Ingeborg hatte bereits dreimal gehalten. Einmal hatte sie tanken müssen, aber zwei Stopps waren reine Zigarettenpausen.

»Sie sind 'ne ganz Strenge, oder?« Lola streifte die Schuhe ab und zog die Füße auf den Sitz. »'n bisschen wie meine Mutter. Bei der war ›Nein‹ auch immer Nein«, sie kicherte. »Wenn sie nüchtern war.«

»Wir sind bald da.« Rauch war Ingeborg zuwider. »Das ist

schon Hannesbourg, und unser Haus steht auf dem Hügel dort drüben.«

»Ich dachte, das Haus steht im Dorf!« Plötzlich war da wieder diese Panik, die den Ausschlag gegeben hatte für Ingeborgs Angebot. Lola war wieder das kleine Mädchen, das um sein Leben fürchtete. »Ist das nicht ziemlich einsam?« Ihre Stimme klang nicht mehr selbstbewusst, nur noch verletzlich.

»Wir lieben die Ruhe und Abgeschiedenheit«, sagte Ingeborg sanft. »Sie werden sehen, was für eine Wirkung ein einziges Wochenende da draußen hat.«

War das nicht eben schon »Le Chat Noir« gewesen, der kleine Gasthof von Mathildes Familie? Ingeborg konnte durch den Regen fast nichts mehr erkennen. Bis zur Grenze war das Wetter schön gewesen. An der französischen Grenze hatte leichter Nieselregen eingesetzt, der, je näher sie ihrem Ziel kamen, allmählich in einen Wolkenbruch übergegangen war. Die Straße zum Haus hatte sich bestimmt wieder in eine Sumpflandschaft verwandelt. Der Bürgermeister versprach zwar seit Jahren eine bessere Befestigung, aber nichts tat sich.

»Ich muss gleich noch was faxen«, Lola streckte sich.

»Frühestens morgen beim Postamt.« Ingeborg bog in die kleine Einfahrt ein. »Wenn die Straße überhaupt passierbar ist! Und wenn es so weiterregnet, ist sie's wahrscheinlich nicht.«

»Sie haben kein Fax?«

Ingeborg lächelte. »Nicht mal Telefon! Ich hatte Ihnen doch die pure Erholung versprochen!«

»Ach, so dringend ist es gar nicht. Ich wollte Frau Fehrlein nur diesen Artikel schicken!« Lola nestelte an ihrem Armband. Zwei Anhänger hatten sich ineinander verhakt. »Hier kommt sie ganz groß raus: ›Verlagsmitarbeiterin Sonja F. von mysteriösem Angreifer schwer verletzt.‹« Endlich gelang es ihr, die kleinen Schmuckfiguren voneinander zu trennen. »›Hielt der Killer sie für die Erfolgsautorin Lola Schwarz?‹« Zufrieden betrachtete sie ihr Werk und drehte das Handgelenk hin und her.

»Ich glaube kaum, dass Frau Fehrlein im Moment ein gesteigertes Interesse an dieser Art von Presseberichten hat.« Ingeborg stellte den Wagen hinter einer kleinen Baumgruppe ab. So mussten sie zwar weiter zum Haus laufen als vom Parkplatz aus, aber der Wagen stand auf dem kleinen Felsplateau sicherer als auf dem morastigen Waldweg.

»Vielleicht freut sie sich ein bisschen, dass sie fast so bekannt ist wie ich.«

»Ich bezweifle, dass zurzeit überhaupt jemand Grund zur Freude hat«, erwiderte Ingeborg.

»Wer sich die Verkaufszahlen anguckt, vielleicht schon!« Lola verstaute die Zeitungen, aus denen sie die ganze Fahrt über vorgelesen hatte, sorgfältig in ihrem Rucksack.

Ingeborg schwieg und stellte den Motor ab. »Da wären wir.«

Sie liebte dieses Haus. Sie erinnerte sich noch genau, wie sie es bei einer Wanderung entdeckt hatten. Versteckt lag es hinter dem kleinen Wäldchen. Damals war es unbewohnt gewesen und in einem nicht sehr vertrauenerweckenden Zustand. Mathilde, in deren Gasthof sie übernachtet hatten, erzählte ihnen, dass die Besitzer zu ihren Kindern gezogen waren, und versprach, sich zu erkundigen, ob sie das Haus verkaufen wollten.

Mit dem kleinen Koffer und der Aktentasche, die sie über ihren Kopf hielt, lief Ingeborg zum Eingang. Das Knarzen der alten Holztür erfüllte sie mit dem, was Johannes ›Elsass-Gefühl‹ nannte. Wenn die Tür sich hinter ihnen schloss, waren Ärger und Hetze ausgesperrt. Sie begann, sich auf das Wochenende zu freuen.

Wie lange mochte Mathildes letzter Routinegang durchs Haus her sein? Bei spontanen Besuchen wie heute konnten sie nur hoffen, dass nicht allzu viele Spinnweben sie umwehten.

Wenn sie sich hingegen ankündigten, war alles liebevoll hergerichtet. Nie fehlte ein Begrüßungssträußchen aus Mathildes Garten. Gute alte Mathilde. Sie war in der letzten Zeit etwas wacklig auf den Beinen geworden, aber die alte Dame hatte den Vorschlag, jemand anderen nach dem Haus sehen zu lassen, vehement abgelehnt. Gebraucht zu werden halte jung, hatte sie betont. Auch nachdem ihre Familie den Gasthof längst übernommen hatte, gab es kaum einen Tag, an dem Mathilde nicht im »Chat Noir« anzutreffen war.

Beim zweiten Gang zum Auto holte Ingeborg den großen Korb mit den Einkäufen, die sie noch rasch besorgt hatte. Als sie die Sachen abgestellt hatte, fiel ihr das Handy ein.

»Ich brauch mal die Wagenschlüssel, mein Ordner liegt noch im Auto!« Lola stand im Eingang.

»Wären Sie dann so lieb, das Handy mitzubringen?« Ingeborg fischte den Schlüssel aus der Tasche. »An den Seiten kurz drücken, dann können Sie es aus der Halterung ziehen.«

»Kann ich die alte Jacke nehmen?« Lola deutete auf Johannes' Strickjacke, die Ingeborg mehrfach zur Altkleidersammlung gegeben – und die er jedes Mal gerettet hatte. Sein erklärtes Lieblingsstück. Als sie ablehnen wollte, hatte Lola die Jacke schon übergestreift.

»Wie meine Mutter! Die kann auch nichts wegwerfen.«

Ingeborg räumte die Vorräte ein. Mathilde musste vor kurzem da gewesen sein, die Räume wirkten schön sauber. Als sie die Laken und Decken von den Möbeln zog, kam Lola zurück.

»Ich traue mich fast nicht, es zu sagen …«, mit zerknirschtem Gesichtsausdruck streckte sie Ingeborg das Handy entgegen – oder vielmehr etwas völlig Verschmutztes, das entfernt an ihr Handy erinnerte. »Es ist runtergefallen und dann bin ich auch noch draufgetreten.«

Ingeborg spürte Zorn aufsteigen. »Haben Sie wenigstens eins dabei?«

»Ich weiß gar nicht, wo meins ist – seit er die Nummer rausgekriegt hat, hab ich's nie mehr benutzt.«

»Na fein, dann sind wir jetzt ganz unter uns.« Ingeborg klappte die Schranktür heftiger zu als nötig.

Augenblicklich füllten sich Lolas Augen mit Tränen. »Jetzt sind Sie sauer auf mich – und zu Recht. Dauernd lass ich was fallen oder vergess was. Das macht mich alles so fertig!«

Ratlos trat Ingeborg zu ihr. »Nun setzen Sie sich erst mal schön hin.« Sie hob Johannes' Jacke auf, die von Lolas Schultern geglitten war. »Ich koch uns einen Tee.«

Lola ließ sich in einen der Küchenstühle fallen, die sie im Nachbarort von einem Bauern gekauft hatten. Es waren die ersten fürs Waldhäuschen angeschafften Möbelstücke.

»Mögen Sie Eisenkrauttee?«

»Was für'n Kraut?«

»Eisenkrauttee. Schmeckt zitronig und ist gut für harmonische Stimmungen«, Ingeborg öffnete die Teedose und ließ Lola daran riechen.

»Von mir aus. Kaffee haben Sie nicht, oder?«

Ingeborg schüttelte den Kopf. Auch so eine stumme Übereinkunft. Im Büro trank sie Kaffee, Johannes im Theater ebenfalls. Hier zelebrierten sie ausschließlich schöne Teerituale. Als das Wasser kochte, befüllte sie mechanisch die Kanne.

»Kein Zucker?« Lola sah sie entgeistert an. »Kann man Tee ohne Zucker überhaupt trinken?«

»Es ist noch etwas Honig da.« Ingeborg reichte ihr ein Glas mit einem Honigrest, der kristallisiert war.

Angewidert sah Lola auf das Glas. »Ne, ne, dann lieber ohne was.«

›Der Tod lauerte in der Mittagspause‹, las Ingeborg auf dem Titelblatt eines Magazins, das aus Lolas Rucksack ragte. Daneben prangte wieder ein Foto aus der »Hard Hearts«-Zeit. Lola mit Gitarre – allerdings seitenverkehrt abgebildet. Lola, die

Linkshänderin war, spielte auf dem Foto wie eine Rechtshänderin. ›Junge Verlagsangestellte – erstes Opfer! Wann fasst die Polizei den Irren?‹ Ingeborg wandte sich ab. Glücklicherweise war Frau Fehrlein tatsächlich leichter verletzt worden, als in den Artikeln behauptet wurde. Der Täter hatte nach Meinung der Polizei keineswegs beabsichtigt, sie zu töten.

»Warum sollte Frau Fehrlein eigentlich Ihr Auto holen?« Ingeborg sah Lola an. »Wir wollten doch gemeinsam essen gehen und Sie wollten in meinem Wagen mitfahren.«

»Ich – ich brauchte meine Notizen.« Lola trommelte mit den Fingern auf das dicke Ringbuch, das auf dem Küchentisch lag.

»Aber genau die hatten Sie doch vergessen – wissen Sie nicht mehr? Darum wollten wir unsere Besprechung vertagen.«

»Ich trenne mich nie von meinem Ordner. Er lag im Kofferraum! Und die liebe Frau Fehrlein war so nett, ihn für mich zu holen.« Ihr Ton wurde schärfer. »Das haben Sie einfach falsch verstanden.« Lola stellte ihre Tasse, aus der sie kaum getrunken hatte, so abrupt zurück, dass der Tee überschwappte.

Ingeborg erhob sich. »Ich glaube, es ist Zeit, zu Bett zu gehen. Ich zeige Ihnen Ihr Zimmer.« Eine heftige Sehnsucht erfasste sie. Nach Johannes, nach Klarheit, nach irgendeinem Menschen, der ihr näher stand als diese junge Frau, die sie immer weniger in ihrer Nähe haben wollte.

Sie beschloss, Mathilde kurz zu besuchen. Die alte Dame würde sich freuen und – sie wagte kaum, es sich einzugestehen – sie verspürte mit einem Mal den Wunsch, jemanden wissen zu lassen, dass sie da war. Wie oft hatten sie völlig unbemerkt ein Wochenende hier verbracht. Sie hatten Mathilde stets ein paar Zeilen hinterlassen, damit sie nicht etwa glaubte, Vagabunden hätten das Haus kurzzeitig bewohnt. Das völlige Für-sich-Sein, das sie sonst genossen, sorgte jetzt für eine ungeahnte Beklommenheit.

Mürrisch hatte Lola zur Kenntnis genommen, dass es keinen Fernseher gab und sie ihr Bett selbst beziehen musste. Glücklicherweise stand der Wagen nicht auf dem Parkplatz, so war der Motor bestimmt nicht bis zum Haus zu hören. Sie beschloss zu warten, bis Lola schlief, und versuchte den Unwillen zu ignorieren, den sie empfand, weil sie sich in ihrem eigenen Haus auf Zehenspitzen bewegen musste.

Nachdem eine Weile nichts mehr aus dem Gästezimmer zu hören gewesen war, schlich Ingeborg hinaus. Der Regen hatte nachgelassen und war in ein Tröpfeln übergegangen. Leise zog sie die Autotür ins Schloss und drehte den Zündschlüssel – nichts tat sich. Sie versuchte es noch einmal. Der Wagen sprang nicht an. Bislang hatte er sie noch nie im Stich gelassen.

Plötzlich wurde die Tür aufgerissen – Ingeborg zuckte zusammen. Lola stand neben ihr.

»Wollen Sie etwa weg?« Ungläubig starrte sie Ingeborg an. »Und mich hier allein lassen?«

»Ich … wollte nur kurz zu Mathilde … der alten Dame … die das Haus versorgt.« Ingeborg hörte, wie atemlos ihre Stimme klang. »Sie macht sich immer Gedanken, wenn … ich mich nicht ankündige und sie mitbekommt, dass jemand hier ist.« Sie fühlte sich ertappt und sie hasste dieses Gefühl. Und sie hasste es, ausgerechnet von Lola ertappt zu werden.

»Vielleicht bekommt sie es ja nicht mit.«

Ingeborgs Blick fiel auf das Messer in Lolas rechter Hand. Lola folgte ihrem Blick.

»Ich hab was gehört und bin in Panik geraten. Ich habe bei Ihnen nachgesehen, und als Sie nicht da waren, da musste ich mich doch bewaffnen, oder?«

Ingeborg stieg zögernd aus. Sie entsann sich, dass Lola einmal mit ihren technischen Kenntnissen geprahlt hatte. »Können Sie nachgucken, warum er nicht anspringt? Sie kennen sich doch mit Autos aus!«

Ruckartig blieb Lola stehen. »Wie kommen Sie denn darauf?«

»Sie haben doch erzählt, dass Sie den alten Tour-Bus der Band repariert haben.«

»Ich hab nicht die leiseste Ahnung von Autos.« Lola hakte sie unter. »Hab bloß ein bisschen was aufgeschnappt, um bei den Jungs Eindruck zu schinden. Die fanden's cool, wenn ihre Sängerin mit dem Mechaniker fachsimpelt, ob's der Keilriemen noch 'ne Weile macht.«

Immer wenn ihr Arm beim Gehen nach vorn pendelte, blitzte die Messerklinge im Mondlicht auf. Lola musste die ganze Schublade durchsucht haben. Dieses große Messer lag weit hinten, weil es so selten benutzt wurde.

Ein Messer hatte auch beim ersten Anschlag auf Lola eine Rolle gespielt. Seit dem ersten Drohbrief hielt sie eines in ihrer Manteltasche verborgen, um sich verteidigen zu können. Der Täter hatte es ihr entrissen und sie bei dem Kampf leicht verletzt. Ingeborg hatte Lola im Krankenhaus besucht, wo man ihr versicherte, der Schock sei das Problem, nicht die Verletzungen.

»Was meinen Sie, wie oft ich junge Mädchen mit ähnlichen Wunden versorgen muss?«, hatte ein Assistenzarzt angemerkt und seine Theorie sogleich psychologisch untermauert: »Wenn jemand innere Wunden hat, versucht er mitunter durch äußere, die er sich selbst zufügt, darauf hinzuweisen.«

Ingeborg hatte kühl entgegnet, dass Lola das Opfer eines brutalen Überfalls geworden war und sich – zumal als Linkshänderin – diese Art Verletzungen gar nicht zugefügt haben konnte. Bei dem Unbekannten, der Sonja Fehrlein niedergeschlagen hatte, ging die Polizei ebenfalls von einem Rechtshänder aus.

Ingeborg versuchte sich vorzustellen, sie würde dies alles nicht erleben, sondern in einem Roman lesen. Was würde ihr zu denken geben, wenn es um ein Manuskript ginge? Wie würde sie ihre zwiespältigen Empfindungen auf den Punkt bringen? Sie wusste, dass irgendetwas nicht stimmte. Aber was? Bei Romanhandlungen gelang es ihr stets, die richtigen Fragen zu stellen, wenn ihr bei einer Geschichte Zweifel kamen.

»Wie wär's auf den Schrecken mit einem Schlummertrunk?«, unterbrach Lola Ingeborgs Überlegungen und schloss die schwere Haustür. Sie drehte den Schlüssel zweimal herum und schob sogar den riesigen Riegel vor, er quietschte unüberhörbar. Unbemerkt das Haus zu verlassen war jetzt unmöglich. Ingeborg hatte kurz daran gedacht, vielleicht zu Fuß ins Dorf zu laufen, nur ein kleiner Abendspaziergang … Dann ärgerte sie sich über sich selbst. Wovor fürchtete sie sich? Vor einer überspannten Zwanzigjährigen? Vor ihrem Verfolger? Oder davor, dass es ihn gar nicht gab?

»Ich weiß nicht, was wir hier haben.« Ingeborg trat an die kleine Bar. »Brandy, Rum, Sherry.«

»Fehlt nur noch Magenbitter, was!« Lola schaukelte auf der Lehne eines Sessels. »Das ist ja wie beim Donnerstags-Seniorentreff. Daraus kann man nicht mal 'nen vernünftigen Cocktail mixen. Lassen Sie mich raten«, Lola rutschte von der Lehne in den Sessel. »Ein Brandy für den Herrn und für die Dame des Hauses einen Sherry.« Sie schlug die Beine übereinander. »Also nehmen wir Damen jetzt auch einen Sherry. Wie in den Edgar-Wallace-Filmen. Dieses Haus könnte übrigens 'ne richtig gute Filmkulisse für solche Streifen abgeben. Ich kenn da einen aus der Branche – soll ich den mal fragen? Vielleicht kriegen Sie sogar 'ne kleine Rolle?!«

»Besten Dank«, Ingeborg reichte ihr ein Glas. »Aber wir schätzen hier vor allem die Ruhe. Da passt ein Filmteam nicht so recht ins – Bild.«

»Haha, ins Bild!« Lola trank ihren Sherry in zwei Zügen,

stand auf und schenkte sich nach. »Haben Sie eigentlich keine Angst?«, fragte Lola beiläufig, während sie sich umdrehte. »Er könnte uns doch gefolgt sein. Ihre Vorzimmerlady hat erzählt, Sie hätten auch so einen Brief gekriegt, in dem er Sie bedroht hat.«

Erstaunt sah Ingeborg auf. Ihre Sekretärin hatte von diesem Schreiben doch erst am Nachmittag erfahren, als die Kommissarin kurz vor Ingeborgs Abfahrt ins Büro kam und ihr das Ergebnis der Untersuchung mitteilte: Der Brief stammte vom gleichen Absender. Da war Lola aber schon in Begleitung eines Freundes packen gegangen.

»Sorry – ich bin manchmal 'n bisschen zu persönlich.« Lolas Lächeln wirkte aufrichtig. »Vielleicht liegt's daran, dass ich keine persönlichen Themen hab. Nicht mal ein Privatleben, das ich schützen müsste oder so. Das Jugendamt hat Gutachten über meine Gefühle verfasst, als ich mir noch nicht mal klar darüber war, was ich überhaupt fühlte. In der Band hockten wir so nah aufeinander, dass man nichts geheim halten konnte, tja, und jetzt ist mein Leben erst recht öffentlich. Manchmal wüsst ich echt gern, wie es ist, wenn es da etwas gibt, das keiner über einen weiß.«

»Ich – bin genauso in Sorge wie Sie!« Ingeborg lächelte zurück. »Und außerdem bin ich müde. Die Aufregung der letzten Tage und die Fahrt haben mich ziemlich erschöpft.«

Unter der Dusche gelang es Ingeborg, ihre Gedanken zu ordnen. Vielleicht hatte sie den Brief in irgendeinem Zusammenhang selbst erwähnt, und Lola hatte es zufällig mitbekommen oder möglicherweise bei einem der Gespräche mit der Polizei davon erfahren. Im Grunde war Lola bedauernswert. Nicht nur aufgrund der aktuellen Ereignisse. Sie stammte aus schwierigen Verhältnissen, Vater unbekannt, Mutter aus gutem Hause, aber Alkoholikerin, mit immer neuen Entziehungskuren und diversen Aufenthalten in der Psychiatrie. Wenn diese

Geschichten, die Ingeborg sich aus den wenigen Stichworten zusammengesetzt hatte, nicht zur Legendenbildung erfunden worden waren, dann hatte Lola es alles andere als leicht gehabt.

Sie hüllte sich in ihren Bademantel. Die heiße Dusche hatte ihr gut getan. Der Kopfschmerz war fast verschwunden. Mit dem Kamm trat sie an den Spiegel. Zuerst richtete sie den Föhn auf das beschlagene Glas – und erstarrte. Neben ihrem Spiegelbild erschien eine Gestalt, die am Fenster hinter ihr stehen musste! Sie fuhr herum – an der Scheibe war jedoch niemand zu sehen. Sie ließ den Kamm fallen, war mit einem Satz beim Fenster und riss es auf. Sie beugte sich hinaus, konnte aber nichts entdecken.

Pass auf, dass du nach diesem Wochenende nicht genauso ein Nervenbündel bist wie dieses Mädchen!, schalt sie sich selbst. Sie schloss das Fenster und bedauerte zum ersten Mal, dass es keinen Vorhang gab. Weder Johannes noch sie mochten Gardinen. Sie zogen den freien Blick auf die große Wiese vor.

Als sie aus dem Bad kam, traf sie Lola auf dem Flur.

»Können Sie auch nicht schlafen?« Lola fröstelte. Ungeschminkt wirkte sie kindlich und schutzbedürftig. Als Ingeborg sie so sah, wusste sie wieder, warum sie das Mädchen eingeladen hatte.

»Ich weiß, es klingt viel leichter, als es ist: Versuchen Sie mal, sich klarzumachen, dass er nur so viel Macht über Sie hat, wie Sie allein ihm zugestehen!« Ingeborg sah sie aufmunternd an. »Das Schlimmste, was Sie ihm antun können, ist – ihn nicht zu fürchten. Das macht seinen Triumph zunichte! Lassen Sie nicht zu, dass er einen anderen Menschen aus Ihnen macht. Bleiben Sie ganz Sie selbst!«

Unvermittelt legte Lola beide Arme um Ingeborg. »Ganz vielen Dank, dass ich bei Ihnen sein darf! Ich kann immer so schlecht danke sagen!« Sie drückte ihr einen Kuss auf die Wange. Dann löste sie sich ebenso schnell wieder aus der Umarmung und stürzte mit einem Ausruf der Begeisterung auf die Gitarre zu, die in der Ecke lehnte. Johannes spielte hin und wieder.

»Darf ich?«, sie hatte die Gitarre bereits in der Hand und griff in die Saiten.

Ingeborg erkannte die alte Melodie, obwohl Lola sehr frei interpretierte.

»Marmor, Stein und Eisen bricht«, rockte sie übermütig, »aber unsere Lola nicht!! Alles alles geht vorbei, und ich bleib mir treu!«

Ingeborg musste lachen über die schmale Gestalt, die barfuß eine bühnenreife Show hinlegte.

»Ich kann's nicht besonders«, Lola lachte ebenfalls, »aber dafür hab ich meinen Spezialtrick.« Sie drehte die Gitarre um und spielte mit der Rechten den Refrain noch einmal.

»Ich bin beidhändig – kam immer gut!« Dann verschwand sie mit einer Verbeugung in dem Arbeitszimmer, das zum ersten Mal einen Gast beherbergte.

Verwirrt ging Ingeborg ins Schlafzimmer und legte sich mit dem Manuskript, das sie fürs Wochenende mitgenommen hatte, ins Bett. Der Roman einer Nachwuchsautorin. Seit Lolas Erfolg wurde sie mit Erstlingswerken junger Autoren erst recht überhäuft. Dies hier war ein verworrenes Skript, das allerdings einige Qualitäten aufwies. Die Idee beruhte darauf, dass alle hinter einer Familienintrige den Falschen vermuteten, bis sich herausstellte: Das »Opfer« selbst hatte das stärkste Motiv.

Abrupt setzte sie sich auf. Und wie war es bei Lola? Der Verlag, die »Hard Hearts« und – Lola profitierten von den Ereignissen und dem enormen Medieninteresse. Aber reichte das als Motiv? Sollte tatsächlich ein Mitglied der Band ... Oder jemand aus der Musikbranche? Doch was gab es in dem Buch schon so Entlarvendes? Und innerhalb des Verlages? Das war absurd. Wie absurd aber war es, wenn eine junge Frau mit offensichtlich übersteigertem Wunsch nach Ruhm alles tat, um endlich ein »Star« zu werden?

Wo war Lola eigentlich, als Frau Fehrlein niedergeschlagen wurde? Ingeborg erinnerte sich, dass Lola beim Eintreffen der Polizei nicht in ihrem Büro war und zunächst befürchtet wurde, die Autorin sei in der Tiefgarage überfallen worden, bis sie irgendwann unverletzt und offenbar ahnungslos auf der Bildfläche erschien.

›Der Winkel, in dem Frau Fehrlein getroffen wurde‹, erinnerte sie sich an die Erläuterung des Sachverständigen, ›zeigt, dass der Täter von kleiner Statur ist.‹ Dann hatte die Kommissarin Ingeborg bemerkt und das Gespräch beendet.

Ingeborg vergewisserte sich, dass ihre Tür verschlossen war, und löschte das Licht.

Sie war kaum eingeschlafen, als sie von Schreien und dumpfen Schlägen geweckt wurde. Zunächst konnte sie die Geräusche nicht lokalisieren – bis ihr klar wurde, dass sie aus dem Erdgeschoss kamen. Jemand musste ins Haus eingedrungen sein! Sie sprang aus dem Bett – was sollte sie tun? Neben der Tür lehnte Johannes' Wanderstock, sie griff danach und trat vorsichtig auf den Flur. Unten war ein Kampf zu hören. Sie näherte sich leise der Treppe. Dieser Wahnsinnige hatte sie bis hierher verfolgt! Ingeborg rannte die Stufen hinunter.

»Loslassen! Aufhören!«, schrie sie, erkannte aber im Halbdunkel, dass Lola bewaffnet war, nicht der Mann. Lola fuchtelte mit einem Messer so nah vor seinem Gesicht herum, dass er mit erhobenen Händen zurückwich. Dabei stieß er gegen einen Stuhl und fiel hin. Er blieb liegen und sprach auf sie ein, während Lola sich mit ihrem Messer über ihn beugte. Ingeborg konnte aus der Entfernung nicht verstehen, was er sagte, aber es klang nicht aggressiv, sondern eher beschwichtigend.

»Was willst du von mir?! Was habe ich dir denn getan?«,

brüllte Lola. Dann rief sie Ingeborg um Hilfe. »Haben Sie ein Gewehr, eine Pistole?« Lola sprang aufgeregt um ihn herum, das Messer drohend in beiden Händen. »Schnell, ein Seil – wir müssen ihn fesseln!«

Ingeborg starrte den Mann an. Sie zitterte. Der Mondschein war die einzige Lichtquelle. Die Dielenleuchte war bei dem Kampf zu Bruch gegangen. Den Blick auf den Mann gerichtet und auf Lola, die ihn in Schach hielt, ging Ingeborg zur Küche und knipste dort die Lampe an, um den Flur zu beleuchten. Schaudernd erinnerte sie sich an das Gesicht im Spiegel. Also hatte sie sich nicht getäuscht!

Doch als sie den Mann endlich bei Licht sah, erschrak sie – der am Boden Liegende war Pierre, der Neffe von Mathilde! Er tauchte regelmäßig bei seiner Tante auf, wenn er mal wieder seinen Job verloren hatte, und half im Gasthof aus. Er blutete am Arm.

»Mein Gott, Pierre!« Ingeborg ließ den Stock fallen.

»Was sollen wir denn nur machen? Helfen Sie mir doch!« Lola war völlig aufgelöst.

Ingeborg fasste sie an den Schultern und schüttelte sie. »Hören Sie auf mit dem Geschrei und holen Sie Verbandszeug aus dem Bad – laufen Sie schon!« Dann beugte sie sich über Pierre und half ihm auf.

Erleichtert erkannte er Ingeborg, ließ sich zu einem der Küchenstühle führen und von ihr verbinden. Er stöhnte laut, obwohl es nur ein oberflächlicher Schnitt war, und berichtete vorwurfsvoll, seine Tante habe Licht gesehen und ihn gedrängt, nach dem Rechten zu schauen. Er hielt ihr Mathildes Schlüsselbund unter die Nase. Nachdem Ingeborgs Wagen nicht auf dem Parkplatz stand, habe er geklopft und dann aufgeschlossen. Schon sei diese Frau – er deutete auf Lola, die noch immer verschreckt und misstrauisch vom anderen Ende des Tisches zu ihm herübersah – über ihn hergefallen. Er schien sich in seiner Wehleidigkeit zu gefallen, nahm die Entschuldigungen aber schon fast versöhnt an und versprach, mit Mathilde am nächsten Tag zum Nachmittagstee zu kommen.

Lola stand noch so sehr unter Schock, dass es eine Weile dauerte, sie zu beruhigen und ins Bett zu verfrachten. Schuldbewusst gestand Ingeborg sich ein, dass ihre Zweifel an Lola ungerechtfertigt gewesen waren.

Wenn die Sonne schien, gab es nur einen Ort, an dem man frühstücken konnte. Lola saß bereits auf der Terrasse. Der Regen war vergessen, und die Schönheit dieses Morgens würde sogar die Ereignisse der vergangenen Nacht vertreiben.

»Ist das nicht ein traumhafter Anblick? Sie haben sich den richtigen Platz ausgesucht!«

Vorsichtig balancierte Ingeborg das Tablett. Als sie hinaustrat, stieß sie mit der Schuhspitze gegen einen kleinen harten Gegenstand. Er rollte über die Terrasse bis vor Lolas Füße. Ingeborg blieb reglos in der Küchentür stehen.

»Das ist ja einer von mir! Schön, dass Sie ihn gefunden haben!«, rief Lola fröhlich und hob den hellblau leuchtenden Stein auf. Vorsichtig säuberte sie ihn und befestigte ihn an ihrem Armband. »Der Aquamarin ist mein Stein. Ich bin vor paar Wochen von so einem Steinfuzzi analysiert worden. Müssen Sie unbedingt auch mal machen lassen, die können Ihren persönlichen Glücksstein bestimmen!«

Ingeborg sah wieder das Plastiktütchen vor sich mit dem kleinen hellblauen Stein. Die Kommissarin hatte den Beutel gegen das Licht gehalten, um das Fundstück vom Ort des Überfalls aus der Tiefgarage zu betrachten. Der blaue Stein war neben Sonja Fehrlein gefunden worden.

Versonnen betrachtete Lola ihr Kettchen. »Überall, wo ich je war, habe ich ein Souvenir gekauft, gefunden oder geschenkt bekommen.«

Oder verloren, dachte Ingeborg.

»Von jetzt an kauf ich nur noch Aquamarine. Kein Gold und Silber mehr. Überhaupt kein Metall. Nur Steine fangen das Licht ein«, Lola bewegte ihre Hand, sodass die kleinen Figuren, Münzen und Steine tanzten und ihr charakteristisches Klimpern ertönte.

»Da fehlt noch einer«, Ingeborg lauschte ihrer Stimme nach, die ihr fremd erschien.

Lola begann das Armband aufmerksam zu untersuchen. »Stimmt! Und das sehen Sie auf diese Entfernung? Wahnsinn!« Sie hielt die Hand hoch, und die Anhänger glitzerten in der Sonne.

»Das macht nichts, wenn einer weg ist. Was zählt, ist, es hat ihn mal gegeben. Das wünsch ich mir auch für mich – dass alle wissen, es hat mich gegeben. Und wenn es einen mal gegeben hat, dann ist das Leben und Sterben nicht so sinnlos, oder?«

Lea Wilde
Die Königsmacherin

I.

Obwohl Ingeborg wusste, dass es nichts brachte, ärgerte sie sich jedes Mal aufs Neue, wenn die Leute so taten, als ob sie an ihrem Schreibtisch sitzend nichts weiter tun müsse, als mit einer Art unsichtbaren Wünschelrute über die ersten Seiten eines in aller Regel unverlangt eingesandten Manuskripts zu gleiten und darauf zu warten, dass die Rute in ihrer Hand ausschlug. Und schwups, war der nächste Bestseller entdeckt und brauchte nur noch rasch unter Vertrag genommen und gedruckt und dem Buchhandel auf den Tisch gepackt zu werden, um allerorten eitel Freude und Sonnenschein – das liebe Geld nicht zu vergessen – zu erzeugen.

Wenn es doch nur so leicht wäre!

Ingeborg zog einen neuen Stapel Manuskripte näher an sich heran und schob den bereits abgearbeiteten Berg unveröffentlichter Werke – und dabei würde es wohl auch bleiben, so Leid es ihr tat – von sich weg, als schon wieder das Telefon klingelte. Wie sollte man da noch einen klaren Gedanken fassen können, geschweige denn die sprichwörtliche Nadel im Heuhaufen finden? Sie winkte ihrer Mitarbeiterin ab, die sich offenbar opfern wollte, und meldete sich mit der ihr eigenen leisen, ruhigen Stimme. Als sie den Hörer ein paar Minuten später auflegte, kochte sie allerdings innerlich.

Seitdem dieses Porträt im »Mirror« über sie erschienen war, glaubte jeder, mal eben ihre Meinung erfragen zu müssen. Sollte sie jetzt etwa auch noch auf der Basis einer am Telefon in Kurzform erzählten Geschichte Ferndiagnosen liefern? Ja, das ist der nächste Hit … gratuliere … keine Ursache … ist doch selbstverständlich unter Kollegen.

Selbstverständlich? Sie konnte sich nicht erinnern, umgekehrt jemals einen brauchbaren Tipp von jemandem erhalten zu haben, der für die Konkurrenz arbeitete. Und das, was diverse Agenten ihr mit schöner Regelmäßigkeit als *die* Entdeckung antrugen, taugte in aller Regel auch nicht viel. Manchmal argwöhnte sie, dass dieser in Deutschland noch relativ junge Berufsstand vor allem an einer saftigen Provision und weniger an der Vermittlung eines echten Talents interessiert war.

Sei's drum! Sie hatte wohl wirklich keine andere Wahl, als sich weiter Tag für Tag und Woche für Woche durch diese nie kleiner werdenden Stapel auf ihrem Schreibtisch zu arbeiten und zu hoffen, dass irgendwann wieder ein Juwel dabei war. Um sich aufzumuntern, schenkte sie sich eine Tasse Tee ein, fügte einen kräftigen Schuss Milch und zwei Löffel Zucker für die Nerven hinzu, rührte um und begann zu lesen. Sie schreckte erst auf, als ihre Mitarbeiterin wissen wollte, ob sie ihren Tee neuerdings kalt tränke.

»Kalt? Wieso kalt? Nein, du weißt doch, dass ich keinen abgestandenen Tee mag.«

»Aber nach bald zwei Stunden ist er abgestanden, sieh dir nur den Film am Tassenrand an! Soll ich dir rasch noch einen frischen Tee bringen?«

»Nein, lass nur, ich hab alles, was ich brauche.« Erneut beugte Ingeborg sich vor, die Ponyfransen der klassischen Pagenfrisur fielen vor ihre Augen, die sich begierig an die Buchstaben dort hefteten. Buchstaben, die sich zu Wörtern und Sätzen und schließlich zu einer Geschichte formten, welche sie mitriss. Sie war bereits auf Seite 106 angelangt.

»Hoppla, du bist doch nicht etwa fündig geworden?«, insistierte Tanja.

»Gleich«, wehrte Ingeborg ab, »lass mich erst zu Ende lesen, bitte.«

»Aber das sind noch mindestens zweihundert Seiten, und es ist schon nach sechs. Die Putzfrau hat gesagt, wenn wir heute schon wieder länger bleiben, streikt sie.«

»Dann nehme ich mir …«, Ingeborg pausierte kurz und blätterte zum Deckblatt zurück, auf dem fett gedruckt der Titel stand, »… also dann nehme ich mir die *Fuge einer disharmonischen Liebe* halt mit heim.«

»Ist das etwa der Titel?« Und als Ingeborg nickte: »Was für ein bescheuerter Titel! Oder gefällt der dir etwa?«

Diesmal schüttelte Ingeborg den Kopf. Eingedenk der Drohung der Putzfrau stand sie widerstrebend auf, schob das Manuskript mit dem unsäglichen Titel, der so gar nicht zu dieser warmherzigen Geschichte passen wollte, vorsichtig in ihre Aktentasche und steuerte mit einem vagen »Bis morgen!« die Tür zum Flur an. Sie war wie in Trance, ihre Mitarbeiter kannten das schon, in solchen Fällen zogen sie sich klugerweise zurück und stellten das Fragen ein, obwohl ihre Gesichter die blanke Neugier verrieten. Sie waren ein gut eingespieltes Team.

II.

Ingeborg wusste, dass sie ihrem Gespür vertrauen durfte, nach so vielen Jahren Arbeit als Lektorin war das keine Hexerei. Im Grunde hatte sie schon nach den ersten dreißig Seiten gewusst, dass diese Geschichte funktionierte und die Leserin an der Hand nehmen und mitziehen würde. Doch eingedenk dieses Porträts im »Mirror« und auch weil sie sich unschwer die Häme mancher Leute ausmalen konnte, falls auch sie mal danebengriff, hielt sie sich zurück und zwang sich, das Manuskript in dieser Nacht ein zweites Mal zu lesen. Mit professionellem Abstand, das befahl sie sich selbst, mit einem wachsamen Auge für all jene sattsam bekannten Stolperstellen, die eine Geschichte nur zu leicht kippen lassen können. Doch sie fand nichts dergleichen.

Als sie gegen Morgen endlich das Licht neben ihrem Bett löschte, um wenigstens noch vier Stunden Schlaf mitzunehmen, war sie felsenfest davon überzeugt, dass die einzigen Ungereimtheiten der Titel, das statt Adresse angegebene Postfach und der Name der Autorin waren. Bella von Bornstetten. Dieser Name klang künstlich und ließ sie an einen Groschenroman denken. Ingeborg bezweifelte, dass der Name echt war. Warum wohl hatte die Autorin sich für dieses Pseudonym entschieden, das so gar nicht zu ihrem Schreibstil passte? Man konnte wohl ausschließen, dass sie prominent war und ihre wahre Identität deshalb erst mal hinter einem erfundenen Namen verstecken wollte.

Diese Geschichte, davon war Ingeborg mehr denn je überzeugt, war zu großen Teilen selbst erlebt worden, zwischen den Zeilen las sie jede Menge Herzblut und eine Sehnsucht, wie wohl nur Frauen in der Lebensmitte sie so empfinden können. Frauen, die an jenem Punkt angekommen sind, wo die Zeit endlich und jeder Tag kostbar wird und die Liebe eine Gestalt annimmt, in der Vergangenes und Zukünftiges aufeinander treffen, man nicht mehr so leichtfertig über Bord wirft, was einmal wichtig war, auch langsam Gewachsenes zählt, aus dem Steigflug ein sanftes Gleiten wird, bis etwas geschieht, was einen aus der Flugbahn schleudert, einem das Herz zerreißt …

Ingeborg zwang ihre Gedanken in die Realität dieses Morgens zurück. Ein Morgen wie jeder andere. Sie warf einen Blick durchs Fenster, packte sicherheitshalber einen Schirm ein und bestieg wenig später die Straßenbahn, um zum Verlag zu kommen.

Eingekeilt zwischen all den fremden Menschen, die wie sie ihrer Arbeit zustrebten, viele davon Frauen in ihrem Alter, fragte sie sich, wie diese Frauen sich wohl verhalten würden, wenn sie der Romanheldin Carlotta Freeling begegneten. Ob sie ähnlich wie Ingeborg selbst aufgerüttelt würden? Etwas wie Scham empfänden, weil es da eine Frau gab, die ganz altmodisch und wider jede Vernunft einen Mann weiterliebte, der sie betrog, verließ und zurückkam, als sie gerade selbst Vergessen in den Armen eines anderen suchte? Eine in vielen Jahren gewachsene Liebe, die wie ein warmer Mantel war, den man nicht einfach ausziehen und durch einen neuen ersetzen konnte, weil jede Geste und jedes Wort die Erinnerung beschwor, wie es damals war. Bilder voller Wärme, süß und schwer zugleich, Bilder, die nicht verblassen wollten …

Werd jetzt nur ja nicht rührselig! Ingeborg stieg aus, betrat wenig später das Verlagshaus und weigerte sich, ihre Meinung kundzutun, bevor Tanja selbst gelesen hatte, was beim Umfang dieses Manuskripts bis zum späten Nachmittag dauern dürfte. In der Zwischenzeit telefonierte Ingeborg mit Autorinnen, sichtete die Entwürfe des neuen Graphikers für das nächste Programm, überarbeitete ein paar Texte für die Vorschau, schrieb ein von der Verlagsleitung erbetenes Gutachten und telefonierte schließlich mit einem Mann, der sich als Bruder von Bella von Bornstetten vorstellte.

Die Stimme klang seltsam verzerrt, trotzdem kam sie Ingeborg bekannt vor. Woher nur kannte sie diese Männerstimme mit den übertrieben betonten Endungen? Es wollte ihr partout nicht einfallen und spielte ja vielleicht auch gar keine besondere Rolle. Hauptsache, sie bekam statt der Postfachadresse die Anschrift und vor allem die Telefonnummer der Autorin. Doch beides wollte deren Bruder nicht herausrücken, er behauptete steif und fest, seine kleine Schwester sei extrem schüchtern und habe ihn autorisiert, in ihrem Namen einen geeigneten Verlag ausfindig zu machen.

»Ich könnte mir durchaus vorstellen, dass Sie das sind. Ein renommiertes Verlagshaus, auch das Genre passt in Ihr Programm, natürlich wäre dann noch neben der Platzierung die Frage des Fixums und der Prozente zu klären.«

Die Worte klangen sehr professionell in Ingeborgs Ohren, ihr unsichtbarer Gesprächspartner schien genau zu wissen, worauf es ankam. Dagegen war grundsätzlich nichts einzuwenden, sie wollte ja niemanden über den Tisch ziehen, das war nicht ihr Stil. Im günstigsten Fall bilden Verlag und Autor eine Einheit. Was nur störte sie? Die gekünstelte Sprechweise? Die Arroganz dieses Mannes? In Ingeborg rührte sich Widerstand, das kam ganz spontan. Gleichzeitig wuchs ihr Bedürfnis, mehr über diese Autorin zu erfahren.

»Nun ja«, wehrte sie ab, »zunächst muss ja sowieso einmal geprüft werden, ob das Manuskript überhaupt etwas taugt.«

»Heißt das, Sie haben es noch gar nicht gelesen? Dabei habe ich schon vor vierzehn Tagen die Empfangsbestätigung aus Ihrem Sekretariat bekommen.«

»Wir erhalten sehr viele Manuskripte, tagtäglich, da muss Ihre Schwester sich wohl noch etwas gedulden. Wie alt ist sie eigentlich?«

»Stella ist erst dreiundzwanzig, deshalb hat sie mich ja auch bevollmächtigt …«

»… wieso Stella?«, fiel Ingeborg ihm ins Wort. »Ich denke, Ihre Schwester heißt Bella?«

»Natürlich, natürlich, ein kleiner Versprecher, Sie können einen wirklich nervös machen. Wenn ich mir vorstelle, meine kleine Schwester wäre jetzt an meiner Stelle, sie würde glatt zusammenbrechen und einen Rückzieher machen, so sensibel, wie sie ist.«

»Keine Bange, im Umgang mit empfindsamen Autorenseelen sind wir hier alle sehr versiert … Es wäre wirklich besser, wenn Sie mir für etwaige Nachfragen die Telefonnummer Ihrer Schwester gäben.«

»Immer hübsch langsam mit den jungen Pferden! Step by step! Was halten Sie davon, wenn Sie uns erst mal was Schriftliches an die Hand geben? Ein, zwei Seitchen, aus denen hervorgeht, wie Sie die Chancen dieses Werks konkret einschätzen. Halt das Übliche.«

Das Übliche? Ingeborg fragte sich, woher ihr unsichtbares Gegenüber die Gepflogenheiten in diesem oder auch anderen Verlagshäusern kennen wollte. Sie räusperte sich und wollte gerade nachhaken, als ihr Gesprächspartner ihr zuvorkam.

»Ach ja, es wäre nett, wenn Sie etwas Gas geben könnten. Bis dann.«

Aufgelegt! Ingeborg starrte auf die Sprechmuschel, in ihrem Kopf ging es rund, so als ob von entgegengesetzten Seiten in ihrem Schädel zwei Gedanken aufeinander zustrebten und sich immer wieder verfehlten, obwohl sie doch zusammengehörten. Blödsinn! Demnächst glaubte sie noch selbst an diesen Humbug von wegen Wünschelrute und unschlagbarer Intuition.

Fakt war, dass sie keine Chance hatte, sich direkt mit der Autorin in Verbindung zu setzen. Dreiundzwanzig Jahre? Dass sie nicht lachte! Nie im Leben schrieb so eine blutjunge Frau, aus jeder Zeile sprangen die Leserin die Erfahrungen einer reifen Frau an. Lügen, dachte Ingeborg, nichts als Lügen! Wenn die Geschichte ihr nicht so gut gefallen hätte, hätte sie sie am liebsten mit einem Standardbrief an die Postfachadresse zurückgeschickt. »Wie bedauern sehr, zurzeit in unserem Programm …«, das Übliche halt.

Es ging bereits auf zwanzig Uhr zu, als die Putzfrau an diesem Abend unverrichteter Dinge abzog, weil Ingeborg und ihre Mitarbeiterin noch immer die Köpfe zusammensteckten und keine Störung duldeten, zu denen auch das Brummen eines Staubsaugers zählte. Alle beide waren davon überzeugt, einem Juwel auf der Spur zu sein, sie suchten bereits nach einem passenden Titel und hatten sogar schon ein paar gute Ideen für ein Cover zusammengetragen, auch die übliche Beurteilung nebst Angebot lag fix und fertig auf dem Tisch. Es wäre nahe liegend, sie in einen Umschlag zu stecken und loszuschicken und darauf zu warten, dass die Autorin oder ihr Bruder sich meldeten, um den Vertrag unter Dach und Fach zu bekommen. Nichts dergleichen passierte.

»Morgen!«, sagte Ingeborg beim Abschied. »Ich will erst herausbekommen, woher ich die Stimme von diesem Bruder kenne. Ich möchte schwören, es ist einer aus der Branche. Das belegt auch seine Ausdrucksweise, er kennt sich aus. Andererseits fragt man sich doch, warum jemand diese Trumpfkarte nicht offen ausspielt.«

»Wieder einer von Ingeborgs Fällen, wie?«, witzelte Tanja.

»Lästere du nur! Aber ich werde nun mal den Verdacht nicht los, dass etwas nicht mit rechten Dingen zugeht. In unserem Gewerbe gibt es wie überall schwarze Schafe. Ich könnte mir durchaus vorstellen, dass jemand von der Konkurrenz uns aufs Glatteis führen will.«

»Und wie soll das funktionieren?«

»Keine Ahnung! Eins steht jedenfalls für mich fest: Bei diesem Telefonat lief alles darauf hinaus, dass ich mich vorab schriftlich zu dem Werk äußern soll. Bloß warum? Wer hat was davon, wenn er nicht hinterher bei uns unter Vertrag genommen werden will? Und irgendwie kann und will ich mir nicht vorstellen, dass man bei einem anderen Verlag so weit ginge, nur um mir eins reinzuwürgen, dafür bin ich auch einfach nicht wichtig genug. Mal ganz abgesehen davon, dass es niemandem etwas brächte.«

»Und wenn jemand deine Stellungnahme als eine Art Gütesiegel benutzt? Du wirst im Mirror nicht umsonst als Königsmacherin hingestellt. Nur mal angenommen, einer käme auf die Idee, auf diesem Umweg zu testen, ob ein Stoff etwas taugt? Und wenn du ihm bestätigst, dass das so ist, schwarz auf weiß, dann …«

»… geht derjenige damit bei anderen Verlagen hausieren und holt das Maximum für das bestsellerverdächtige Werk raus«, ergänzte Ingeborg nachdenklich. »Damit fällt der Hauptverdacht auf die Autorin und/oder ihren Agenten.«

»Du sagst es.«

»Ich glaube aber nicht, dass die Frau, die diesen Roman geschrieben hat, so berechnend vorgeht. Das ist eine durch und durch warmherzige Person, so was tut die nie und nimmer.«

»Bliebe nur noch der Agent, das unbekannte Wesen. Immer vorausgesetzt, dass es überhaupt einen Agenten gibt.«

»Das werden wir morgen herausfinden. Weißt du was? Morgen rufst du systematisch alle Literaturagenten an, die wir gespeichert haben. Ich kann nicht anrufen, weil die meisten meine Stimme kennen. Irgendwie sagt mir mein Gefühl, dass wir fündig werden.«

III.

Ingeborg sollte Recht behalten. Sie verzichtete auf ihre Mittagspause, um die von Tanja mitgeschnittenen Telefonate abzuhören, neben sich einen Becher Tee und eine noch ofenwarme Laugenbrezel, deren Duft ihr verführerisch in die Nase stieg, als nach einem kurzen Knacken die siebte Sprechprobe begann. Die Endungen der einzelnen Wörter wurden auffällig betont, in Ingeborgs Kopf machte es klick. Volltreffer! Der Inhaber der Agentur Link war ihr von der ersten Sekunde an unsympathisch gewesen, daran hatten auch ein üppiger Blumenstrauß zum Geburtstag und eine Flasche Champagner zu

Weihnachten nichts geändert. Sie mochte diesen Typ nicht, und wie es aussah, hatte sie jetzt sogar einen handfesten Grund, ihn nicht zu mögen.

In ihrer Aufregung merkte sie gar nicht, dass sie die Laugenbrezel zu winzigen Bröseln zerkrümelte. Sie hielt erst inne, als Tanja aus ihrer Mittagspause zurückkam und wissen wollte, ob sie nicht besser das Fenster öffnen solle.

»Wieso das Fenster?«, fragte Ingeborg irritiert.

»Na ja, wegen dem Futter für die Piepmätze, das du da ausgestreut hast. Oder ist was mit deinen Zähnen nicht in Ordnung?«

»Mit meinen Zähnen ist alles bestens, und mit meinem Kopf auch. Ich habe den Übeltäter identifiziert. Es ist dieses aalglatte Ekelpaket Robert Link.«

»Und du bist dir ganz sicher?«

»Bombensicher.« Und als Tanja nicht sofort reagierte. »Eine Schwester hat er definitiv auch nicht.«

»Und was nun? Willst du ihn anrufen und ihm alles auf den Kopf zusagen?«

»Bestimmt nicht!«

»Nun komm schon und lass dir nicht jedes Wort einzeln aus der Nase ziehen. Was hast du vor? Eine Anzeige im Buchreport? Würde sich bestimmt hübsch machen, brächte dir aber unterm Strich eine Menge Ärger ein, und teuer wäre es auch.«

»Ich habe eine viel bessere Idee. Sei so lieb und such mir mal die Telefonnummer vom Rodenkirchener Käseblatt raus.«

»Rodenkirchen ist der Kölner Vorort, in dem dieser Roman spielt, korrekt?«

»Korrekt«, stimmte Ingeborg sichtlich vergnügt zu.

»Und wie kommst du darauf, dass die dort ein Käseblatt haben?«

»Erstens hat das so gut wie jeder Stadtteil, und zweitens

wird es in einem Kapitel sogar erwähnt. Halt, jetzt fällt mir sogar ein, wie das Blatt heißt: ›Rodenkirchener Bilderbogen‹.«

»Der Name könnte ebenso gut wie alles andere erfunden sein.«

»Wetten, dass nicht?« Ingeborg strich mit einer Hand die Krumen auf ihrem Schreibtisch zusammen und fing sie mit dem Handteller der anderen auf. »Wenn ich mich irre, darfst du mich ab sofort Piepmatz nennen!«

IV.

Den Text für die Suchanzeige im Bilderbogen faxte Ingeborg noch am selben Abend von zu Hause an die Redaktion im Kölner Süden. Gesucht wurde die Musiklehrerin Carlotta Freeling. Es war keine gewöhnliche Suchanzeige, das bewies auch der prompte Rückruf der Annahmestelle. Offenbar war man sich nicht ganz sicher, ob es sich bei diesem Text um einen Scherz handelte oder ob gar ein Verstoß gegen die guten Sitten vorlag. Schließlich war es absolut unüblich, in einer Suchanzeige darauf hinzuweisen, dass die Gesuchte der grenzenlosen und alles verzeihenden Liebe huldige.

Ingeborg versicherte, dass es sich keineswegs um einen fragwürdigen Schabernack und noch viel weniger um etwas Pornographisches handele und sie im Gegenteil aus höchst seriösen Gründen daran interessiert sei, diese Carlotta zu finden.

»Und warum schauen Sie nicht einfach ins Kölner Telefonbuch?«

»Weil es dort keinen Eintrag unter Carlotta Freeling gibt.«

»Aber eine Adresse wird sie doch haben. Heutzutage ist es ein Kinderspiel, eine fremde Adresse …«

»Es gibt definitiv keine Adresse für eine Person dieses Namens.«

»Die Dame wird ja wohl nicht unter der Brücke schlafen, oder?«, kam es leicht pampig zurück.

»Ich hoffe nicht.«

»Hören Sie, das ist alles sehr seltsam …«

»Sie sind doch auch eine Frau. Stellen Sie sich vor, da gibt es in Ihrer Nähe eine Geschlechtsgenossin, die etwas Grandioses zustande gebracht hat, sich aber nicht damit unter ihrem richtigen Namen an die Öffentlichkeit traut.«

»Wegen dieser Liebesgeschichte …?«

Ingeborg stimmte weder zu, noch widersprach sie, manchmal war das besser. Ihr Trick wirkte, die junge Frau in der Anzeigenannahme des ›Bilderbogens‹ versprach – möglicherweise getrieben vom Geräusch eines beharrlich klingelnden Telefons –, den Text nebst Ingeborgs Handynummer gegen Vorkasse abzudrucken, lediglich der Name der gesuchten Person sollte in Gänsefüßchen gesetzt werden.

Ingeborg bezahlte die Anzeige aus ihrer eigenen Tasche und hatte das Gefühl, eine kleine Lawine in Gang gesetzt zu haben. Fünf lange Tage wurde ihre Geduld auf die Folter gespannt. Der mit so viel Spannung erwartete Anruf erfolgte ausgerechnet, als sie in einer Konferenz war, und landete folglich auf ihrer Mailbox. Empörung pur, die Ingeborg wie eine wütende Katze ansprang, als sie die Nachricht abhörte. Die Attacke brach jäh ab, als die Speicherkapazität erreicht war.

»Heureka!«

»War sie das?«, wollte Tanja wissen. »War das etwa unsere mysteriöse Autorin?«

»Sie ist nicht länger mysteriös.« Ingeborg tippte auf ihr Display. Sie hielt nicht besonders viel von diesen ständig zur Unzeit bimmelnden elektronischen Teilen, doch in diesem Fall …

»Das heißt, du weißt jetzt, wie sie richtig heißt?«

»Exakt.«

»Gratuliere!«

»Danke.«

»Und nun? Wenn ich mich nicht irre, hörte die Lady sich mächtig geladen an.«

»Sie ist geladen, aber das wird sich geben, hoffe ich.« Ingeborg schloss mit einem energischen Mausklick das Textverarbeitungsprogramm, das sie gerade erst aufgerufen hatte, und rief stattdessen die Kartei mit den Adressen auf. »Da haben wir sie. Susanne Bleibtreu, wohnhaft Grimmelshausener Straße in Köln-Rodenkirchen, wer sagt es denn?« Ingeborg warf einen Blick auf ihre Armbanduhr, fuhr den PC hinunter und stand auf.

»Halt, wo willst du hin?«

»Ist doch klar, ich nehme den nächsten ICE nach Köln.«

»Du willst persönlich hinfahren? Ohne Voranmeldung? Und was ist mit unseren Vorschautexten?«

»Die kriegst du prima alleine hin, und wenn was ist, rufst du mich über dieses Plastikspielzeug an.«

»Und wenn sie gar nicht zu Hause ist?«

»Das Risiko gehe ich ein.« Ingeborg fasste sich an ihre Nasenspitze, eine verräterische Geste, mit der sie kundtat, dass sie wieder mal auf ihre Intuition setzte. Ein verrücktes Ding und zugleich ihre beste Freundin. Und was die beste Freundin einem rät, befolgt man bekanntlich.

»Ich muss«, fügte sie mit einem leicht verlegenen Lächeln hinzu.

»Verstehe. Dann viel Glück!«

V.

Das Glück, wenn man es denn so nennen wollte, hauste in einer nicht sehr hellen, winzigen Souterrainwohnung keinen Steinwurf vom Rhein entfernt. Ingeborg musste mehrmals klingeln, bis ihr aufgemacht wurde. Von einer Frau, deren Alter sich nur schwer einschätzen ließ, das lag an der fast kindhaft schmalen Figur und den verträumten Augen, die noch weit weg zu sein schienen. Das änderte sich jedoch schlagartig, als Ingeborg sich zu erkennen gab.

»Was wollen Sie von mir? Wie kommen Sie überhaupt an mein Manuskript? Niemand weiß, dass ich diesen Roman geschrieben habe, also kann auch niemand meine Carlotta und ihre Geschichte kennen. Es ist eine frei erfundene Geschichte, und meinem Mann können Sie auch nichts mehr anhaben. Er hat gebüßt, das ist vergeben und vergessen, hören Sie? Überhaupt spielt das alles keine Rolle mehr ...« Die Worte gingen in einem Schlucken unter, die klaren blauen Augen blinzelten, begannen zu schwimmen.

»Es ist also wirklich Ihre eigene Geschichte?« Ingeborg unterdrückte den Impuls, nach dem Mann zu fragen, der Carlottas Liebe gebeutelt hatte wie ein Orkan. Ob es ihn noch gab, wo er steckte, was wohl aus dem wunderschönen Haus der beiden geworden war?

»Geht Sie das etwas an? Warum wollen Sie das wissen? Sind Sie vom Fernsehen? Werde ich vielleicht schon mit einer versteckten Kamera gefilmt? Das ist ja jetzt Mode, sich am Elend von anderen Menschen zu weiden. Aber ich erlaube das nicht, ich hätte diese Geschichte nie niederschreiben dürfen, es war ein Fehler, ein schrecklicher Fehler.«

»Nein«, widersprach Ingeborg, »das war es nicht. Ihre Geschichte ist ein Geschenk an die Liebe, es ist eine wunderbare Geschichte, sie hat mich nicht mehr losgelassen. Hören Sie, Sie brauchen keinen Robert Link, um einen guten Vertrag dafür zu bekommen. Und erst recht kein Wettbieten und keine üblen Tricks, obwohl ich mir irgendwie nicht vorstellen kann, dass Sie wissen, was Ihr Agent hinter Ihrem Rücken versucht.«

»Agent? Ich habe keinen Agenten, wofür auch? Und diesen Robert Link kenne ich auch nicht. Ich habe Ihnen doch eben gesagt, dass niemand von meinem Manuskript weiß. Ich habe es für die Schublade geschrieben, wie man so sagt, dort modert es vor sich hin. Ich kann gar nicht schreiben, im Aufsatz hatte ich immer höchstens ein ›befriedigend‹.«

»Und in Musik ein ›sehr gut‹?«

Die Frau nickte, wurde rot, sah nun aus wie ein bei einer Lüge ertapptes Schulmädchen.

»Für diese Geschichte hätten Sie auch ein ›sehr gut‹ bekommen. Mindestens.«

»Ist das Ihr Ernst? Woher wollen Sie das überhaupt wissen?«

»Ich arbeite seit einer kleinen Ewigkeit für den Fischer Verlag. Falls Sie die Reihe ›Frau in der Gesellschaft‹ kennen sollten …«

»Welche Frau kennt die nicht? Das ist doch die Reihe, die diese legendäre Frau mit dem Pagenkopf macht, manche nennen sie auch die Königsmacherin, das habe ich noch neulich im Mirror gelesen. Dabei soll sie kein bisschen aufgeblasen sein, nur sehr intuitiv. Ich mag intuitive Menschen, oft werden die ja sogar ausgelacht, weil sie ihrer inneren Stimme folgen. Fast hätte ich mein Manuskript aus der Schublade geholt und hingeschickt, aber dann habe ich es doch nicht getan …«

»Es ist trotzdem bei mir angekommen, das Schicksal bedient sich manchmal seltsamer Wege. Irgendwie muss dieser Agent in den Besitz Ihres Romans gekommen sein.«

»Unmöglich! Außer …«

»Außer was?«

»Vielleicht kommen Sie doch besser rein.« Susanne Bleibtreu trat zur Seite und gab den Weg in einen Raum frei, der mit Musikinstrumenten voll geräumt war, dazu ein schöner alter Tisch und zwei Stühle, bei denen das Samtpolster verschossen war, außerdem ein Sekretär aus warm glänzendem Kirschbaumholz. Auf dem Klavier das gerahmte Foto eines Mannes.

VI.

Ingeborg blieb länger als geplant, viel länger. Es war eine lange Geschichte, die sie zu hören bekam. Die Fortsetzung jener Liebesgeschichte, die sie gelesen hatte. Die Antwort darauf, warum es das schöne Haus nicht mehr gab. Intrigen, ein Netz aus Bösartigkeiten; dazu gehörte letztlich auch Robert Link.

Er hatte sich der Autorin nicht vorgestellt, als er kam, um den inserierten Notverkauf zu inspizieren. Den Sekretär aus Kirschbaumholz, darin das Manuskript, jetzt war es verschwunden. Unbemerkt, weil die Verfasserin es vorzog, nicht mehr daran zu denken oder gar zu rühren, alles war noch so nah und zugleich so weit weg, sie fürchtete sich vor beidem. Robert Link musste seine Chance genutzt haben, als der Eiermann klingelte und Susanne den Agenten kurz allein ließ.

Als Agent besaß er einen geschulten Blick für Juwele in Wortform, vielleicht sogar einen Instinkt, der ihn zugreifen ließ, skrupellos, wie er war. Der Hergang wurde von den beiden Frauen Stück für Stück rekonstruiert, die Empörung einte sie ebenso wie eine ganze Weile später der Plan, wie sie es dem Heimtücker zeigen würden. Zwischendurch tranken sie Unmengen von Malventee, dazu aßen sie Raukensalat und Tomaten, beides aus dem Supermarkt und leicht wässrig, früher hatte Susanne derlei in ihrem eigenen Garten geerntet.

»Den Garten vermisse ich ganz besonders«, sagte sie.

»Vielleicht werden Sie bald wieder einen Garten haben können«, erwiderte Ingeborg und verbot sich, den Gegenlohn für das Werk, das in ihrem Verlag erscheinen würde, weiter auszumalen oder gar zu beziffern.

Das war nicht seriös, man konnte nie präzise vorher sagen, ob ein Buch ein Erfolg wurde oder nicht, das letzte Wort sprachen stets die Leser. Ingeborg konnte allenfalls ahnen, was in ihrer Leserschaft vorging, wonach sie lechzte.

Nach Liebe, summte es in Ingeborg, nach der ganz großen

Liebe, die nicht abmisst und dagegenrechnet, sondern sich verschwendet. Ein lebendiger Strom. Ihr Atem ging schneller, ihre Wangen röteten sich, sogar der sonst stets vorbildlich gerade sitzende Rock ihres Kostüms war verrutscht, als sie den letzten Zug zurück nach Frankfurt bestieg.

Das Abteil war leer, bald füllten ihre Gedanken es, ihre Hände umschlossen den Bogen Papier, welcher das schwerste Stück Arbeit dargestellt hatte. Eine Widmung für das Werk, für das es noch nicht mal einen Vertrag gab. Alles, was es gab, war eine mündliche Abmachung, das genügte. Und dazu diese Worte, die Ingeborg mit geschlossenen Augen hersagen konnte.

Robert Link würde sich in der Beschreibung des skrupellosen Fieslings zweifelsfrei wiedererkennen, und wenn nicht aus freien Stücken, so würden ihm andere auf die Sprünge helfen. Es würde die Runde machen, das wog schwerer als jedes Inserat im Buchreport, gleichzeitig wurde das Augenmerk auf Susanne Bleibtreu gelenkt.

So sollte es sein, genau so. Neue Bilder schossen Ingeborg durch den Kopf, manche sahen wie Bestsellerlisten aus. Und immer wieder tauchte ganz oben der Titel »Liebe so salzig wie das Meer« auf.

Ingrid Strobl
Der kretische Hund

Ingeborg mochte keine Hunde. »Wenn du in Pension gehst, könntest du dir doch einen Hund zulegen«, hatten Freunde zu ihr gesagt, und sie hatte sie dafür gehasst. Wie unsensibel, hatte sie gedacht, kennen sie mich wirklich so schlecht? Wissen sie nicht, dass ich den Geruch von Hunden eklig finde, dass mir vor der Vorstellung graut, so eine feuchte Hundeschnauze könnte mein Kleid voll sabbern? Wissen sie nicht, dass ich abends auf meinem Sofa sitzen, ein Glas Wein trinken und meine Ruhe haben will? Und nicht mit dem Hund rausgehen, in Regen und Eiseskälte?

Wenn Ingeborg an einen Hund dachte, sah sie sich mit umgebogenem Regenschirm dem Sturm trotzend in stockdunkler Nacht durch Pfützen waten, ein nach nasser Wolle stinkendes Vieh an der Leine, das mitten auf den Gehweg einen dicken, weichen, zerlaufenden Haufen schiss. Mit einer Katze konnte sie sich schon eher sehen. Aber Ingeborg wollte überhaupt kein Tier. Ingeborg wollte reisen. Endlich wegfahren, solange sie wollte, bleiben, wo es ihr gefiel. Weiter reisen. Bleiben, wieder woanders hinfahren. Mit einem Tier ging das nicht. Die Reisen, von denen Ingeborg träumte, waren mit dem Auto nicht zu machen. Und welches Hotel nahm eine Katze auf? Ingeborg malte sich aus, wie ihre blauäugige Siamkatze elegant über das Balkongeländer kletterte und den Gast im Nachbarzimmer zu Tode erschreckte. Dieses Bild hatte etwas für sich, Ingeborg konnte sich darüber amüsieren, wenn sie nichts Besseres zu tun hatte, aber in der Realität hätte sie diese Szene lieber nicht erlebt.

Und nun folgte ihr diese dumme Töle auf Schritt und Tritt. »Ich will nichts von dir wissen«, knurrte sie das Vieh an, »geh weg!« Der Hund blickte sie aus karamellbonbonbraunen Augen an und seufzte. Er war das hässlichste Tier, das sie je gesehen hatte. Er war noch hässlicher als die Kampfhunde, die in den letzten Jahren immer häufiger in der Stadt aufgetaucht waren und vor denen sie sich fürchtete. Er war mittelhoch, mitteldick, sein gelbliches Fell war so glatt, dass er nackt wirkte, und er hatte O-Beine wie ein zu groß geratener Dackel.

»Du kriegst nichts von mir, also hör auf zu betteln!«, erklärte Ingeborg dem Hund, der stur neben ihr herlief. Wenn sie mit ihm sprach, sah er sie aus diesen runden Augen an und seufzte. In seinem Blick lag eine Sehnsucht, die Ingeborg nervös machte. Ich bin doch nicht verantwortlich für dieses blöde Vieh, wies sie sich selbst zurecht. Brachte sich zurück auf den Boden der Tatsachen. Sie befand sich auf Kreta, wohnte in einem kleinen Ferienhaus, das nicht so schön war, wie es im Katalog ausgesehen hatte, fühlte sich nicht so frei und leicht, wie sie es erwartet hatte, eine Woche nach ihrer Pensionierung, und das Meer war voller Quallen. Anders gesagt: Sie war ziemlich frustriert. Und dieser karamellbonbonbraune Hundeblick brachte sie beinahe zum Heulen.

Ingeborg ging in den Laden, in dem es alles zu kaufen gab, was eine Touristin brauchte, die in einer Ferienwohnung lebte und abends in die Kneipe essen ging. Die alte Frau, die das Geschäft betrieb, konnte kein Wort Deutsch oder Englisch, war aber eine erfahrene Expertin im Entziffern von Zeichensprache. Stumm deutete Ingeborg auf die Pfirsiche, die in einem Weidenkorb neben der Tür lagen, und hob drei Finger hoch. Die Frau sagte etwas und machte eine schaufelnde Handbewegung. Ingeborg nahm zögernd einen Pfirsich in die

Hand, sah sich nach der Frau um, die nickte. Sie durfte also selbst das Obst aussuchen. Das war gut. Ingeborg legte die drei Pfirsiche in den Blechbehälter, der auf der Waage stand. Deutete auf den Käse in der Vitrine und zeigte mit Daumen und Zeigefinger, wie breit das Stück sein sollte. Die Frau sagte wieder etwas, das Ingeborg nicht verstand. Aber das machte nichts. Mit zwei großen braunen Papiertüten voller Brot, Obst, Käse, Oliven, Keksen, Honig, Butter, Olivenöl, Wein und Tempotaschentüchern verließ Ingeborg den Laden.

Der Hund saß vor der Tür, sprang auf, sah sie erwartungsvoll an. »Du glaubst doch nicht im Ernst, dass ich dir etwas zu fressen kaufe!«, sagte Ingeborg. Der Hund bellte kurz, es klang erfreut. »Tja«, sagte Ingeborg, »du verstehst natürlich kein Deutsch, und auf Griechisch kann ich es dir nicht sagen. Trotzdem: du kriegst nichts. Hörst du: NICHTS!« Der Hund bellte lauter, hüpfte auf und ab, tänzelte ihr um die Füße. Ich sollte nicht mit ihm sprechen, dachte Ingeborg. Das ermutigt ihn. Womöglich denkt er, ich mag ihn. Schweigend ging sie die Dorfstraße entlang und den kleinen Hang hinauf, der zu ihrem Häuschen führte. Die Töle hinterher. Ingeborg kramte den Haustürschlüssel hervor, schloss auf, stieß dem Hund die Tür vor der Nase zu. Hatte ein schlechtes Gewissen.

Sie packte die Lebensmittel aus, stellte den Honig auf das kleine Holzregal über dem Herd, schnitt sich zwei dicke Scheiben Brot ab und einen Kanten Käse. Legte sich ein paar Oliven auf den Teller, goss sich ein Glas Wein ein, stellte Teller und Glas auf das wackelige Tischchen auf dem Balkon und holte sich den Roman, der auf ihrem Bücherstapel zuoberst lag. Sie klappte den Liegestuhl auseinander, legte sich hinein und blickte über das Balkongeländer auf das Meer. Ich bin jetzt ein freier Mensch, sagte sich Ingeborg. Ich genieße mein neues

Leben. Ein Leben ohne Produktionsdruck, ohne schlechte Manuskripte, ohne Vertreterkonferenzen, ohne Überstunden, ohne Intrigen, ohne Futterneid. Es geht mir gut. Es geht mir richtig gut. Das Glas war leer, Ingeborg schenkte sich ein zweites ein. Öffnete den Roman. Ein Leben ohne meinen Schreibtisch, dachte sie. Ohne meine Autorinnen. Ohne berufliche Anerkennung. Ohne spannende Manuskripte.

Das Meer war blau. Der Himmel war blau. Die Berge, die sich an den beiden Seiten der Bucht erhoben, waren blassgelb, nackt, alle Vegetation von der Sommersonne verdorrt. Bei gelb und nackt fiel Ingeborg der Hund ein. Der inzwischen sicher aufgegeben hatte. Diese Viecher waren nur gierig. Wollten nur betteln. Wenn sie nichts bekamen, trollten sie sich wieder. Ingeborg stand auf, ging durch das Wohnzimmer zur Haustür. Öffnete sie einen Spaltbreit. Sah hinaus. Da lag der Hund. Gelb und nackt. Ingeborg schloss die Tür wieder. Fühlte sich plötzlich mutterseelenallein. Verzagt. Abgeschoben. Diese blöde Töle, dachte sie. Guckt so traurig, dass *ich* eine Depression kriege. Sie ging in das winzige Bad, riss die Packung mit den Tempotüchern auf, schnäuzte sich. Hing sich die Handtasche um, ging aus dem Haus, verschloss die Tür hinter sich, sagte zu dem Hund: »Komm!« Ging mit ihm zu dem Laden, lockte die Frau mit dem Finger vor die Tür, zeigte auf den Hund, hob eine Hand zum Mund, steckte etwas Fiktives hinein, kaute. Die Frau verstand. Ingeborg folgte ihr zurück in den Laden, die Frau verschwand in einem Hinterzimmer und kam mit einem Stück gefrorenem Fleisch zurück.

Als Ingeborg aus dem Laden trat, führte der Hund ein kleines Tanzsolo auf und lief dann vor ihr her. »Ich habe keine Ahnung, warum ich das tue«, sagte Ingeborg. »Und du hast auch nichts davon. Ich verwöhne dich jetzt, aber in einer Woche bin ich weg und du musst dich wieder alleine durchschlagen. Dann bist du bitter enttäuscht.« Der Hund sah sie an. Lächelte. Jetzt reicht es, dachte Ingeborg, Hunde lächeln nicht! Sah den Hund an. Er lächelte immer noch. Legte sich vor ihre Füße. »Nix da«, sagte Ingeborg, »wir sind noch nicht zu Hause.« Sie sah sich um, dachte: Was denken sich wohl die Dorfbewohner? Diese blöde Touristin päppelt die Straßenköter auf?

Im Haus briet sie das Fleisch in Olivenöl an. »Knoblauch schneide ich dir aber keinen rein«, sagte sie zu dem Hund, der mit wedelndem Schwanz vor dem Herd stand, ekstatisch schnupperte und sie dabei unverwandt ansah. Ingeborg nahm einen Suppenteller und füllte ihn mit Wasser. Stellte ihn auf den Balkon. Der Hund sah hektisch zwischen dem Herd und dem Balkon hin und her. Entschied sich für das Fressen, blieb in der Küche, winselte. Ingeborg legte das Fleisch in den Kühlschrank, um es abzukühlen. »Komm mit!«, sagte sie und ging auf den Balkon. Der Hund stand vor dem Kühlschrank und rührte sich nicht. »Das ist noch zu heiß für dich«, belehrte ihn Ingeborg, »du verbrennst dir die Kehle«. Dem Hund war das egal. Ingeborg gab ihm ein Stück Käse. »Das ist die Vorspeise«, sagte sie, lächelte die dumme Töle an. Die Töle lächelte zurück.

Der Vermieter sprach Deutsch. Er hatte zwanzig Jahre lang in einem griechischen Restaurant in Hamburg gearbeitet. »Was machen Sie mit dem Hund, wenn Sie fahren?«, fragte er. »Nehmen Sie ihn mit?«

»Auf keinen Fall«, sagte Ingeborg. »Um Himmels willen!«

»Weil wenn Sie ihn mitnehmen«, sagte der Vermieter, »müssen Sie ihn impfen lassen. Dann gibt es kein Problem. Sie können ihn dann auch im Flugzeug mitnehmen. Aber er muss alle Impfungen haben.«

»Ich nehme ihn aber nicht mit«, sagte Ingeborg.

»Ich kann Ihnen die Adresse vom Tierarzt sagen«, sagte der Vermieter. »Er hat seine Praxis in Stadt, ganz in der Nähe vom Supermarkt.«

»Du machst dir besser keine Hoffnungen«, sagte Ingeborg zu dem Hund. »Ich kann keinen Hund gebrauchen. Ich will reisen. Ich will meine Freiheit. Durch einen Hund bin ich angebunden. Außerdem bist du gotterbärmlich hässlich.«

Der Hund zog den Schwanz ein. Drehte sich um, ging ein paar Meter. Legte sich unter einen Baum am Weg, der zum Haus führte.

»Nun heul doch nicht gleich«, sagte Ingeborg. Lief heulend zu dem Hund, hockte sich vor ihn hin. Streichelte vorsichtig sein nacktes gelbes Fell. Tropfte Tränen auf seinen runden Bauch. Kraulte ihn hinter den schlappen Ohren. Hörte sich sagen: »Komm mit, heute darfst du im Haus schlafen. Zum Abschied. Weil Morgen ist der letzte Tag. Dann fliege ich zurück.« Jeden Abend, wenn sie nach dem Essen aus der Kneipe zurückgekommen war, hatte sie mit dem Hund ein paar Sätze gesprochen. Dann hatte sie ihm gute Nacht gewünscht und war ins Haus gegangen. Hatte ihm die Tür vor der Nase zugemacht. Am nächsten Morgen hatte sie die Tür geöffnet und der Hund hatte davor gelegen.

Ingeborg packte. Es machte ihr nichts aus zurückzufahren. Der Urlaub war eine Enttäuschung gewesen. Die nächste Reise musste sie besser vorbereiten. Und sie musste etwas an der Wohnung tun. Sie würde nun ihre Tage in der Wohnung verbringen. Nicht mehr morgens in den Verlag fahren. Abends, oft spätabends, müde zurückkommen, im Bett noch Manuskripte lesen. Sie würde etwas Neues finden, oder etwas Altes wiederfinden, einen Traum, den sie aufgegeben hatte, weil er ihr zu unvernünftig erschienen war. Ich muss nicht mehr vernünftig sein, dachte Ingeborg. Sprach den ungeheuerlichen Satz aus. Leise erst, vorsichtig. Dann noch einmal, laut, entschlossen. Genießerisch schließlich, lächelnd. Der Hund sah ihr zu, wie sie den Badeanzug, die Kleider, den Kosmetikbeutel, die Bücher, die Handtücher, den Sonnenhut, die Sandalen, das Tagebuch, in das sie keinen Satz geschrieben hatte, die Zimtstangen, die sie im Laden gekauft hatte, in die Reisetasche stopfte. Ingeborg zog den Reißverschluss zu und sah den Hund an. Er zog den Schwanz ein. Legte sich in die Ecke, den Kopf zur Wand, eine Pfote über der Schnauze. Resignierte Verzweiflung. Schicksalsergeben.

»Aber nein«, sagte Ingeborg, »aber nein!« Sie ging zu ihm, bückte sich, strich ihm über den Kopf. »Komm.«

Gemeinsam gingen sie ins Dorf, zum Vermieter.

»Geben Sie mir die Adresse«, sagte Ingeborg. »Vom Tierarzt.«

Anne Dessau

Vogelfrei

Sie stand an der Reling, schaute blicklos in den dichten Nebel, das Typhon dröhnte seine Warnung ins graue Nass, sie hörte es nicht. Wie eine Pflugschar teilte der Schiffsbug die trübe Brühe, die schlaff und schmatzend an der Schiffswand leckte. Schwapp. Tzfz. So im steten Wechsel. Über ihr Gesicht perlten die Nebeltropfen wie Tränen. Oder Tränen wie Nebeltropfen?

Ingeborg fühlte sich leer, vollkommen erschöpft. Alt. Bisher hatte sie ihr Alter nicht gespürt. Jetzt hockte es ihr auf dem Rücken, störte in sämtlichen Gelenken, schaute ihr aus den Augen. Vor wenigen Tagen noch war das anders. Sehr anders sogar. Keine Spur von Panik, was den bevorstehenden Ruhestand betraf, den neuen, »letzten« Lebensabschnitt. Sie hatte sich darauf gefreut, ja. Dann trafen sie die Ereignisse wie Steinschläge.

Dass ihr der Abschied von der Arbeit nicht leicht würde, das wusste sie, die Stunde kommt für jeden. Ingeborg hatte ihre Arbeit getan, gut getan, der Zeitraum war nun ausgeschritten, sie musste sich lösen. Sie war sehr sicher, das würde ihr gelingen.

Dann geschah das Unerwartete, Unbegreifliche. Sie konnte DAS noch immer nicht glauben. Täglich griff sie mehrmals zum Telefon, um mit Rudolf eine kleine Wichtigkeit zu besprechen, sich mit ihm gemeinsam über eine dumme kulturpolitische Maßnahme zu erregen, über das Essen fürs Wochenende zu phantasieren, den bevorstehenden Umzug zu bedenken. Sie waren seit fast zwei Jahrzehnten Freunde, anfangs ein Liebespaar, dann wurde aus der ungestümen Beziehung eine liebevolle Freundschaft. Rudolf lebte und arbeitete in Berlin, Ingeborg in Frankfurt. Sie telefonierten mehrmals die Woche miteinander, sahen sich ein- oder zweimal im Monat, verbrachten zusammen ihre Urlaubstage. Theater, Konzerte, Ausstellungen, gemeinsame Essen, und vor allem liebte sie die Gespräche mit Ritter Rudolf, wie sie ihn nannte, denn Rudolf war ausnehmend ritterlich im Umgang mit ihr. Eine Eigenschaft, die sie hoch schätzte, da sie nur noch selten anzutreffen war. Kurz, es gab schöne, sehr geliebte Rituale zwischen ihnen. Die Auswahl der Aperitifs und Weine wurde stets zum vergnügten Kampf. Sie bevorzugte Weißwein, er süffigen Roten. Ingeborg die französischen, Rudolf die italienischen. So war das mit manchen Dingen. Sie gingen mit spielerischem Vergnügen an die Genüsse des Lebens heran, übertrafen einander mit raffinierten Ideen zu Tafelmusik, dem Blumenschmuck, und manchmal kleideten sie sich festlich für ihre häuslichen kulinarischen Freuden. Nun also der Ruhestand. Ersehnt und gefürchtet. Sie freuten sich darauf, endlich gemeinsam leben zu können. In einer Stadt. Berlin. Nicht in einer Wohnung. Das wollten sie nicht. Es sollte immer ein Fest bleiben, wenn sie sich trafen. Kurz vor ihrer Verabschiedung war Ingeborg also nach Berlin gereist, um sich für eine, ihre Wohnung zu entscheiden. Sorgfältig hatte Rudolf, nach gemeinsamer Beratung, eine Vorauswahl für sie getroffen, so blieb ihr die Mühsal des Suchens erspart. Eine reizende kleine Maisonette-Wohnung erfüllte Ingeborg alle Wünsche an ihr künftiges Heim. Sie wurde ganz still, so überrascht war sie, als Ritter Rudolf die Tür öffnete und sie die heiteren Räume sah. Ausreichend Platz für Bücher, das Bad hatte ein Fenster, die Küche war im gut geschnittenen Wohnraum integriert, vom kleinen Balkon schaute man direkt in den Tiergarten. Herz, was willst du mehr. Sie fühlte sich jung und beschwingt an diesem Tag. Gemeinsam machten sie Pläne, wie der Umzug am unaufwendigsten zu bewältigen wäre, dann fuhr Ingeborg aufgekratzt, angeregt zurück nach Frankfurt. Um sich fröhlich-feierlich verabschieden zu lassen, um selber Abschied zu nehmen, die Wohnung aufzukündigen, zu packen, Ab- und Ummeldungen zu erledigen. Und so weiter. Besprochen und ausgeführt. Dann, an einem der letzten Tage in der alten Wohnung, es war Abend, öffnete Ingeborg ihr Notebook, um die Post abzurufen, und fand eine Nachricht von Rudolf, ihrem Ritter. Freudig klickte sie auf »Öffnen« und las. Versteinerte. Bekam keine Luft. Eiseskälte überfiel sie. Zitternd, fassungslos hockte sie vor dem Bildschirm, meinte sich in einem Albtraum. Aus dem sie erwachen musste! Augenblicklich! Doch als sie heftig aufgesprungen war, sich klatschend auf die Wangen geklopft hatte, kaltes Wasser über ihre Pulse geflossen war und sie zurückging zum Computer, stand da immer noch dieser Brief von Rudolf, sein Inhalt gnadenlos derselbe wie vor wenigen Minuten: Er habe es nicht übers Herz gebracht, hieß es, ihr mitzuteilen, was unumstößlich entschieden sei in seinem Leben: Er würde nach Neuseeland übersiedeln, zu seiner Tochter, die ihm liebevoll einen Altersruhesitz in ihrem Hause angeboten habe. Beinahe lebenslang hätten Vater und Tochter aus bekannten Gründen aufeinander verzichten müssen, jetzt sei der Zeitpunkt da, wo sie ihm ein Zuhause bieten könne, ihm Ruhepunkt und Stütze sein möchte in ihrem wundervoll gelegenen Haus, Meereskulisse, Traumklima. Vor allem aber wäre da ein heftiger Nachholbedarf, die Familie zu genießen, das Gefühl von Zugehörigkeit, Angenommen- und Behütetsein erfahren zu dürfen. Er sei dankbar für dieses Geschenk. Einziger Schatten auf dem leuchtenden Bild wäre das dunkle Gefühl des Verrates an seiner Ingeborg. Würde sie verstehen? Könnte sie verzeihen? Zehntausend Meilen lägen nun bereits zwischen ihnen, und mit zunehmendem Abstand zu ihr vergrößere sich auch seine Unsicherheit, ob er so egoistisch habe handeln dürfen. Vielleicht könnte sein Ingemädchen, seine liebe Libelle, ihn freisprechen, eines Tages, damit er entspannen und mit gutem Gewissen die letzten Lebensjahre genießen könne?

Dumpf, abwesend hockte Ingeborg auf einer Bücherkiste, fragte sich – zum wievielten Male wohl –, was sie in Berlin solle. Ohne Rudolf, den gut gelaunten, mit der Fähigkeit, ihre oftmals unberechenbaren Temperamentsausbrüche mit einem Lachen aufzulösen, auszugleichen. Den größten Frust konnte er mühelos in schöne Lust auf irgendwas verwandeln. Das alles nie wieder. So kreiselte es in ihrem Kopf. Nie wieder.

Inmitten aufgetürmter Kisten, prallvoll gefüllter Säcke mit Erinnerungen und Wegwerfmüll aus mehr als drei Jahrzehnten hockte sie. Erschöpft, mutlos, ohne Neugier auf das, was sie erwartete. Der Mangel an Motivation, die fehlende überbordende Erwartung auf die große Stadt, das neue Leben mit Ritter Rudolf – es war einmal. Vernichtet, lustlos schaute sie auf den großen Wechsel.

Wie war das möglich? Wie konnte er?! Wie kann ein Mann, zärtlich, aufmerksam, zugewandt, liebevoll, durch zwei Jahrzehnte ein Ritter ohne Fehl und Tadel, so überraschend sein Gesicht verändern? Sucht für sie die Wohnung! Malt gemeinsam mit ihr aus, wie sie darin leben, sich lieben werden, bei Kerzenschein auf dem Balkon sitzen würden, den Vögeln im nahe gelegenen Park lauschen, und hat das Flugticket für Neuseeland in der Tasche! Wie soll man das verdauen? Wie damit umgehen, ohne verrückt zu werden? Wem könnte man sich anvertrauen? Wie den Kummer ausschwemmen? Kann so eine Verletzung jemals heilen?

Von solchen Gedanken besetzt, stand Ingeborg vor dem Umzug von der Stadt der Bücher in die Metropole des Landes.

Sie war am Ende ihrer Kraft. Was tun? Ingeborgs Blick streifte die hoch gestapelten Bücherkisten, wurde aufgehalten von den Taschenbüchern. Obenauf, wie zufällig, »Atomstation«, »Das wiedergefundene Paradies«, »Sein eigener Herr«, »Am Gletscher«. Scheinbar unvorbereitet stand ein Gedanke in ihr auf, schickte einen gut gezielten Adrenalinstoß mitten hinein in ihre Gleichgültigkeit. Ihre Körpersprache, das hätte sie in einem Spiegel sehen können, veränderte sich augenblicklich. Gerader Sitz, der Blick gewann an Schärfe.

Das war es. Das könnte der Ausweg sein. Vielleicht. Ingeborg beschloss, ihre Entschlusslosigkeit zu beenden und einen Traum zu leben. Zumindest der Versuch sollte gewagt werden. Sie würde eine Reise machen. *Die* Reise. Spontan, unbefristet. Ingeborg würde Kisten und Kasten, Mobiliar und alles, was da sonst herumtrudelte, in die neue Wohnung überführen lassen, nicht auspacken, nicht einrichten, unberührt sollten die Kulissen ihres bisherigen Lebens stehen bleiben. Bis – ja, bis sie wieder Boden unter den Füßen spüren konnte, mit sich in Übereinstimmung war. Sie »in ihrer Mitte ruhte«. So nannte sie das.

Ingeborg, ihres Zeichens bisher Lektorin, nunmehr Ruheständlerin, bisher glückliche langjährige Lebensgefährtin eines liebenswürdigen Mannes, nunmehr sitzen gelassen, wird sich auf den Weg machen in das Land ihrer Träume. Island.

Abstand. Alleinsein. Stille. Alsbald gesellten sich Laxness' Bücher, Wegekarten und ein Guide around Iceland zu warmer Kleidung, derben Schuhen, regensicheren Hüllen und einem Mehrzwecktaschenmesser in ihrem Rucksack. So ein altmodischer, grüner – imprägniertes, derbes Segeltuch mit vielen Schnallen und Taschen. Eine ist für Patronenhülsen. Dahinein kommen Lippenfett und Antimückenspray. (Ingeborg weiß noch nicht, dass Island die einzige Insel ist auf diesem Erdenrund, auf welcher die Mücken nicht stechen.) Jawohl. Sie wird sich nicht aufgeben wegen diesem – Ritter Namenlos. Sie handelte wie in Trance.

Ingeborg allein unterwegs, per pedes und per Busstopp auf Straße eins in dem fernen lockenden Land. Geysire, Vulkane, heiße Quellen, lavaschwarze Weite, tosende Wasser, fallende, aufsteigende, alles überflutende Massen von Wasser, gefroren, schwefelig, kalt, glutheiß, Schlamm und Steine mit sich führend. Urgewalt Wasser. Dazu die Macht tätiger Vulkane, Gefahr Feuer speiender, Glut schleudernder Krater, Abgründe, Gletscherspalten, unwirtliche Wetter, karge, baumlose Plateaus. So hat es ihr Bücherhirn gespeichert, hat sie aus Bildbänden und Filmen ihre Phantasie genährt, diesen Traum, aufgespart für den einstmals fernen Ruhestand. Sie will ihn leben. Jetzt.

Eine gemächliche, entspannte Annäherung an das Ziel ihrer Sehnsucht sollte es sein. Sie musste zu Atem kommen, zu sich selbst, will herausfinden, wer das eigentlich ist, diese Ingeborg. Ohne den guten Job, ohne ihren Ritter Tadellos.

Rank ist sie, offener Blick, Silberhaar, das gute Gesicht markiert von Zeitzeichen, feine Gravuren, Lebenslandschaften. Wer bin ich, geht es in ihr um, ohne die bisher – scheinbar – gesicherten Zutaten? Was bleibt von mir übrig ohne die schmückenden Attribute?

Ingeborg hatte der Beruf nach dem Studium ins Hessische geführt, wo Bücher entdeckt und gemacht werden. Bücher, die ihr wichtig waren und den größten Teil ihres Lebens besetzt gehalten hatten. Bis vor wenigen Wochen noch.

Ingeborg hatte auf Familie und Kinder verzichtet. Für das Wissen, die Phantasie, für Weltsicht und poetische Kraft eines guten Schreibers, für die aufregenden Neuentdeckungen junger Talente und solcher, die im bisher Verborgenen durchgehalten hatten, hatte sie entschieden, allein zu leben. Und begegnete Rudolf. Einem Mann, der – wie sie – die Eigenständigkeit liebte, um mit Haut und Haaren für die Arbeit da sein zu können, in diesem *So-Sein* leben wollte. Ein gutes Leben. Bisher. Engagiert und erfolgreich im Beruf, in der Beziehung, lebten sie sehr ausgewogen Distanz und Nähe. Ein kleiner Freundeskreis, der, das wurde Ingeborg bereits nach wenig Wochen überraschend deutlich, sich ausschließlich aus Kollegen und Kolleginnen zusammensetzte, über lange Zeit miteinander verbunden durch Arbeit, gemeinsam genossene Höhepunkte, kleine Feste, Jubiläen des Verlages, Preisverleihungen an Autoren, denen sie Öffentlichkeit ermöglicht hatten. Dazu gehörten auch Premieren verfilmter Buchtitel, Theateraufführungen, Lesungen, Lesereisen, die zu begleiten waren, Autorenbesuche. Alles zusammen ergab vielfältige anregende Begegnungen, Berührungen manchmal, sodass sie sich gut eingebunden, ja geschützt gefühlt hatte. Die Illusion von Freundschaft zerplatzte schnell. Was blieb ihr nach dem Verlust der Arbeit, der Menschen, deren täglicher Umgang und Aufmerksamkeit ihr sicher erschienen waren? War es gerechtfertigt, den Abschluss ihrer Lebensleistung als einen Verlust zu werten, gleichauf mit dem von Rudolf und ihren Träumen vom gemeinsamen Lebensabend? Nein, entschied sie energisch. Noch einmal: Nein. Es war übereilt gewesen, sofort im Anschluss an ihren Abschied die Umsiedelung nach Berlin zu betreiben. Sie hätte sich Zeit lassen sollen, ja. Doch wer konnte auch nur ahnen, auf welche Weise Rudolf, wieder einmal, in ihrem Leben Schicksal spielte? Die Überlegungen kamen zu spät. In Frankfurt war die Wohnung gekündigt, der Berliner Mietvertrag unterschrieben. Mitten in diesem Spagat, dem Chaos ihrer Gefühle, hatte Ingeborg Unsicherheit überfallen. Schwäche und Lustlosigkeit waren die Folge. Mit Rudolf hatte sie den Fixpunkt in dieser Stadt verloren. Was sollte sie dort? Darüber musste sie nachdenken.

Als sie erstmals wieder aufblickte, um sich sah, stand sie in

Dänemark, in Eijsberg, am Hafen, hielt Ausschau nach dem Schiff, das sie ins Land ihrer Träume bringen sollte, und wusste eigentlich nicht, wie sie dahin gekommen war. Sie hatte zugemacht, sich hermetisch verriegelt, nachdem die Bedrängung durch ihre Gefühle und ihre Freunde zu heftig wurde. Was hatte sie sich alles anhören müssen an wohlmeinenden Bemerkungen! Nach Island willst du? Um diese Jahreszeit! Die weißen Nächte? Die Helligkeit stört den Schlaf. Mehr ist es nicht. Zudem ist es kalt und nass auf diesem harschen Flecken Erde. Nichts blüht, kein Sonnenstrahl, der dein Herz wärmt.

So hatte man sie gewarnt, auf sie eingewirkt, um sie davor zu bewahren, nicht noch tiefer wegzudriften in Kältezonen anderer Art. Von Rudolf und seinem Verrat hatte sie nur zu wenigen Menschen in Andeutung gesprochen, der Schmerz war nach wie vor so heftig, schien unheilbar. Sie vermochte nicht klar auszusprechen, warum sie eigentlich fort, fort, fort wollte. Nach Eisland. Es konnte gar nicht kalt und grau und nass und trist genug sein für ihre Verfassung.

Ingeborg hatte sich allen Unkenrufen widersetzt. Tief in ihrem Inneren war da diese kleine Gewissheit, ein Zeichen, das drängte. Ja. Mach dich auf den Weg. Schau dir ins Gesicht im Eisland. Gefrorene Wasser. Das sind viele Spiegel. Lass dich wärmen von der Schönheit des Landes, wirst sehen, es bringt dein Herz zum Schmelzen.

Wenig Menschen leben auf Eisland, die Region ist beherrscht von Geistern, Hulden und Spukgestalten aller Art. Es sind respektierte, verehrte und gefürchtete Wesen. Verwandte aus der Vergangenheit. Ein Kernstück isländischer Aufmerksamkeit ist die Ahnenforschung. Irgendwie ist jeder mit jedem verwandt. Einsam lebende Eisländer haben von alters her Mythen und Märchen gewoben, um ihren Ängsten zu begegnen, Freuden zu befördern, Geheimnisse zu erklären und neue zu spinnen. Das Land wird mich trösten, hoffte sie. Land der verlorenen Seelen, der Untoten. Hierher schickte man die Verurteilten, setzte sie aus in Ödnis, eisiger Kälte, gnadenlosen Elementen. Wer überlebte, hatte sich selbst gewonnen. Alleinsein als Stärke. Davon ein bisschen. Das wäre schön.

Mit solchen Gedankenketten hatte Ingeborg ihre Phantasie genährt, sich zugeredet und schließlich überzeugt, ihrer inneren Stimme zu folgen. Entschlossen hatte sie ihren Hausrat in der neuen Wohnung geparkt und ihm den Rücken gekehrt auf unbestimmte Zeit. Sie war vogelfrei. Ein unbekanntes Gefühl. Wie in Folie geschweißt. Durchsichtig. Man ahnt es, weiß nur noch nicht, wie es sich anfühlen wird.

Ingeborg zurrte den Rucksack fest auf ihrem Rücken.

Die Tage der Überfahrt nach Reykjavík verdichteten sich zu einer Traumsequenz in ihrer Erinnerung. Grauer Himmel, trübes Licht, feuchtkalte Luft, Nebel, Nieselregen, Kälte. Flache Inseln, kleine Häfen, bestückt mit Kränen und Winden, die wie Krähenbeine in den Himmel ragten. Wenig Passagiere. Sie fühlte sich wie unter Wasser, im Aquarium vielleicht, plierte durch Glas und mühte sich, herauszukommen aus diesem leidigen Zustand eingeschränkter Wahrnehmung. Am dritten Tag der Seereise tauchte sie auf, sauerstoffgesättigt von den Spaziergängen an Deck. Gesichter ringsum gewannen Kontur, der Geschmack der Speisen stellte sich ein, sie hörte das Schiff stampfen, den Wind heulen, Regen prasseln, plötzlich umkreisten sie Stimmen ringsum, Wortfetzen in allen Weltsprachen. Ankunft im Leben. Wieder einmal hatte das Meer sie ausgespuckt, ihr Vorhandensein an Land getragen, wie Äonen zuvor *Leben* im Wasser seinen Anfang genommen hatte. Für diesmal war das Leben spendende Elixier bereits benannt vom menschlichen Wesen: Atlantischer Ozean.

Ingeborg war wieder in der Welt. Wach. Handlungsfähig. Wollte ins Landesinnere. Nahm ihren Rucksack, kaufte ein

Ticket für den Bus, mit dem sie rund um die Insel fahren konnte. Gültig für drei Monate. Einsteigen, aussteigen. Innehalten, weitertreiben. Was immer man wollte. Gehen, rasten, nächtigen. Einzige Bedingung für das Langzeitbillett: Man muss das öffentliche Beförderungsvehikel gegen den Uhrzeigersinn nutzen. So lautet die Vorschrift. So will sie es angehen. Fehlt ihr die Kraft, will sie ausruhen, eine Hütte mieten, verweilen, schauen, die Welt empfangen, wie sie kommt und geht, und weiterziehen. So ist ihre schwach umrissene Überlegung für die kommende Zeit. Wochen vielleicht.

Ingeborg ist allein. Setzt Schritt vor Schritt. Wandert. Tagelang schon. Die Stimme nutzt sie nur, wenn sie erforderlich ist. Ihre Körpersprache signalisiert den wenigen Menschen, die ihr begegnen, sie will keinen Kontakt. Wie einen magischen Kreis hat sie die stillen Zeichen um sich gezogen. Es geht ihr gut damit. Sie ist nun ausgeruht, weil sie früh schlafen geht und früh am Morgen aufsteht. Ihre Genussfähigkeit beim Frühstück wächst. Dickmilch und brauner Zucker sind wahre Köstlichkeiten. Danach versorgt sie sich mit heißem Wasser für einen Tee unterwegs, ein Stück Käse, Brot, einen Apfel. Bis zur Ankunft des Linienbusses turnt sie über Geröll, schnuppert am Strand entlang die würzige Luft, hat schnell gelernt, sich gegen die Sturzflugattacken der Vögel mit einem sausend über den Kopf geschwungenen Stock zu schützen. Brutzeit. Sie entdeckt am Strand, dicht bei dicht, Nester und Gelege in Geröll und Tang, farblich angepasst. Die Tiere fühlen sich bedroht vom ungewohnten Spaziergänger. Muscheln krachen unter ihren Schuhsohlen, die empörten Schreie der Seevögel gellen und kreischen, Seehundaugen schauen neugierig auf die hohe Gestalt da am Ufer. Aus ihren Bärten tropft das Wasser. Ingeborg spürt eine erste kleine Heiterkeit in sich aufsteigen.

Einatmen, ausatmen. Leben. Donnernde Winde reißen an

ihrer wetterfesten Kleidung, bewirken zusätzlich knatternde Geräusche. Ihre Augen tränen von den luftigen Streicheleinheiten.

Wie heißt es im Märchen? »Ein Ring sprang von seinem Herzen.« So ergeht es ihr, Ingeborg. Die Weite ringsum weitet ihr Herz und Adern. Das ganze Versorgungssystem des Lebens, ihres Lebendigseins, ist erfüllt von diesem wundervollen Ozongemisch, gesättigt von salziger Luft, der Körper durchbraust vom Sturm, den diese Landschaft auslöst in ihr, um sie herum wirbelt, ihre Haut mit der Feuchtigkeit des Nebels und sprühender Gischt verwöhnt.

Sie wird diesen Bus fahren lassen, sich selbst den Weg suchen zum nächsten Haltepunkt. Ingeborg läuft, geht, rennt, und plötzlich, unerwartet für sie selbst, urgewaltig, löst sich ein Schrei aus ihrer Kehle, steigt tief aus ihrer Leibesmitte, der Seele oder dem Sonnengeflecht, steigert sich, quillt wie die dampfende Wassersäule aus einem Geysir, strömt in die Luft, breitet sich aus in dem schwarzen Tal mit den fernen Bergen, gletscherüberglänzt, erschüttert mit ihrer befreiten Not (so beschreibt sie ES viel später) in Jahrtausenden aufgetürmte, versteinerte Lava, von Erosion zu rotem, braunem, schwarzem Geröll verhüttet, meint Wasserfälle auszulösen oder den Ausbruch des Vatnajökull, mächtigster Vulkan auf Island. Wuchtig schleudert die Erschütterung ihrer Seele den Körper. Endlich weint sie. Tränen fließen, verschmelzen mit dem Schneeregen, und trotz beträchtlicher niedriger Temperaturen strömt Wärme durch Ingeborg, eine stille, grundlose, heiße Freude. Das ist das Bewegendste, dessen sie sich erinnern kann: Eine tiefe, weite, jubelnde Freude hatte sie erfasst. Nicht ausgelöst durch Leistung, Guttaten, Anerkennung oder irgendeinen dieser Gründe, welche die Gesellschaft diktiert und festgeschrieben hat, wofür man gelobt, geliebt, be- und entlohnt wird. Nein. Einfach so. So einfach. Pures Glück an einem melancholischen Ort. Denn das Wetter ist trübselig. So weit das Auge reicht, keine Vegetation, kein Vogelgesang im Himmelsrund. Ringsum karge Strenge, schlammige Wasserläufe. Nicht so für Ingeborg. Ihr scheint diese Welt voller Farben. Wind und Meer musizieren miteinander. Eine unbeschreibliche Leichtigkeit, eine Heiterkeit ist in ihr freigesetzt, so überwältigend, dass die Beine wanken, Halt suchen und ihr Achterteil routiniert einen flachen Felsstein ansteuert. Sitzen. *Das* empfinden. Auskosten. Urplötzlich ist die Welt blank und schön. Sonne bricht die Wolken auf, ein Regenbogen wölbt seine Krümmung über sie, er beginnt auf dem Gletschersee, der jetzt, vom Nebel befreit, vor ihr liegt, sich über das Land spannt und sein zweites Bein mitten hinein ins Meer setzt. Die raffinierte Spiegelung vermehrt das Wunder. Eins, zwei, drei und mehr Regenbögen, gestaffelt, ihre zarte Farbigkeit verblasst mit jeder Vervielfältigung. Mittendrin Ingeborg, umfangen von diesem Mysterium, Mirakel, Spuk der Götter und Geister. Sie erhebt sich, tritt dicht ans Ufer des Gletschersees, der jetzt vor ihr liegt in allen denkbaren Schattierungen der Farbe Blau: Das wirkliche Blau, Eisblau, Lapislazuliblau, Vergissmeinnichtblau, Tucholskys Blausa, Himmelblau, Zuckerhutblau, Pfauenblau, Stahlblau, die blaue Blume der Romantik, das Blau mittelasiatischer Glasuren auf Töpferscherben, Meerblau, Emailleblau, Nachtblau. Die bizarren Formen glasblauer Eisberge ruhen, treideln, treiben über die jetzt vom Sonnenlicht gleißende Wasserfläche. Perfekte Kulisse für eine Eisrevue. Nein! Das ist profan angesichts dieser Pracht. Tonnen frisch aufgebrochener, ungeschliffener Kristalle strahlen sie an, glänzen ihr entgegen. Unterwassermusik erklingt dazu. Orgel und Harfe. So etwa. Dazwischen ein junger Seehund, rundäugig, sehr mobil, neugierig hebt er den Kopf hin zu ihr, beredter Ausdruck. Wer bist denn du?

Ingeborg lacht. Überbordend. Ist einverstanden. Mit sich.

Dem Leben. Will es nicht verderben. Will es haben, nehmen, leben und genießen. Und leckt an einem Stück Eis. Aquamarinblau.

Ja.

Ingeborgs Autorinnen

Uli Aechtner war Journalistin für das Französische Fernsehen TF1, für die ARD und das ZDF. Sie lebt als freie Autorin im Rhein-Main-Gebiet. Im Fischer Taschenbuch Verlag erschienen ihre Bücher ›Programmschluss‹ (Bd. 14959), ›Meine erste Million‹ (Bd. 15487) und ›Liebe Frau Senta‹ (Bd. 15704).

Helga Anderle lebt als freie Journalistin, Übersetzerin und Autorin in Wien. Ihre Erzählungen und Kurzkrimis wurden im In- und Ausland veröffentlicht. Sie ist die Herausgeberin der ersten internationalen Frauenkrimianthologie ›Da werden Weiber zu Hyänen‹ und Mitherausgeberin von ›Weltkrimis-Krimiwelten‹.

Kerstin Bauer, Jahrgang 1969, studierte Germanistik, Politologie und Medien- und Kommunikationswissenschaft. Sie lebt in der Nähe von Mannheim. Im Fischer Taschenbuch Verlag erschienen ihre Bücher ›Hommage an eine Schlampe‹ , ›Der Familienschandfleck‹ (Bd. 13995) und ›Die Köchin, der Botschafter und die schöne Helena‹ (Bd. 15671).

Maria Benedickt, Jahrgang 1958, lebt in Wien, wo sie als Redakteurin einer Fachzeitschrift für Tourismus tätig ist. Im Fischer Taschenbuch Verlag sind ihre Krimis ›Ein Hund in Teufels Küche‹ (Bd. 13720), ›Blutrotes Passepartout‹ (Bd. 13943), ›Fräulein Gloria geht baden‹ (Bd. 13942), ›Nichts für ungut‹ (Bd. 14926) und ›Gefährliche Träume‹ (Bd. 15194) erschienen.

Sabine Deitmer leitete mit dem Erzählband ›Bye-bye Bruno –

wie Frauen morden‹ den Trend der lustvollen Beseitigung männlicher Auslaufmodelle ein. Ihre Werke sind verfilmt, für den Hörfunk bearbeitet und in mehrere Sprachen übersetzt. Im Fischer Taschenbuch Verlag sind ihre Krimis ›Kalte Küsse‹ (Bd. 11449), ›NeonNächte‹ (Bd. 12761) und ›Dominante Damen‹ (Bd. 12094) erschienen, für den sie den Deutschen Krimipreis erhielt.

Anne Dessau, geboren 1934, ist Journalistin und Schauspielerin. Sie schrieb Drehbücher und Romane. Im Fischer Taschenbuch Verlag sind ihre Romane ›Spurensuche‹ und ›Anna tanzt‹ (Bd. 15681) erschienen.

Barbara Dobrick, geboren 1951, lebt in Schleswig-Holstein. Sie schreibt psychologische Sachbücher und Romane. Im Fischer Taschenbuch Verlag sind ihre Romane ›Sommertheater‹ (Bd. 13984), ›Überraschung am Valentinstag‹ (Bd. 14619), ›Tanz in den Mai‹ (Bd. 15039) und ›Feuer und Flamme im Herbst‹ (Bd. 15486) erschienen.

Susanne Fülscher, geboren 1961, studierte Germanistik, Romanistik und Pädagogik in Hamburg. Die mehrfach ausgezeichnete Jugendbuchautorin lebt heute in Berlin und schreibt Romane, Kurzgeschichten und Drehbücher. Im Fischer Taschenbuch Verlag erschienen ihre Bücher: ›Lipstick‹, ›Lügen & Liebhaber‹ (Bd. 14732) und ›Meeresruh‹ (Bd. 15717).

Silvia Kaffke, geboren 1962, arbeitete u. a. als Texterin, Lektorin, PR-Referentin und erhielt Krimi- und Literaturpreise. Im Fischer Taschenbuch Verlag erschienen ihre Krimis ›Messerscharf‹ (Bd. 14489) und ›Herzensgut‹ (Bd. 15674).

Anna Johann lebt als freie Autorin und Übersetzerin auf der

Insel Stromboli in Süditalien. Im Fischer Taschenbuch Verlag erschienen ihre Romane ›Geschieden, vier Kinder, ein Hund – na und?‹, ›Ich liebe meine Familie – ehrlich‹, ›Ihr erster Auftrag‹, ›Die kleine Sekunde Ewigkeit‹ (Bd. 14174) und ›Mordsglück‹ (Bd. 14711).

Ulla Lessmann, geboren 1952, lebt in Köln und Italien. Sie arbeitet seit 1994 als freie Autorin für Zeitschriften und Hörfunk und erhielt zahlreiche journalistische und literarische Preise. Im Fischer Taschenbuch Verlag sind ihre Romane ›Helenens gestörte Ruhe‹ (Bd. 13529) und ›Hedwigs Rache‹ (Bd. 14007) sowie die Satiren ›Wir sehen das hier nicht so eng‹ (Bd. 14923) erschienen.

Georgia Lindt, geboren 1971, wuchs in Hessen auf und lebt heute in Berlin. Sie arbeitet als Redakteurin und freie Autorin und produziert Hörspiele und CDs.

Maria Soulas ist gebürtige Griechin und lebt heute in Heilbronn. Sie arbeitet als leitende Redakteurin beim Südwestrundfunk, schreibt Lyrik, Prosa, Drehbücher und Libretti. Im Fischer Taschenbuch Verlag sind ihre Romane ›On The Rocks‹, ›Kisses on Ice‹ und ›Von Herzen kostet extra‹ (Bd. 15021) erschienen.

Ingrid Strobl, geboren 1952, studierte Germanistik und Kunstgeschichte in Wien und promovierte über ›Rhetorik im Dritten Reich‹. Sie lebt als freie Autorin und Dokumentarfilmerin in Köln. Im Fischer Taschenbuch Verlag erschienen ihre Bücher ›Anna und das Anderle. Eine Recherche‹ (Bd. 2382), ›Sag nie, du gehst den letzten Weg. Frauen im bewaffneten Widerstand gegen Faschismus und deutsche Besatzung‹ (Bd. 4752), ›Die Angst kam erst danach. Jüdische Frauen im Widerstand in Europa 1939–1945‹ (Bd. 13677) und im Krüger Verlag ›Ich hätte sie gerne noch vieles gefragt. Töchter und der Tod der Mutter‹ (Bd. 1920).

Gerda Szepansky, geboren 1925, ist Lehrerin, Galeristin, Schauspielerin und lebt in Berlin. Im Fischer Taschenbuch Verlag sind ihre Bücher ›Blitzmädel, Heldenmutter, Kriegerwitwe. Frauenleben im Zweiten Weltkrieg‹, ›Die stille Emanzipation. Frauen in der DDR‹ und ›Frauen leisten Widerstand: 1933–1945‹ (Bd. 23741) erschienen.

Christine Vogeley, Jahrgang 1953, studierte Kunstwissenschaft und Romanistik und spielte Kabarett. Sie schreibt Hörspiele, Glossen, Bühnen- und Feuilletontexte. Seit Jahren ist sie freie Mitarbeiterin beim WDR. Im Fischer Taschenbuch Verlag erschienen ihre Romane ›Leni, Susanna und Molly Melone‹ (Bd. 14861) und ›Liebe, Tod und viele Kalorien‹ (Bd. 14001).

Lea Wilde, Jahrgang 1950, lebt mit vier Söhnen in Köln. Im Fischer Taschenbuch Verlag erschienen ihre Bücher ›Männer aus zweiter Hand‹ (Bd. 13084), ›Adam, rück den Apfel raus‹ (Bd. 13767), ›Väter und andere Helden‹ (Bd. 14610), ›Aus lauter Liebe zu dir‹ (Bd. 14857) sowie ›Wenn die Liebe Falten wirft‹ (Bd. 15483).

Dorit Zinn, 1940 in Dessau geboren, 1964 nach Westberlin geflohen, lebt heute in Darmstadt. Sie veröffentlichte Romane und Kurzgeschichten. Im Fischer Taschenbuch Verlag erschienen ihre Bücher ›Mein Sohn liebt Männer‹, ›Mit fünfzig küssen Männer anders‹, ›Küss keinen am Canale Grande‹ und ›Ostzeitstory‹ (Bd. 15702).

Maria Benedickt
Gefährliche Träume
Roman
Band 15194

Aus einem Tagtraum wird eine Affäre und aus der Affäre ein Alptraum: Als die Reisejournalistin Allegra Monti ihre Beziehung zu dem Hotelmagnaten Charles Levin beenden will, stellt er ihr ein Ultimatum, das wie eine blanke Drohung klingt.

Die spannende Geschichte eines folgenreichen Ehebruchs.

Fischer Taschenbuch Verlag

fi 15194 / 1

Lea Wilde

Aus lauter Liebe zu dir

Roman

Band 14857

Als Stilberaterin weiß Juliane genau, was zueinander passt. Bis sie Johannes begegnet, der einen Hang zu Süßigkeiten hat, reichlich rund ist und gar nicht dem entspricht, was sie an Männern schätzt. Und trotzdem fühlt sie sich wohl in seiner Nähe ...

Ein temporeicher und unterhaltsamer Roman um zwei grundverschiedene Menschen, die die Liebe entgegen aller Wahrscheinlichkeit zusammenführt.

Fischer Taschenbuch Verlag

fi 14857 / 1

Barbara Dobrick
Feuer und Flamme im Herbst
Roman
Band 15486

Als die resolute Lehrerin Telse ein paar Wochen im Haus ihrer Eltern verbringt, um die Großmutter zu versorgen, muss sie sich nicht nur mit alten Familiengeheimnissen auseinander setzen, sondern auch mit einer höchst gegenwärtigen Bedrohung: Wer ist der Brandstifter, der Autos, Scheunen und Häuser anzündet?

Ein spannender, lebenskluger und zugleich sehr amüsanter Roman über das nicht immer friedliche Landleben und über das harmonische Miteinander von Katzen und Menschen.

Fischer Taschenbuch Verlag

fi 15486 / 1